■ 本书得到国家社科基金（西部项目）"中共中央西南局应对西南地区经济困难的经验研究"（项目批准号：10XKS006）课题经费资助

中共中央西南局应对西南地区经济困难的经验研究

刘洪彪 著

中国社会科学出版社

图书在版编目（CIP）数据

中共中央西南局应对西南地区经济困难的经验研究/刘洪彪著. —北京：中国社会科学出版社, 2016.3
ISBN 978 – 7 – 5161 – 7635 – 1

Ⅰ.①中⋯　Ⅱ.①刘⋯　Ⅲ.①区域经济发展—研究—西南地区　Ⅳ.①F127.7

中国版本图书馆 CIP 数据核字（2016）第 032684 号

出 版 人	赵剑英
责任编辑	孔继萍
责任校对	邓雨婷
责任印制	何　艳

出　　版	中国社会科学出版社
社　　址	北京鼓楼西大街甲 158 号
邮　　编	100720
网　　址	http://www.csspw.cn
发 行 部	010 – 84083685
门 市 部	010 – 84029450
经　　销	新华书店及其他书店
印刷装订	北京市兴怀印刷厂
版　　次	2016 年 3 月第 1 版
印　　次	2016 年 3 月第 1 次印刷
开　　本	710×1000　1/16
印　　张	16.25
插　　页	2
字　　数	258 千字
定　　价	62.00 元

凡购买中国社会科学出版社图书，如有质量问题请与本社营销中心联系调换
电话：010 – 84083683
版权所有　侵权必究

目 录

绪论 ·· (1)
 一 国内外研究现状述评 ·· (1)
 二 研究意义 ·· (2)
 三 主要内容及重要观点 ·· (3)
 四 资料说明 ·· (5)

第一章 解放初期西南地区的经济困难 ································ (6)
第一节 解放初期中国的经济困难 ······································· (6)
 一 解放初期中国的工业生产遭到极大破坏 ····················· (6)
 二 农业生产破坏严重 ·· (8)
 三 通货膨胀严重,物价飞涨 ·· (10)
 四 新中国成立初期中国经济困难之原因 ························ (11)

第二节 解放初期西南地区的经济困难 ······························ (13)
 一 城市工业破坏严重,工厂倒闭成风,失业问题严重 ········· (13)
 二 商业萧条,物资供应奇缺,投机活跃 ··························· (23)
 三 封建剥削严重,西南地区的农业衰败 ························· (24)
 四 金融秩序混乱,物价飞涨 ·· (27)

第二章 中共中央西南局应对经济困难的宏观举措 ············ (31)
第一节 建立健全组织机构,加强经济恢复的组织和领导 ····· (31)
 一 各级党组织机构的健全与领导思路的形成 ················ (31)
 二 西南军政委员会及各级地方政府的建立 ··················· (35)
 三 经济建设领导机构——西南军政委员会财经委员会的
   建立 ·· (38)

第二节　社会资源的整合 ……………………………………… (41)
　　一　加强公粮征收,为西南社会稳定和经济恢复奠定
　　　　物质基础 ……………………………………………… (41)
　　二　多管齐下,解决经济恢复和发展的财源 ……………… (45)
　　三　人力资源的整合:多渠道选拔干部 …………………… (53)
第三节　社会力量的动员 ……………………………………… (59)
　　一　关心群众利益,加强社会救济,动员工农积极投身
　　　　经济建设 ……………………………………………… (59)
　　二　加强统战工作,动员民主党派人士和工商业者参加
　　　　经济建设 ……………………………………………… (62)
　　三　善用新闻媒体进行社会动员 …………………………… (66)
　　四　加强对民族地区经济发展的扶持,动员少数民族群众
　　　　参加经济建设 ………………………………………… (70)
第四节　稳定金融　平抑物价 ………………………………… (75)
　　一　整顿和稳定金融 ………………………………………… (76)
　　二　平抑物价 ………………………………………………… (82)

第三章　西南局应对经济困难的具体措施 …………………… (91)
　第一节　稳定社会秩序 ………………………………………… (91)
　　一　安置旧军政人员 ………………………………………… (92)
　　二　收容改造社会游民 ……………………………………… (99)
　　三　救济安置失业工人 ……………………………………… (106)
　第二节　投资基建项目 ………………………………………… (113)
　　一　举办交通建设 …………………………………………… (113)
　　二　公共设施建设 …………………………………………… (118)
　　三　城市公用事业建设 ……………………………………… (122)
　第三节　工商业政策与措施 …………………………………… (127)
　　一　建立新政权经济基础 …………………………………… (128)
　　二　工商业政策导向 ………………………………………… (133)
　　三　恢复工商业的措施 ……………………………………… (140)
　第四节　合理调整工商业 ……………………………………… (149)
　　一　调整产销关系 …………………………………………… (149)

二　理顺劳资关系 …………………………………………（156）
　　三　增产节约运动 …………………………………………（168）
　第五节　农业政策和措施 ………………………………………（169）
　　一　西南局对农村工作的部署 ……………………………（170）
　　二　剿匪、春耕与救灾 ……………………………………（176）
　　三　土地改革 ………………………………………………（185）
　　四　农业政策 ………………………………………………（191）
　　五　组织生产 ………………………………………………（198）
　第六节　商业流通 ………………………………………………（199）
　　一　整顿水陆码头 …………………………………………（199）
　　二　组织城乡物资交流 ……………………………………（203）

第四章　西南局应对经济困难的经验与现实启示 ……………（209）
　第一节　中国西部地区发展面临的困难 ………………………（209）
　第二节　西南局应对困难的现实启示 …………………………（213）
　　一　重视基础设施建设 ……………………………………（213）
　　二　扩大与拉动内需增长 …………………………………（214）
　　三　产业升级与技术创新 …………………………………（216）
　第三节　西南局采取城乡一体化措施的现实启示 ……………（217）
　　一　经济发展注重民生的现实启示 ………………………（218）
　　二　发展交通促进城乡流通 ………………………………（220）
　　三　注重城乡经济协调发展 ………………………………（221）
　第四节　应对劳资冲突的措施及经验 …………………………（224）
　　一　协商途径解决劳资冲突 ………………………………（224）
　　二　仲裁途径解决劳资冲突 ………………………………（227）
　第五节　应对农工商业发展困难的措施及经验 ………………（229）
　　一　工商业成为经济恢复发展的关键 ……………………（229）
　　二　应对农村经济困难的措施及经验 ……………………（232）

参考文献 …………………………………………………………（236）

后记 ………………………………………………………………（251）

绪　　论

西南地区是中国大陆最晚解放的地区。由于西南地区自然地理条件复杂，军阀反动势力长期盘踞，各种政治力量聚集在这里，加之国民党军队败退之前的肆意破坏，社会矛盾错综复杂。由于历经半个多世纪的战乱历史原因和自然地理条件较为复杂，西南地区的经济社会发展水平较全国其他许多地方更为落后。解放初期这种情况更加明显，具体表现为生产力不发达，经济发展极不平衡，社会各行业呈现一派凋敝景象，如基础设施遭到严重破坏，工商业经济严重萎缩、停滞不前，农业遭到极大破坏，国民党的旧金融秩序崩溃，新的金融秩序还没有完全建立，通货膨胀严重，失业人口数量庞大，人民消费水平低下等。社会病态以及社会矛盾也是十分尖锐的。面对严重复杂的社会经济局势，以邓小平、刘伯承、贺龙为主要领导的中共中央西南局、西南军政委员会，针对重庆、四川、云南、贵州、西藏的实际，提出了应对新中国成立初期西南地区经济困难的方针、政策和措施，为促进西南地区的政治、经济、社会、文化的发展做出了巨大的贡献，并积累了较为丰富的经验。但是学术界对这一领域作深入系统的研究尚感欠缺，总结历史经验并探讨其对当今西部地区应对经济困难的启示更是显得不够。

一　国内外研究现状述评

新中国成立初期，在中共中央西南局第一书记邓小平等同志的领导下，西南局认真贯彻落实中共中央关于应对新中国成立初期严重的经济困难的方针政策，西南地区各级党委和新生的人民政权采取了许多行之有效的措施，为促进西南地区的政治、经济、社会、文化的发展做出了巨大的贡献，并积累了较为丰富的经验。学术界对邓小平主持中共中央西南局期间，在政治、经济、社会、文化领域采取的各项措施进行过一些研究，出版了一批优秀成果，主要有：中共中央文献研究室编《邓小平西南工作文集》，重庆出版社2007年版；中共重庆市委党史研究室编《邓小平与大西南（1949—1952）》，中央文献出版社2000年版；杨耀健著《西南局第一书记》，重庆出版社2004年版；［德］乌利·弗兰茨·天力著，李强译《邓小平传》，甘肃人民出版社1989年版；中共中央文献研究室邓小平研究组编《邓小平（1904—1997）》，四川人民出版社2009年版；涂文涛著《邓小平经济思想研究》，西南财经大学出版社2002年版；《邓小平理论与重庆经济的发展》，重庆出版社2004年版；等等。

上述学术成果对邓小平主持中共中央西南局期间，领导西南地区打击黄金白银投机买卖、稳定物价、开展土地改革、征粮剿匪、建立和巩固政权、开展各级党组织建设、制定和落实少数民族政策、和平解放西藏、开展城市建设、进行社会改革等诸多领域进行过深入研究。相比较而言，学术界对邓小平、刘伯承、贺龙等中共中央西南局领导人如何在经济十分困难的西南地区，运用政府宏观调控和市场自我调节两种手段，采取投资大型基础设施建设项目，借以拉动消费，发展地方工商业，活跃地方经济等方面作专门系统的研究仍然较少。本课题组注意到，相关研究主要有中共中央党史研究室的庞松研究员所写的《邓小平与西南区经济的恢复》，对中共中央西南局领导开展剿匪征粮、减租退押、为经济恢复创造条件以及修筑成渝铁路、拉动百业兴旺等方面进行了论述。但学术界对该领域的研究仍然显得薄弱，因此，对中共中央西南局应对新中国成立初期西南地区严重经济困难所采取的措施以及成功经验方面的研究还需要进一步深入。

有鉴于此，本课题在上述研究成果的基础上，从政治史和社会经济史的视角，围绕中共中央西南局、各级党组织、各级新生的人民政权为应对经济困难所采取的措施进行研究，深入探讨邓小平等中共中央西南局的领导们如何看待经济困难、如何面对经济困难，以及在困难面前采取了哪些行之有效的措施来促进西南地区的经济恢复和发展，并从中总结出一些经济建设的经验和启示。

二 研究意义

1. 共和国史是一门紧贴现实的新兴学科，开展共和国史研究具有十分重要的现实意义。新中国成立初期应对严重社会经济困难采取的措施，在共和国史上写下了浓墨重彩的篇章，它是中国共产党人领导中国人民取得新民主主义革命胜利并领导中国人民开展大规模社会主义建设必不可少的一个重要阶段，这段历史被称为"社会主义革命时期"，深入研究并还原这段历史具有十分重要的资鉴意义。研究中共中央西南局应对大西南解放初期严重的社会经济困难的这段历史，是共和国史研究的重要组成部分。只有通过微观研究，才能为宏观研究提供更加充分的依据和更加详细可靠的资料。

2. 研究和总结解放初期，邓小平等中共中央西南局领导人面对西南地区城乡经济交流受到阻隔、工商业萧条、工业产品积压严重、众多失业人员要"吃饭"等经济困难局面，妥善处理好城乡协调发展的关系，通过计划和市场两种手段，采取有效的措施扩大消费，促进经济快速恢复和发展的经验。对于当今金融危机影响下，如何联系实际采取有效措施扩大内需、促进经济快速发展具有十分重要的启示意义。

三　主要内容及重要观点

本研究成果应用计量分析、图表统计分析、对比分析等方法，通过对大量的档案资料、原始报刊资料的整理分析，对邓小平等西南局的共产党人联系实际，在正确处理劳资关系、城乡经济协调发展、根据市场需求，搞活企业，积极解决资金短缺问题和商品滞销问题，拉动内需，促进经济恢复和发展等方面，采取有效措施积极应对经济困难进行分析论述，形成以下主要内容和观点。

1. 新中国成立初期，由于长期战乱、国民党政府的横征暴敛，以及国民党在撤离大陆前肆意破坏并把大量黄金转运台湾地区，中国经济在工业、商业、交通运输业等方面都面临着很大的困难。而在相对比较落后的广大西南地区，这种经济困难更是非常明显。此时的西南地区不仅工业经济萧条、一些工厂倒闭、失业人员增多、农业经济遭到极大的破坏，而且商业等第三产业也遭遇"寒冬"。面对解放初期西南地区严重的经济困难，中共中央西南局采取了应对严重困难局面的切实可行的措施。邓小平亲自主持关系全局的财经工作，建立健全战胜经济困难的组织机构，进行社会总动员，并采取稳定物价、整顿财政金融、财政金融体制的改造等许多宏观措施，西南区新生的人民政权迅速掌握了金融、财政、税收、价格、工商管理等重要财政经济领域，运用没收官僚资本后所建立起来的国营经济成分进行宏观调控，充分调动市场积极因素，发挥市场调节这只"看不见的手"与政府宏观调控这只"看得见的手"的积极因素，为解决西南地区经济困难提供了基本的保障。

2. 为应对严重的经济困难局面，中共中央西南局认真贯彻群众路线，深入开展调查研究，倾心听取党内外各方面人士的意见，充分发挥人民群众的主动性、创造性，找到解决问题的办法。同时，多渠道、多途径宣传动员民众，坚定战胜严重经济困难的信心和勇气。中共中央西南局通过建立包括工人阶级、农民阶级、小资产阶级和民族资产阶级在内的最广大的统一战线，整合物力资源和财力资源，共同促进西南地区经济的快速恢复和发展，以及社会秩序的稳定。

3. 在应对经济困难时，政府通过采取货币杠杆、政策杠杆、法律杠杆等宏观调控手段与市场自我调节机制相结合的办法促进经济恢复与发展。邓小平明确地指出，搞活企业主要靠作为市场主体的企业自己；但是，政府也应有所作为，政府的作为主要是在经济政策、宏观调控上下功夫。

4. 通过劳动仲裁和政府协商积极稳妥地处理劳资关系。邓小平指出："政府要以两利为原则，组织劳资协商会议，采取协商办法解决问题。一旦劳资双方说不通，应由政府出面调解，劳动部门要站在劳资两利的立场来仲裁。"

5. 城乡经济协调发展。邓小平提出了"城乡并提，以城市为主但又面向农村"，通过各种措施，促进工业品下乡。同时，通过贷款和提供种子、耕牛以及组织农民积肥和组织互助组、变工队等途径促进农村经济恢复与发展，为工业品提供市场支撑。

6. 对新民主主义社会五类经济成分进行分类指导，力图克服"一刀切"的政策倾向。没收代表大地主大资产阶级利益的官僚资本，建立国营经济，以作为新生的人民政权的经济基础；通过贷款、加工订货、委托加工、统购包销、代购代销等途径扶持关系到国计民生的私营工商企业，以建立具有新民主主义性质的国家资本主义经济；扶植那些进步的、有前途的私营企业，对于没有前途的私营企业给予指导和帮助转产；将个体工商业者积极纳入社会主义集体经济成分；引导新获得生产资料的农民通过变工队、互助组、农业生产合作社等途径，使之走上社会主义集体经济道路。

7. 积极解决企业资金问题和产品销路问题。在资金问题上，邓小平认为，政府银行应当举办一些政府贷款银行，对贷款要进行指导，指定用途；但是资金问题主要靠工商界自己想办法。在产品销路上，邓小平主张设法开辟销路，其关键之一还在于改善管理，减低成本，提高产品质量，以利推销。邓小平还提出了产品下乡的两个原则：一是国营专业公司的分支机构要加大，自己带头下乡，注意活跃农村经济；二是要有意识地组织和指导私商大量下乡。

8. 投资大型基建项目，借以拉动消费，促进经济复苏。恢复经济除了靠市场这只手外，还必须运用政府这只手，靠政府的宏观调控。由政府直接投资一些重大基本建设项目，增加企业的公私订货，再辅之以政府财政金融手段的扶持，从而恢复和发展生产，扩大就业，改善人民生活。

9. 发展地方工商业，发展中小企业，活跃地方经济，满足人民需要。邓小平认为，解放初期的西南地区经济恢复与发展，必须多管齐下，充分发挥国营和私营、大型企业和小型企业的优势。

10. 农业是国民经济的基础，在复苏西南经济的千头万绪的工作中，西南局采取了积极有效的措施，扶助农业恢复生产。从1950年至1952年，西南局紧紧围绕稳定农业生产的恢复这个中心任务采取了各种有力措施，促进了国民经济的恢复和发展，包括征粮、剿匪、建立农村基层政权、布置春耕生产、土地改革、农田水利建设、农业税收政策，等等。西南局依靠广大群众在解放初期迸发出来的生产热情、革命热情，统筹全局，"十根指头弹钢琴"，使千头万绪的工作得到全面顺利开展。同时，各阶段工作又突出重点、有所侧重，使得每项工作都落到实处，圆满完成。这是解放初期政府工作为今天留下的宝贵经验。

四 资料说明

本研究成果采用的材料包括第一手的原始档案资料、当时的报刊资料、当事人的回忆录、相关的专著、论文研究等。主要以当时的档案资料和报刊资料为主，以保证论证的权威性。

第 一 章

解放初期西南地区的经济困难

中华人民共和国成立初期,由于中国的长期战乱、国民党政府的横征暴敛,以及国民党在撤离大陆前肆意破坏并把大量黄金转运台湾地区,中国经济在工业、商业、交通运输业等方面都面临着很大的困难。而在相对比较落后的广大西南地区,这种经济困难更是非常明显。此时的西南地区不仅工业经济萧条、一些工厂倒闭、失业人员增多、农业经济遭到极大的破坏,而且商业等第三产业也遭遇"寒冬"。

第一节　解放初期中国的经济困难

解放初期,中国的国际国内形势错综复杂,经济出现严重的困难,民生凋敝,经济停滞。面对经济困难的严峻形势,新中国政府创造性地利用了计划经济和市场经济两种手段,发挥了较好的功效。①

一　解放初期中国的工业生产遭到极大破坏

解放初期国民党政府留给新中国的是一个千疮百孔的烂摊子,中国经济处于崩溃的边缘。据当时的统计数据显示,1949 年全国工农总产值仅466 亿元,其中工业总产值仅占 30%,而现代工业产值只占 10% 左右。与历史上最高水平相比,重工业下降了 70%,轻工业下降了 30%,手工业生产下降了 43%。② 这在上海和江浙地区,表现得尤为突出。因国民党

---

① 参见李敏昌等《党在建国初期的经济政策及其影响》,《甘肃社会科学》2011 年第 3 期,第 43 页。

② 参见邬正洪《中国社会主义革命和建设史（1949—1992）》,华东师范大学出版社 1993 年版,第 5 页。

政府在败逃前的大规模掠夺和劫运,这些地区的资金和物资严重匮乏,大批民族资本企业到了连简单再生产都无法维持的地步。在大工业城市上海,刚解放时,全市13647家私营工厂中,开工户数只占总数的四分之一。相对景气的棉纺织业,每星期也只能开工三个昼夜。[①] 再从具体的数据来分析当时的困难状况。关于新中国成立初期的工业被破坏情况,如表1—1。

表1—1　　1949年主要工业产品产量与解放前最高年产量比较

产品名称	单位	解放前最高年产量 年份	解放前最高年产量 产量	1949年产量 产量	1949年产量 占最高年产量的百分比（%）
纱	万吨	1933	44.5	—	—
布	亿米	1936	27.9	18.9	67.7
火柴	万件	1937	860	672	78.1
原盐	万吨	1943	392	299	76.3
糖	万吨	1936	41	20	48.8
卷烟	万箱	1947	236	160	67.8
原煤	亿吨	1942	0.62	0.32	51.6
原油	万吨	1943	32	12	37.5
发电量	亿度	1941	60	43	71.7
钢	万吨	1943	92.3	15.8	17.1
生铁	万吨	1943	180	25	13.9
水泥	万吨	1942	229	66	28.8
平板玻璃	万标准箱	1941	129	108	83.7
硫酸	万吨	1942	18.0	4.0	22.2
纯碱	万吨	1940	10.3	8.8	85.4
烧碱	万吨	1941	1.2	1.5	125.0
金属切削机床	万台	1941	0.54	0.16	29.6

资料来源:《中国统计年鉴(1983)》,第279、242—248页。

由表1—1可见,通过1949年主要工业产品产量与解放前最高年产量的比较,除了烧碱有所提高外,其他主要的工业产品是大幅下降的。生铁

[①] 参见上海社会科学院经济研究所《上海资本主义工商业的社会主义改造》,上海人民出版社1980年版,第71页。

的年产量仅为25万吨，不到解放前最高年产量（1943年180万吨）的14%；钢的产量为15.8万吨，仅为1943年钢产量总量92.3万吨的17.1%；原油产量为12万吨，仅为1943年总产量32万吨的37.5%；金属切削机床的产量在1949年为0.16万台，不到解放前最高年产量1941年0.54万台的30%。

当然，解放初期中国工业的萧条，与解放战争期间官僚资本对民族资本的挤压也有很大的关系。官僚资本对整个社会经济命脉的控制，使民族工商业日趋凋敝，大批工厂企业倒闭。从1946年10月到1947年2月，上海、武汉、广州等20个城市的工厂、商店倒闭，倒闭的达2.7万家。1947年，国民党统治区工业产量较1936年减少30%左右。[①]

由于工商企业纷纷倒闭破产，以及经济的凋敝，致使工人的失业也非常严重。1946年，上海产业工人失业者30万人，北平失业人口70万人，成都失业工人10万人，重庆失业工人6万人，昆明失业工人5万人。[②] 失业人口众多正是国统区经济日益凋敝这一状况的体现，而在这之后的解放战争中，国民党更是把主要精力放在内战上，并大肆发行钞票，进一步加重了工业经济的衰退，失业人口更多。

二 农业生产破坏严重

因长期战乱和国民党的横征暴敛，解放初期的农业经济也十分萧条。据统计数据显示，1949年中国大陆的粮食产量仅有11318万吨，不到解放前最高年产量1936年15000万吨的76%；棉花产量仅为44.4万吨，不到1936年棉花产量84.9万吨的43%；花生产量由1933年的317.1万吨下降到了126.8万吨，减少了60%。[③] 此外，甘蔗、茶叶、水产品等主要农产品的产量都有大幅度的下降。表1—2展示了1949年主要农产品产量与解放前最高年产量的对比情况。[④]

[①] 参见《中国近代史》编写组《中国近代史》，高等教育出版社、人民出版社2012年版，第583页。
[②] 参见陈真等《中国近代工业史资料第一辑》，生活•读书•新知三联书店1961年版。
[③] 参见邬正洪《中国社会主义革命和建设史（1949—1992）》，华东师范大学出版社1993年版，第5页。
[④] 《中国统计年鉴（1983）》，第185、158—164、177、188页。

表 1—2　　1949 年主要农产品产量与解放前最高年产量比较

产品名称	单位	解放前最高年产量 年份	解放前最高年产量 产量	1949 年产量 产量	1949 年产量 占最高年产量的百分比（%）
油菜籽	万吨	1934	190.7	73.4	38.5
芝麻	万吨	1933	99.1	32.6	32.9
黄红麻	万吨	1945	10.9	3.7	33.9
桑蚕茧	万吨	1931	22.1	3.1	14.0
茶叶	万吨	1932	22.5	4.1	18.2
甘蔗	万吨	1940	565.2	264.2	46.7
烤烟	万吨	1948	17.9	4.3	24.0
大牲畜年底头数	万头	1935	7151	6002	83.9
猪年底头数	万头	1934	7853	5775	73.5
水产品	万吨	1936	150	45	30.0

由表 1—2 可以看出，甘蔗的产量在 1940 年的产量是 565.2 万吨，而到了 1949 年时，仅有 264.2 万吨，产量下降接近 44%；茶叶的产量在 1949 年只有 4.1 万吨，仅为解放前历史最高年份 1932 年产量 22.5 万吨的 18% 左右。再从水产品的产量来看，1936 年的水产品产量是 150 万吨，而 1949 年时仅为 45 万吨，下降了 70%。尤其是桑蚕茧的产量下降得最为突出，1949 年中国大陆桑蚕茧的产量相较于解放前中国大陆最高年产量，下降了 87% 左右。由此可见，解放初期中国大陆的农业生产遭受破坏的情况。

当然，新中国成立初期农业生产遭受破坏，农村经济萧条，尤其是国统区农业经济的艰难局面，与解放战争后期国民党政府的横征暴敛政策是密切相关的。抗战结束后，因受大规模战争对生产环境的破坏、田赋征实对农产品的低价以致无偿占有等因素的影响，加之旧有农业生产关系的不合理，致使农民生产积极性不高。与此同时，种种"献金"、"献粮"、"劝售"等连续不断，尤其是 1946 年 7 月国民党恢复征借后，各地农民负担更重，致使 1947 年农业产量与 1936 年相比，减少 30%—40%，各地饥民达一亿以上。[①]

[①] 参见《中国近代史》编写组《中国近代史》，高等教育出版社、人民出版社 2012 年版，第 583—584 页。

三 通货膨胀严重，物价飞涨

解放战争后期，由于国民党顽固派坚持内战，军费开支庞大，国民党政府在国统区大肆发行金圆券、法币，导致物价飞涨，通货膨胀。据统计资料显示，1947年年初南京国民政府法定货币的发行额，已经达到1937年的3430倍。至1948年8月，法币发行额已比1937年增发47万余倍。法币面值最高达500万元，物价持续走高，每天甚至每小时都在变化。到1948年8月，物价升至1937年抗战前的7255862倍，上海米价接近每石近6000万元，金价每两超过5亿元，法币与美元兑换价超过1000万∶1，法币濒临崩溃的边缘。[①] 1948年8月国民政府实行币制改革，以金圆券取代法币，金圆券1元折合法币300万元，发行以20亿元为限，并实行限价政策的经济管制。[②] 但币制改革在国民党权贵的阻挠下彻底失败，物价随之更加飞涨起来。1949年5月，国民政府的金圆券发行数量高达825165亿元，同月上海的物价指数为1948年9月的500多万倍，9个月的上涨幅度接近前12年的总和，大米价格为1石3亿元。[③] 上海解放不久的1949年5—7月间，投机商们抓住新政府不让民众吃亏、发行人民币兑换民众手中的旧法币的有利时机，大肆开展黄金、银圆的投机买卖，继而向粮食、棉纱等主要商品进袭，引起上海物价呈直线上升。据统计资料显示，从1949年5月17日到6月9日的13天中，物价总指数上涨217倍以上，黄金上涨2.11倍，银圆上涨1.98倍。[④] 从1949年6月23日—7月21日近1个月内，上海的纱价上涨了89%，由32.5万元上涨至61.5万元；粮食的价格更是从6月23日的每石11700元涨至7月16日的59000元，上涨了4倍多。[⑤] 受此影响，平津的物价也急速抬升，并进而蔓延到全国其他解放区。

1949年10月1日，中华人民共和国刚成立时，投机资本更是抓住新

[①] 参见中国科学院上海经济研究所、上海社会科学院经济研究所编《上海解放前后物价资料汇编》，上海人民出版社1958年版，第38页。

[②] 参见《中央日报》1948年8月20日。

[③] 参见《中国近代史》编写组《中国近代史》，高等教育出版社、人民出版社2012年版，第585页。

[④] 参见《上海解放前后物价资料汇编（1921—1957）》，上海人民出版社1958年版，第359页。

[⑤] 同上书，第361页。

中国币制改革的"有利时机",从事黄金、银圆投机倒卖活动,进而囤积日常用品和工业物资,哄抬物价,扰乱市场,严重影响社会的稳定、民众的生活和经济发展。新中国成立以后的1949年10月中旬到12月上旬的物价飞涨,波及范围最广,延续时间最久,上涨幅度最猛。从10月15日开始,以上海、天津为先导,武汉、西安、重庆、成都随后跟进,迅速在全国形成了一次影响甚大的物价飞涨。首先是五金、化工等进口工业原料的价格不断上涨,纱布、粮食的价格也随之攀升,进而推动整个物价猛涨,每天上涨10%—30%。到12月10日,上海、天津、汉口、西安4大城市的物价较7月的物价平均上涨3.2倍。① 1950年1—3月,恰逢中国传统佳节春节前后,城乡民众购买年货的需求量增大,投机商更是趁机囤积物资,哄抬物价,导致全国物价上升。当时全国有15个大中城市25种商品批发物价指数上涨最快。以1949年12月的物价指数为100来算,到1950年1月升至126.6,2月升为203.3,到3月则上涨为226.3。②

另外,由于长期战乱以及国民党反动派败退大陆前的肆意破坏,致使解放初期道路交通的破坏程度也是十分严重的。仅就铁路而言,全国上万公里线路、3200多座桥梁和200多座隧道遭到严重破坏。津浦、京汉、粤汉、陇海、浙赣等主要干线没有一条全线通车,机车有1/3无法行驶。公路通车里程也不到原有线路总长度的80%。上海港可航驶的轮船只有14.5万吨。航空方面,飞机、器材以及驾驶人员都去了香港地区。③ 这也严重影响新中国成立初期中国经济的发展。

四　新中国成立初期中国经济困难之原因

近代以来,由于连年战火纷飞,中国社会经济遭到严重破坏。同时,资本主义列强长期把中国当作经济掠夺的主要对象,向中国大肆倾销商品,掠夺工农业原材料,通过不平等条约获取巨额赔款。清朝末期,资本——帝国主义更是直接到中国投资开采矿山,修筑铁路,利用中国的廉价劳动力和原材料,开办资本主义企业,以攫取高额垄断利润。在官僚资本与外国资本的双重压迫之下,中国民族资本的发育和成长举步维艰,而

---

① 参见中国社会科学院、中央档案馆编《1949—1952年中华人民共和国经济档案汇编》(商业卷),中国物资出版社1995年版,第545页。
② 参见贺水金《试论建国初期的通货膨胀及其成功治理》,《史林》2008年第4期,第86页。
③ 孙健:《中华人民共和国经济史》,中国人民大学出版社1992年版,第14—15页。

历届政府巧立名目，一再对农民、手工业者、民族资本家敲骨吸髓，使得解放前夕，国统区中国工业、农业、商业再生产普遍感到困难重重。而为了应付战争，财政收入大量用于军费和庞大的军政人员开支，社会改革缺乏必要的财政经济支撑，中国社会普遍呈现出萧条景象。此外，国民政府败退大陆之际将大量的黄金、白银、美元抢运到台湾地区。如此种种，造成解放初期新中国经济的困难局面。

首先是长期战争的影响，使中国经济破坏严重。进入20世纪以来，中国国内战乱不断，北洋军阀混战、北伐战争、1927—1936年土地革命战争、1937—1945年抗日战争、1946—1949年的解放战争，给经济社会发展造成了巨大的损失，包括大量人员的伤亡，物质资源的损耗，工、农、商业的严重破坏。据一项不完全统计表明，从"九一八"事变到1945年8月，按1937年的比值计算，日本侵略给中国造成的直接经济损失达1000多亿美元，间接经济损失达5000多亿美元，掠夺钢铁3350万吨，煤5.86亿吨，粮食5.4亿吨，木材1亿立方米。1000亿美元，相当于国民党政府277年的财政收入、26年的工业总产值，是自鸦片战争以来历次帝国主义侵华战争索要赔款总数额的数十倍。[①] 又据1947年2月国民政府行政院《关于抗战损失和日本赔偿问题报告》的统计，全国军民因抗战伤亡人口达12784974人（还不包括台湾省、东北地区和解放区军民的伤亡数字）。[②]

其次，国际帝国主义长期的疯狂掠夺。鸦片战争以后，帝国主义通过众多的不平等条约，在中国瓜分势力范围，倾销商品，并不断掠夺中国的资源，造成了中国近代以来的积贫积弱。西方列强不仅控制中国的经济命脉，如对铁路、水路等交通运输的控制，开采矿山，兴办工厂，开办银行；此外，帝国主义还在中国直接掠夺原材料，加工成品后大量倾销到中国市场。西方列强还通过不平等条约向中国勒索巨额赔款，总数达19.53亿两白银，相当于清政府1901年全部收入的16倍。[③]

最后，官僚资本的剥夺，也是造成解放初期中国经济困难的重要原

---

① 参见樊永强《纪念抗战胜利60周年——反思历史：抗战启示录》，《半月谈》2005年第15期，《新华网》2005-08-08。

② 参见吴广义《抗日战争中中国军民的伤亡及经济损失》，《当代军事文摘》2005年第11期，第54页。

③ 参见张寿春等《新中国经济建设评析》，东南大学出版社1996年版，第2页。

因。官僚资本是统治者凭借国家政权的力量建立和发展起来的经济形态，包括三种形式：官僚私人所有的资本、官僚经营管理的国家资本，以及官僚支配的其他私人资本。① 据统计，1946年国民党的官僚资本占全国工业资本的比例超过50%，达到了约66%，尤其是在工矿、交通运输业，官僚资本的固定资产竟占到80%。官僚资本的剥夺不仅制约了民族工商业的发展和壮大，而且造成了国统区经济危机的日益加深，表现在财政入不敷出，通货急骤膨胀，物价飞涨；工商业倒闭，生产大幅下降；土地荒芜，农业生产萎缩，农村经济日益恶化等。

第二节 解放初期西南地区的经济困难

西南地区是中国大陆最晚解放的地区，各种政治力量聚集在这里，社会矛盾错综复杂；由于历史原因和自然地理条件较为复杂，西南地区较中东部许多地区更为落后，解放初期这种情况更加明显，具体表现为生产力不发达，经济发展极不平衡，社会各行业呈现一派凋敝景象。工商业经济严重萎缩、停滞不前，农业遭到极大破坏，国民党的旧金融秩序崩溃，新的金融秩序还没有完全建立，通货膨胀严重。

一 城市工业破坏严重，工厂倒闭成风，失业问题严重

西南地区解放初期，社会各行业呈现一派凋敝景象，工业经济更是严重萎缩、停滞不前。比如，在川北，工业在地方经济中只占有很小的比重，工业基础极为薄弱，全区仅有福原公司大华纱厂及丝厂为机器生产。据解放初期的调查，在川北行署35县1市的229442户工商业中，工业为81237户，手工业占工业的96.8%，机械工业仅占工业的3.2%；商业148205户，摊贩约占商业的53%，坐商占35%，行商占12%；资金2.2亿元（旧币），资金在1千万以下者约占96%。② 在解放前的云南省和贵州省，因受地理位置、交通、科技文化、民族地区等因素的影响，历来工

---

① 参见王亚南《中国官僚资本之理论的分析》，引《中国经济原论》，广东经济出版社1998年版，第381—407页。
② 参见《川北统战工作史实综述》，中共四川省委统战部、中共南充地委党史办公室1986年7月31日印，转引自中共南充市委党史研究室编《中国共产党川北区历史（1949—1952）》，中共党史出版社2007年版，第83页。

业发展较慢，是典型的农业省。解放初期，贵州很少的工矿企业的发展也遭遇了危机。解放前夕，由于一些政客和官僚资产阶级携带资产逃往海外，使得部分民族资本家惶恐不安，隐藏和转移资金，而大多数人则持观望态度。这导致生产陷于停顿和半停顿状态，机器及厂房陈旧残缺，仓库空无所有，即使剩下一些零星原材料和半成品也残缺不全。① 解放前，贵阳市的私营工业有1314家，从业人员10743人，资金总额为81亿元（旧币），以卷烟为主，手工操作或半机械操作的手工作坊，占全市工业的75%。② 川西的成都，虽然是一个大城市，但近代以来是以消费城市而著称。只有重庆，近代以来因为占据长江水道的有利地势，最早成为西部对外开放的商埠，引来了工业发展的两个黄金时期。第一个时期，是重庆开埠的影响，第二个黄金发展时期是抗战时期东部沿海发达的工业内迁。

  首先，解放前的重庆工业规模很大，但兵工厂占了很大份额。据统计，解放前夕，重庆的工厂达3137家，其中属于公营者42家，公私合营者24家，私营者3065家。工人总数在94096人以上（包括职员），其中兵工厂有25314人，纱厂有12556人，煤矿有21149人。仅此三业，即占全市产业工人半数以上。③ 又据《解放前重庆的工业概况》所述："据已有资料统计，重庆兵工企业的工作母机16000余部，100吨炉及20吨炉各1座，柏士麦炉2座，15吨马丁炉1座，每座容量35吨的白云石炉2座，10吨碱性平炉2座，各式轧钢设备8套，负荷总量达17000千瓦以上的发电设备，煤矿铁矿各1个。出产各式迫击炮、步枪、轻重机枪、战防炮、火箭炮及炮弹、子弹、手榴弹等。"④ 从上面的统计可以看出，解放前重庆的工业中，有许多都是兵工厂，过去主要造军火，原料主要来自国外。"重庆兵工企业所耗原料，除钢铁能自给一部分外，合金钢、紫铜、钢管、枪药几乎全部依赖国外供给。铁皮、非铁金属、化学药品，也80%靠国外运进。此即可说明，蒋匪帮的全部兵工工业，是依存于帝国主

---

  ① 参见何仁仲等《贵州解放初期的经济工作》，转引自中共贵州省委党史研究室《贵州城市的接管与社会改造》，贵州地图印刷厂2000年版，第126页。
  ② 参见张开生《解放初期贵阳市工商业的复苏与繁荣市场》，转引自中共贵州省委党史研究室《贵州城市的接管与社会改造》，第173页。
  ③ 参见中共重庆市委办公厅、政策研究室编印《1950年的重庆概况》第十篇"工业"，第359页，1950年内部资料，中共重庆市委党史研究室资料室资料，资料号：3B1 04946。
  ④ 同上书，第361页，1950年内部资料，中共重庆市委党史研究室资料室资料，资料号：3B1 04946。

义,以进行其反人民的反革命战争。"① 而新中国成立后,以美国为首的西方势力敌视新中国,封锁新中国。对此,新中国在外交上也采取的是"一边倒、另起炉灶,打扫干净屋子再请客"的政策。既然企业发展的工业原料主要靠进口,那么,新中国成立后,很多企业因原料短缺而处于停工待业,这就意味着这批企业面临着转型的问题。

其次,四川制盐、制糖、烟草三大工业亦处于危机状态之中,而这些企业的兴衰,事关几百万人的生存问题。以烟草业为例,抗战胜利后,国民党反动政府经济崩溃及大量美烟倾销的结果,渝市卷烟工业一蹶不振,纷纷停业减产,相继倒闭的工厂就达20—30家之多,至解放前夕,卷烟厂仅存37家,开工的仅有4家,1950年时逐渐恢复至41家。据中共中央西南局财政经济委员会统计,解放初期各卷烟厂的开工情况、设备、职工人数如表1—3所示(1950年6月)。②

表1—3　　　　　　各厂的生产情况、设备、职工人数

开工情形	厂家数目	设备 大型机	设备 小型机	职工数目
开工	4	15	8	756人
半开工	8	13	12	286人
短期停工	24	6	44	948人
歇业	5	—	—	—
共计	41	34	64	1990人
附注	\multicolumn{4}{l}{1. 华福、大汉、福华、大城为开工者;半开业者为南洋、华盛顿、新福、天府、新亚、光明、百祥;歇业者为声达、亚洲、淮城、吉立、大同(即前荣德)。 2. 大型机每日可出6箱至8箱,小型机每日可出3箱(均为大箱)。}

从表1—3可以看出,至1950年6月,重庆共有41个烟草工厂,其中仅有4家是完全开工,完全开工率不到10%。而短期停工和歇业的29

---

① 中共重庆市委办公厅、政策研究室编印:《1950年的重庆概况》第十篇"工业",第361页,1950年内部资料,中共重庆市委党史研究室资料室资料,资料号:3B1 04946。
② 同上书,第417页,1950年内部资料,中共重庆市委党史研究室资料室资料,资料号:3B1 04946。

再次，重庆的私营企业也普遍呈现出瘫痪的状态。重庆私营工厂因设备简陋、技术力量薄弱以及物价上涨等原因，很多工厂处于停业、停工、停产的状态。比如，重庆江北采用土法炼钢的工厂，无论是炼钢炉的设备，还是炼钢的燃料，都与现代炼钢设备相差甚大。据资料显示，江北县各厂所用钢铁完全是菱铁矿，含铁量占30%强，且含锰量有高至4%的。所用燃料，除蜀江铁厂用焦炭外，其余多用木炭及干木柴（前者需用30%，后者需用70%）。炼铁高炉的炉缸处用4块大石砌成，外加20块小石（也有23块者），砌成炼炉底部。鼓风系用木质鼓风箱，风箱活塞走长每小时约推动50次，风量甚小。熟矿每次加料约560斤，需用木炭与干柴约500斤，1天加13—14次不等，可出铁2000余斤。①

最后，失业工人数量较大，重庆有5万，贵阳1万，成都2万。80%的工厂处于停工状态，市场物价飞涨，人民生活必需品严重短缺。1950年春，这一状况在贵阳、昆明、重庆等相对发达的省会或经济中心城市表现尤为明显。在1950年的一二月份，贵阳申请停业的工商业户数居然超过了申请开业的户数。前者竟为后者的1.86倍。"三四月份，情况最为严重，未歇业者亦处于半停业状态"②。而昆明的私营工商业也是处在呆滞的状态中。③ 在重庆，情况也相当严重，大批工厂停工，商店停业或滞销，大量工人失业。④ 尤其是兵工企业，就业人数很多，但绝大多数兵工企业原来与蒋介石政权、英美国家关系密切，新中国成立以后，许多兵工企业因其工业原料来自国外，而英美又对新中国实行封锁政策和不承认新中国的政策，使得许多兵工企业停产、停工，失业人数较多。

从表1—4可以看出，重庆解放初期，军工企业的工人人数为25314人，占到了表1—4中总数99561的1/4强，达26%左右。这些军工厂的工人，必将因解放初期重庆军工企业的转型和原料短缺所导致的停产、停工而失业。

---

① 参见中共重庆市委办公厅、政策研究室编印《1950年的重庆概况》第十篇《解放前夕重庆工业概况》，1950年内部资料，中共重庆市委党史研究室资料室资料，资料号：3B1 04946。
② 西南军政委员会办公厅编印：《西南政报》第2期，第94页。
③ 同上书，第105页。
④ 周勇：《重庆通史》第三卷，重庆出版社2002年版，第1434页。

表 1—4　　　　　　　解放后重庆市工人人数统计①

单位名称			工人人数（人）
产业	铁路		602
	海员		8573
	煤矿		17987
	电业		1563
	邮电	邮政	1193
		电信	1731
	纺织	棉纺织	14035
		毛纺织	1563
		丝织	737
	五金	钢铁	2248
		机器	6766
	军工		25314
	化学		7823
	食品		2678
	出版印刷		1897
	烟草		1737
	市政		3114
	合计		99561

资料来源：重庆市总工会组织部。

再从新中国成立初期重庆私营机械工厂的发展情况来看，工厂停工或部分开工的企业很多，失业人员也随工业发展的不景气大幅增加。早在1943年，重庆的机械工业就因重庆工商经济的逐渐萎缩，减产停工，倒闭现象纷纷发生，1944年机械工业工厂停工倒闭者达79家之多。② 此后，该业即一蹶不振。到重庆解放前夕，更因国民党官僚资本的挤压、特务的破坏、严重的通货膨胀、工业原料短缺、销售不畅等原因，许多工厂处于

---

① 参见中共重庆市委办公厅、政策研究室编印《1950年的重庆概况》第十篇"工业"，第360页，1950年内部资料，中共重庆市委党史研究室资料室资料，资料号：3B1 04946。
② 同上书，第385页，1950年内部资料，中共重庆市委党史研究室资料室资料，资料号：3B1 04946。

停产、停业状态之中。

请看重庆市机器业私营厂概况表（见表1—5）①。

表1—5　　重庆市机器业私营厂概况（1950年4月）

厂名		地址	职工人数				生产设备	产品	备考
			职员	工人	职工混合数	合计			
百人以上	民生公司机器厂	江北青草坝	74	722		796	工作母机220部	修造船舶	现已开工
	渝鑫钢铁厂	小龙坎	82	222		304	工作母机130部	普通机器	部分开工（钢铁业中已述及）
五十人以上	大川实业公司	黄沙溪平安街	24	33		57	工作母机70部	普通机器	部分开工
	合作五金制造厂	小龙坎新村马路44号	13	37		50	工作母机105部	建筑五金纺织机件	部分开工
	洪发利机器厂	林森路260号	16	35		51	工作母机152部	电脑锅炉铣床水帮浦等	部分开工
	顺昌公司贴工厂	猫儿石			50	50	工作母机61部	造纸机磨粉机起重机纺纱机抽水机	现已停工
	大来农业机器厂	小龙坎正街281号			50	50	工作母机27部	面粉机碾米机水力机	现已完工
	上海机器厂	沙坪坝中渡口			50	50	工作母机24部	水轮机内燃机抽水机	部分完工

①　参见中共重庆市委办公厅、政策研究室编印《1950年的重庆概况》第十篇"工业"，第403页，1950年内部资料，中共重庆市委党史研究室资料室资料，资料号：3B1 04946。

续表

厂名	地址	职工人数 职员	职工人数 工人	职工人数 职工混合数	合计	生产设备	产品	备考
新民机器厂	小龙坎横街号	8	31		39	工作母机68部	车床铣床刨床纺纱机	现已停工
恒顺机器厂	林森路23号	11	33		44	工作母机45部	煤球机蒸汽机弹花机	部分开工
惠工铁工厂	南岸野猫溪	6	35		41	工作母机22部	纺织机面粉机	现已停工
协昌和记机器厂	南岸老码头62号			20	20	工作母机20部	清花机锭子罗拉钢领圈	现已开工
震旦机器厂	上清寺街64号	13	33		46	工作母机22部	灭火机水龙	现已停工
公用螺丝机器厂	沙坪坝正街145号	2	26		28	工作母机17部	各种螺丝	现已停工
三鑫纱管厂	南岸玄坛庙新民巷	3	30		33	工作母机18部	粗细纱管	部分开工
大中机器厂	小龙坎天星桥10号			20	20	工作母机46部	普通工具机	现已停工
大联亮记机器厂	化龙桥新街			20	20	工作母机14部	汽车工作机	现已停工
上海胜利机器厂	小龙坎正街245号	2	20		22	工作母机18部	修造纱织零件及印刷机	现已停工
中大实习工厂	化龙桥华村街31号	3	17		20	工作母机13部	绘图仪器农具机	现已停工
中南铸造铁工厂	化龙桥新村16号	3	18		21	工作母机11部	汽车零件	现已停工

二十人以上

续表

	厂名	地址	职工人数 职员	职工人数 工人	职工人数 职工混合数	合计	生产设备	产品	备考
二十人以上	天兴和记机器厂	弹子石后街27号	9	33		42	工作母机22部	修理船只	现已停工
	公鑫机器铁工厂	罗家坝敦厚上段62号			20	20	工作母机18部	汽车钢板桥梁铁架	现已部分开工
	四方企业公司渝厂	江北头塘	3	18		21	工作母机26部	造纸机打浆机纺织机	现已部分开工
	合城机器厂	下南区马路57号	5	21		26	工作母机16部	纱机零件	现已部分开工
	合众机器厂	石溪路55号	4	20		24	工作母机33部	纱机	开工
	协兴坤记实习厂	石溪路175号	3	40		43	工作母机13部	印刷机修船	开工
	青年会实习厂	和平路191号	7	40		47	工作母机12部	汽车零件	开工
	治华机器厂	中华路管井巷3号			20	20	工作母机20部	马达	开工
	复记炳荣和机器厂	小龙坎文昌庙7号	1	20		21	工作母机11部	煤球机猎枪印刷机	开工
	治生铸铁厂	南岸猫背沱			20	20	工作母机27部	铅印机	开工
	祥兴汽车配件厂	上清寺58号			20	20	工作母机28部	普通活塞	部分开工
	国强机器五金厂	纯阳洞6号	4	31		35	工作母机13部	铰链木螺丝抽水机	停工
	勤丰机器厂	小龙坎203号	2	22		24	工作母机11部	纺织机零件	开工

续表

厂名		地址	职工人数				生产设备	产品	备考
			职员	工人	职工混合数	合计			
二十人以上	源记机器厂	大溪沟28号	8	12		20	工作母机11部	柴油机切面机	停工
	敬业机电铁工厂	小龙坎新街19号			20	20	工作母机15部	染色机细纱锭	部分开工
	荣兴机器厂	小龙坎正街278号	2	18		20	工作母机11部	制革机造纸机	部分开工
	精业机器厂	金汤街74号	4	18		22	工作母机11部	印刷机打洞机切纸机	部分开工
	汉口振华机器厂	石溪路60号	4	17		21	工作母机32部	普通机器	部分开工
	兴国工矿公司机器厂	牛角沱55号	9	17		26	工作母机33部	缝纫机制冰机	部分开工
	鸿昌盛五金铁工厂	小龙坎正街299号	1	24		25	工作母机15部	摇纱车打包机	停工
	协成银箱铁工厂	化龙桥红岩村27号	5	42		47	工作母机18部	银箱库门船	开工
总计	41家		332	1685	310	2327	1399部		

从表1—5可以看出，1950年4月的统计材料显示，重庆私营机械工厂共41家，部分停工和完全停工的工厂数达到了31家，达到了私营机械厂总数的78%，其中完全停工的就有14家，占重庆全部私营机械工厂的30%左右，停工企业的失业人数总数为509人，占到私营机械工厂总人数2327人的22%左右。如果再加上部分停工企业的失业下岗工人数，失业人员将更多。这还仅仅是重庆机械工业的失业情况。重庆的私营制药厂共34家，其中有动力设备的仅9家，已停工的9家，停工率超过26%。解放后不久，重庆附近煤矿开工者不过55家，各小矿大部分停业观望，后经陆续恢复，至4月底止，据嘉陵江区煤业公会统计，共有大小煤矿90

余家，不属于嘉陵江区的南桐煤矿及其他停工未复的如建川、福华等矿，均未计入。

　　造成解放初期重庆工业困难的原因有多方面。首先，虽然抗日战争时期随着国民政府内迁重庆，东部和中部地区的一大批工厂西迁，西南地区迎来大批内迁工业企业，这些内迁工业企业曾为西南地区，特别是重庆和成都的工商业发展注入了一定的活力，在一定程度上促进了西部地区现代化发展的步伐。但是抗战胜利后工厂随政府东迁，以及国民党政权和西南军阀长期的掠夺和压榨，对西南地区的工商业经济发展造成了很大的破坏，导致了新中国成立初期包括重庆在内的西南地区的经济困难。"国民党十二年来在西南虽然做了点好事，打下了一点基础，但它做了点坏事。经济上的破坏很严重"。"所以，西南的工、农、商业都有相当的基础，但被破坏得都很厉害，恢复不容易"①。其次，国民党在溃退时对社会和重要工业设施进行了大规模、有组织的破坏。国民党政府在溃逃时恶意地放出了大批的盗匪、死囚罪犯，潜伏了大量的敌特分子，这些盗匪、死囚和潜伏下来的敌特分子形成一股巨大的破坏力量，对社会进行大肆破坏，加之帮会势力横行，散兵游勇遍布大街小巷，导致整个重庆社会秩序混乱，广大人民群众生活在极端贫困和恐慌之中。同时对工业设施进行大规模破坏。比如，位于江北二十一兵工厂附近的湘渝玻璃厂，1949年12月国民党特务撤出重庆时炸毁了兵工厂，受此波及，导致停工。② 这也严重影响了工商业经济发展。最后，解放之初，西南的私营工商业者对新生的人民政权还存有疑虑，并不十分信任。对共产党的经济政策持观望态度，有资金不愿大胆使用，甚至给政府出难题，要求政府救济。他们向政府提出订货、贷款、收购产品、供给原料、限制工人提出工资要求等条件③，并不配合人民政府的接管和恢复工商业经济的举措。这也是使得此时的工商业发展处于萎缩停滞状态的又一重要因素。

---

　　① 《邓小平在西南服务团干部动员会上的讲话》（1949年9月20日）。
　　② 参见中共重庆市委办公厅、政策研究室编印《1950年的重庆概况》第十一篇"商业贸易"，第524页，1950年内部资料，中共重庆市委党史研究室资料室资料，编号：3B104947。
　　③ 参见《刘伯承传》，载《当代中国人物传记》，当代中国出版社1992年版，第542页。

二　商业萧条，物资供应奇缺，投机活跃

重庆，是解放初期中共中央西南局的所在地，是当时西南地区的政治、经济中心。它地处扬子江、嘉陵江之汇合处，公路畅通，水陆交通便利，是西南地区一切进出口物资集散中心，故商业贸易曾在一段时期里相当发达，尤其是抗战时期，重庆作为国民政府的陪都，是当时国统区的政治、经济中心，商业兴旺发达，但是抗战结束后，国民党发动内战，因高额的军费开支而乱发货币，导致通货膨胀，人民的购买力大受影响，商业凋敝。[①] 相比较而言，西南地区的昆明（西南局时期是云南省的省会）、贵阳（贵州的省会）、成都（西南局时期省级单位川西行署所在地）、南充（西南局时期省级单位川北行署所在地）、泸州（西南局时期省级单位川南行署所在地）、北碚（西南局时期省级单位川东行署所在地），以及其他大小城市，在近代都要从重庆购买下江的货物，并运回当地进行贸易；这些地方的土特产品、粮食、茶叶、桐油等都从重庆销往其他地方。重庆是近代西南地区当之无愧的商业中心。应该说重庆商业的兴旺程度，在一定程度上代表了当时西南地区商业发展的最高水平。相比于当时的贵州、云南，重庆的开放程度最高，工商业最发达。比如，贵州、云南的地方封建势力长期割据，地域封锁，交通不便，形成若干小的自然经济区，商品经济很不发达，尤其是在少数民族地区。比如，在贵阳，解放前夕虽共有商业店铺3876家，从业人员11740户，但资金却只有118亿元（旧币，相当于现在的118万元），平均每户商业店铺仅有300多万元（旧币，相当于现在的300多元）。私营商业以经营花纱布、绸缎、百货、盐巴、油脂、中西药为主。[②] 这种小本商业经营在解放前夕的国统区严重通货膨胀影响下，更加举步维艰，许多商户面临破产或倒闭。

那么，解放初期重庆的商业怎么样呢？由于抗战胜利后不久国民党即发动大规模内战，导致军费开支大幅增加，农民捐税严重，社会经济破烂不堪，商业受此束缚压榨，发展已极为困难。而以四大家族为首的官僚资本忽视生产，由滇缅、滇越等线运进大批洋货，垄断市场，致使工商业遭

[①] 参见中共重庆市委办公厅、政策研究室编印：《1950年的重庆概况》第十一篇"商业贸易"，第521页，1950年内部资料，中共重庆市委党史研究室资料室资料，编号：3B1 04947。

[②] 参见张开生《解放初期贵阳市工商业的复苏与繁荣市场》，转引自中共贵州省委党史研究室《贵州城市的接管与社会改造》，第173页。

受严重打击，游资纷纷涌入投机市场。金纱、棉纱等均发生赌博方式的期货交易，物价急剧上升。国民政府因军费开支浩大，滥发钞票，并同时实施专卖管制、限价及低价收购等竭泽而渔的办法。结果，除官僚资本及与其勾结之投机商人得以扩充外，其他商业已奄奄一息。

到1949年，国民党法币恶性贬值，人民对之毫无信心，物价隔日倍增，市场混乱。农村大小交易均以棉纱、粮食、铜钱、镍币等作媒介。重庆则以金银、外币、米粮、布匹、棉纱等折算。各业均呈枯萎态势，商业资金大量逃向香港地区。笨重出口货品如桐油、药材等亦以飞机运出，故在出口数字中显示出本市从未有的"出超现象"。兹将解放前重庆3个月进出口数字列表如下（参见表1—6）①。

表1—6　　　　　　解放前重庆9—11月进出口情况　　　　　单位：银圆

1949年	进口数	出口数
9月	300714.23	553511.97（出超252797.74）
10月	611255.90	1393919.32（出超782663.42）
11月	627069.52	300438.32（出超326631.20）

资料来源：重庆海关统计。

从上面的统计数据可以看出，在1949年9—11月重庆解放前的3个月间，国民党通过不当手段，利用不断贬值的法币，从重庆套走大量的商品，使商品的出口数大大高于进口数。这更加重了解放初期重庆的商业危机，因为物质缺乏和法币泛滥，导致物价更加飞涨。

在西南地区的其他地方，许多工商业户对共产党的政策不了解，担心财产被没收，怕戴"资本家"帽子，特别是一些商户采取将个人财产由大化小、小化摊贩、坐商化行商或关门停业的做法，坐观动静，致使市场萧条，物价波动，经济运行处于停顿中。

三　封建剥削严重，西南地区的农业衰败

新中国成立初期，包括四川、贵州、云南、西康4省的西南地区有耕

---

① 参见中共重庆市委办公厅、政策研究室编印《1950年的重庆概况》第十一篇"商业贸易"，第522页，1950年内部资料，中共重庆市委党史研究室资料室资料，编号：3B1 04947。

地面积10970000公顷，人口91586589人，其中农业人口79992798人，占总人口的89％。土地绝大多数集中在地主和土司（少数民族地区）手中，土地集中程度为全国之最，尤其是川渝两地为甚。以四川为例，农村土地集中的情况为全国之最。"占农村人口百分之三四的地主，占有百分之六七十的土地"①。成都占农村人口3％—4％的地主，却占有70％的土地。成都附近的华阳县白家乡，97户地主占有土地1.7万亩，每户平均176亩多，而3000户中农、贫农每户平均仅有土地0.4亩，还有143户贫农没有土地。又根据当时的调查，重庆市十区十八保，地主占有土地的比例高达95％。② 在云南，占人口少数的地主也占有50％的土地。同时，当时西南地区的一些军阀和旧政府官员都是多重面孔，既是官僚、军阀、战犯、特务面孔，同时又是地主身份，并且在一些学校、机关、事业单位、会道门组织甚至慈善机构等也占据着大量的土地。至于工商业者兼地主，地主兼工商业者的情况在一些地区十分严重。

  这些土地所有者采取严酷的地租剥削来获取利益，使农民十分贫困。西南地区的地租不管是定租制还是活租制普遍都很重，一般租额都在60％以上。甚至有些农民的全部收获尚不够缴纳地租，还要出钱另买粮食来补足缴租。以1949年的四川省为例。1949年该省地租率通常在60％以上，而四川、云南两省的个别县，租率竟高达100％。③ 地主对于农民除地租剥削之外，还有农民每年向地主所谓的"送新"（谷物新上市时佃户须先给地主送去），以及租种地主的土地之前农民必须先付出较重的押金（有时候押金数额几乎与地价相等），等等。在地主"重租厚利押金高"这"三把刀"的交错宰割下，不少农民纷纷变成"干人"（当时社会对贫穷农民的通称）。

  由于整个社会经济呈现萧条景象，广大农民赖以依靠的家庭手工业、副业及农副产品如食油、猪鬃、桐油等既存在产量降低，又存在销路不好等问题。成本高、市场狭隘、销量有限等原因，致使盐业生产与销售也受到很大的破坏，许多兼营盐业贩卖的农民被迫破产，生活更加困苦。

---

  ① 《邓小平与大西南》，中央文献出版社2000年版，第370页。
  ② 参见《邓小平与大西南》，中央文献出版社2000年版，第370页；重庆市人民政府办公厅：《重庆政报》第一卷第5期。
  ③ 参见严中平等编《中国近代经济史统计资料选辑》，科学出版社1955年版，第304、305页。

另外，解放战争后期法币不断贬值，地主从中大打折扣，许多农民被整得倾家荡产了。

如此种种，严重制约了农业生产力的发展，使农民甚至无力维持简单再生产而挣扎在死亡线上。反之，农民的极度贫困和低下的购买力，又必然制约西南地区的工业发展。

新中国成立初期，因生产技术低下，农业发展资金短缺，西南地区的农业相对落后。比如，在云南富宁县，农业生产基本上是刀耕火种，水稻栽培技术水平很低，种植有大白谷、小白谷、白谷、农谷、大忙谷、干冻谷、大麻粘、小麻粘、贵阳粘、西洋谷、便谷、杂谷、早谷、香糯、豆糯、高糯、矮糯、西洋糯、长毛糯、冷京糯、红谷、黄奖谷等本地老品种，单产60—100公斤。[①] 蒋介石发动内战，当地的农业发展也大受影响。解放前夕，国民党在四川大征壮丁，1948年四川征丁数十万人，次年又征丁42万人，以致农业劳动力严重缺乏，加之水旱灾害严重，地主残酷剥削农民，苛捐杂税繁多，造成农业衰败，农村经济破产。1949年全省工农业总产值只有43.51亿元，其中农业总产值36.2亿元。全省粮食总产量只有298.9亿斤，平均亩产只有211斤。而在云南省，罂粟种植面积广泛，罂粟种植面积占耕地的1/3。至1949年年底，全省罂粟种植面积仍有240余万亩，年产鸦片5000万两。解放初期的贵州则被人称为"天无三日晴，地无三尺平，人无三分银"的穷乡僻壤，山高路险交通极不便利、自然环境恶劣、经济极度匮乏，"面积狭小，地方贫瘠，生产落后，被古人视为蛮夷之区"[②]。贵州山多田少，解放前耕地面积仅占土地面积的8.8%，耕地面积中，水田占38%，旱地占62%，宜垦荒地面积为耕地面积的一倍半以上，农业生产落后，一般是半农业半畜牧业，生产方式原始落后，有些地区还保持赶山吃饭、刀耕火种的生产状态，少数地区还保持着奴隶社会的色彩。超经济剥削、压迫非常残酷，人民缺衣、缺盐、缺生产资料，终年劳作不得果腹。[③] 在川北行署所辖区域，绝大多数属于丘陵和山区交错，农业生产长期处于落后状态，农民生产、生活极其

---

① 参见农绍凡《富宁壮族稻作文化及水田稻作发展》，云南富宁县农业信息网（www.ynagri.gov.cn），2009年4月14日。

② 文泽宏：《贵州工商业发展之特点》，《贵州直接税通讯》第26期，1947年6月1日。

③ 参见何仁仲等《回忆贵州解放初期的经济工作》，转引自中共贵州省委党史研究室《贵州城市的接管与社会改造》，贵州地图印刷厂2000年版，第124页。

艰难。

四　金融秩序混乱，物价飞涨

（一）金融业深受打击

解放初期，西南地区的金融业十分萧条。因受解放战争期间国民党乱发纸币所导致的通货膨胀的影响，包括重庆、成都、昆明、贵阳、南充、泸州、雅安等在内的当时西南地区的省级行政中心的金融秩序都比较混乱。比如，在解放前夕的贵州，国民党法币大幅度贬值，1948年8月伪法币废止不到一年，新发的金圆券又以每张票面50万元而告终，致使银圆、黄金黑市充斥，大量贵金属流入投机倒把者之手。投机倒把者囤积居奇，买空卖空，使市场混乱，人心浮动。一些不法分子奔走于街头巷尾，大做黄金、银圆买卖。他们用比银行牌价高几倍的黑市价格套购银圆、黄金，极力贬低人民币的信誉，阻止人民币的流通。① 下面我们以抗战时期西南地区的金融中心重庆的金融状况为例来加以说明。

抗战时期，随着江浙帮银行（如上海、浙江兴业、金城等）的内迁，西南地区的金融业曾经迎来了发展的黄金时期。一些私营行庄，也先后在各地增设分支机构扩张业务，本地人士亦因此纷纷集资筹设行庄，唯一般业务均不正常，无不暗中从事囤积物资与金融投机。到1943年，重庆有私营银行共达78家，钱庄为50家。②

但抗战结束后，随着国民政府还都南京，国家政治、经济、文化中心东移，使得社会游资也大量东移，物价曾一度狂跌，一般基础薄弱、从事暴利投机的行庄，如华侨银行、义亨钱庄、永美厚银行（后曾复业）等，纷纷倒闭。平时信用较著，业务比较稳健者，亦陷于周转不灵。但不久，物价又形激涨，于是投机行庄又乘时而作，截至1946年秋，渝市私营银行尚多至81家，钱庄19家。到了1948年秋，蒋管区经济已到混乱不可收拾的地步，伪政府乃以欺骗手段，乃实行伪金圆券改币，除限制私营行庄再增设外，并以所谓"加强金融管理政策"、"外汇管理政策"及"存

---

① 参见边裕鲲等《把财政经济的命脉，尽快掌握在人民手中——回忆贵州解放初期的财政接管工作》，转引自中共贵州省委党史研究室《贵州城市的接管与社会改造》，贵州地图印刷厂2000年版，第145页。

② 参见中共重庆市委办公厅、政策研究室编印《1950年的重庆概况》第九篇"银行保险"，第325页，1950年内部资料，中共重庆市委党史研究室资料室资料，编号：3B1 04945。

兑金银"等办法，来扼制金融市场。在此期间，私营银行已减至69家，钱庄则有23家。① 但发行不到1月的金圆券复又剧烈贬值，市场紊乱有增无减，行庄虽无再增设者，而各公司商行所附设的地下钱庄，却应运而生，以经营开放汇兑各种业务。普通小店铺亦以黑市高利吸收存款，一时蔚成风气，投机、囤积及抢购情形更加严重，国民政府禁不胜禁，莫可奈何！

　　1949年开始，蒋介石军事连续失败，开支浩大，同时国民党政权控制地区缩小，更加速了伪金圆券的贬值。到了4月初，已较发行时贬值了6亿多倍，市场黑息不断高涨，日折最高曾达5角。6月，银圆1枚，竟能兑换12亿—13亿伪币。工商业不堪高利压榨，闭厂倒账接踵而起，银钱业受此影响，被迫停业的就有总汇、通汇2家，其他亦岌岌可危。7月，市面筹码更感不敷，各行庄大量发行本票，造成严重的信用膨胀。伪政府乃实行"检查制度"，对行庄大肆打击，当时如重庆、永成、同丰、聚丰等银行，及益民、福华、怡益等钱庄，均一度受停业处分，各行庄罄有实力，至此遂丧失殆尽。②

　　伪金圆券改为银圆券后，伪政府用各地集中西南一隅来的银圆作饵，以自由兑现方式，把暴涨不息的物价暂时压稳，金融业一时无法再兴风作浪，业务极感萧条。"九·二"火灾后，南京市工商业遭受空前损失，各私营行庄囤积之物资多被烧毁，放款也无法收回，在债权、债务的影响牵连之下，停业极多。截至解放时，只有银行47家，钱庄21家了。③

　　(二) 西南地区的物价飞涨

　　由于西南地区刚刚解放，工商业经济尚未恢复、交通阻塞造成物资缺乏；而刚刚建立的人民政府中许多干部文化知识水平低，没有接受过专门的经济管理培训和学习，缺乏经济管理的经验，使得一些奸商趁机囤积居奇，大肆买进人民群众需要的生活用品，并高价卖出，哄抬物价；再加之下层的人民群众因为在国民党政府统治时期，长期饱受纸币贬值和物价飞涨的痛苦，也加入抢购的风潮中，这就进一步加剧了物价的攀升。比如，

---

　　① 参见中共重庆市委办公厅、政策研究室编印《1950年的重庆概况》第九篇"银行保险"，第326页，1950年内部资料，中共重庆市委党史研究室资料室资料，编号：3B1 04945。

　　② 同上。

　　③ 同上书，第327页，1950年内部资料，中共重庆市委党史研究室资料室资料，编号：3B1 04945。

解放前夕，由于货币贬值，贵阳物价飞涨到了惊人的地步。在币值一日数变、物价失去控制的情况下，老百姓生活非常艰苦，甚至连国民政府的公务人员一个月的工资也买不了多少粮食。① 在1950年春季和秋季，因土匪骚扰、特务造谣、不法资本家抽逃资金、套购物资、囤积居奇、投机倒把等，贵阳市出现了两次物价飞涨，春季尤为严重，波动时间长、牵涉面广，以粮食、盐巴、棉布带头，波及全面商品价格上涨。② 以1950年1月份为100，至3月份，贵阳、遵义等城市的粮价平均上涨至239。③ 在川北行署所在地南充，1950年3月初，各种物价出现剧烈波动。2月10日到28日，南充各种物价平均上涨28%。7月底，由于奸商哄抬物价，每斤大米价格由800元飞涨到1200元。④

解放初期，重庆的物价上涨也十分明显，对人民群众的生活造成巨大影响，并直接影响社会秩序的稳定。这次物价飞涨，一方面是由于土匪和潜伏特务分子在农村煽动和组织武装暴动，杀害征粮工作人员，抢劫商人，威胁群众拒绝使用人民币，阻碍城乡物资交流，使城市需要的米、纱、肉等物资供应不上的缘故；另一方面是由于国民党特务制造涨价谣言，那些少数投机分子利用春节之际，物资匮乏，先囤积物资，然后再高价兜售，致使物价上涨。粮食商贩雇人排队抢购粮店平价出售的粮食，粮商以政府公布的牌价每担糙米7元购进，又以16元一担高价转手抛出，造成市场物价波动，各粮店脱销，人心浮动，排队抢购的人越来越多。不法粮商以为政府粮库库存粮不多，变本加厉地抢购；各面粉厂的厂商也抢购小麦囤积居奇。顿时，粮食市场出现紧张。一部分资产阶级甚至造谣说："共产党军事100分，政治70分，经济0分。"而重庆也有些人说："共产党在军事上内行，政治上本行，经济上外行。"⑤ 据重庆市2月3日调查，1950年1月26日至2月3日，只有8天的时间，重庆的主要商品

---

① 参见边裕鲲等《把财政经济的命脉，尽快掌握在人民手中——回忆贵州解放初期的财政接管工作》，转引自中共贵州省委党史研究室《贵州城市的接管与社会改造》，第142页。

② 参见何仁仲《回忆贵州解放初期的经济工作》，转引自中共贵州省委党史研究室《贵州城市的接管与社会改造》，第133页。

③ 同上书，第135页。

④ 参见中共南充市委党史研究室编《中国共产党川北区历史（1949—1952）》，中共党史出版社2007年版，第81页。

⑤ 钟修文：《城市的接管与社会改造·重庆卷》，西南师范大学出版社1995年版，第97页。

价格平均上涨66%，其中米上涨184.46%，纱上涨70.51%，人民生活受到严重影响。①

  1950年6月，朝鲜战争爆发，投机分子鼓吹"第三次世界大战即将到来"，在市场上再次兴风作浪，一个月之内，重庆物价平均指数上涨23%。邓小平在西南财经委员会会议上指出，这次物价上涨的特点是：国营贸易公司不经营的某些商品，如西药、五金器材、电料、汽油等，上涨幅度最大，西药中的盘尼西林竟上升200%。而国营公司所经营的粮食等人民必需商品，投机分子也企图冲击，在渝、蓉、昆等地掀起抢购风潮。

---

  ① 参见钟修文《城市的接管与社会改造·重庆卷》，西南师范大学出版社1995年版，第12页。

第二章

中共中央西南局应对经济困难的宏观举措

面对解放初期西南地区严重的经济困难，以邓小平、刘伯承、贺龙、王维舟等同志为领导的中共中央西南局以及新生的西南地区各级人民政权认真贯彻落实党中央制定的应对全国经济困难局面的国家大政方针政策，"全国一盘棋"，与其他大区密切沟通协调，深入群众访贫问苦，积极开展调查研究，向民主党派和非党派民主人士问计问策，采取了应对严重困难局面的切实可行的措施。

第一节 建立健全组织机构，加强经济恢复的组织和领导

克服解放初期西南地区严重的困难局面，恢复和发展经济，新生的人民政权必须充分调动各方面有生力量，使之积极投身到火热的经济建设运动中去。而要达到此目的，人民政权必须建立健全的组织机构对各方面力量加以组织和引导，对各项工作进行切实有效的指导和管理。因此，建立健全新的组织机构就成为中共中央西南局和西南军政委员会为促进经济迅速恢复和发展首先考虑的问题。此时作为中共中央西南局重要领导人的邓小平、刘伯承和贺龙等同志，联系西南地区的实际情形，相继建立了西南军政委员会，下设西南财经委员会、劳动部、工业部、盐业管理局、农业委员会来领导经济建设。实践证明，中共中央西南局按照中共中央的指示精神，对于各项政策的制定，以及各项工作的展开都起到了无可替代的作用。

一 各级党组织机构的健全与领导思路的形成

为了领导和协调西南地区的党政军工作，在人民解放军进军大西南的

过程中，中共中央和中央军委于1949年10月13日作出成立中共中央西南局的决定。① 1949年11月初，中共中央西南局在常德成立，邓小平、刘伯承、贺龙分任第一、第二、第三书记②，西南局常委还有宋任穷、张际春、李井泉等人。③ 中共中央西南局的主要职能是统一领导西南地区的解放战争，接管建政、经济恢复和发展工作。重庆解放后，中共中央西南局进驻重庆办公。1950年1月，西南军政委员会下属机构西南财经委员会、文化教育委员会、民族事务委员会、民政部、财政部、工业部、贸易部、农林部、合作事业局、劳动局等机构开始筹建。④ 到1950年7月27日第一次全体会议召开宣告西南军政委员会成立，已建立起20个机构。⑤ 先后设立的内部组织主要有：办公厅、组织部、宣传部、统战部、财经委员会（后改为财经工作部）、纪律检查委员会、职工工作委员会、青年工作委员会、妇女工作委员会、农村工作委员会（后改为农村工作部）、外事委员会、保密委员会、党校、西南日报委员会、西南工作杂志委员会、文教工作组、人民武装委员会、国际指导委员会、民族工作委员会、直属机关委员会等。⑥ 中共中央西南局作为中共中央在西南地区的代表机关，对西南的重庆和四川、云南、贵州和西康一市四省的政治、经济、军事、文化等实行全面领导。中共中央西南局结合西南地区的实际，创造性地制定、颁布了一系列符合西南地区实际情形的方针路线、法规法令、政策措施，对西南全境社会经济秩序的恢复和发展发挥了重要的积极作用。

西南局成立以后，云南、贵州、重庆、川东、川南、川北、川西党委也相继建立。1949年11月10日，中央批准中共贵州省委以苏振华为书记，徐运北、陈曾固为副书记。⑦ 中共云南省省委于1950年2月

---

① 参见毛泽东《关于西南、西北作战部署给彭德怀的电报》（1949年10月13日），载《建国以来毛泽东文稿》（1949年10月1日—1950年12月），中央文献出版社1987年版，第48页。
② 参见四川省档案馆编《西南军政委员会纪事》，第4页。
③ 其中，张际春为中共中央西南局组织部部长。
④ 参见四川省档案馆编《西南军政委员会纪事》，第19页。
⑤ 参见西南军政委员会办公厅《西南军政委员会第一次行政会议、集体办公联席会议记录》（1950年8月16日），见《本会第一至五次行政会议记录及有关文件》，第7页，四川省档案馆存档，全宗号：建大1，案卷号：15。
⑥ 参见《邓小平在西南的理论及实践》，第116页。
⑦ 同上书，第132页。

24日成立,宋任穷、陈赓任第一、第二书记。中共重庆市委则在1949年11月30日成立,以陈锡联、张霖之、曹荻秋、王近山、段君毅五人组成中共重庆市委常务委员会,陈、张、曹分别担任第一、第二、第三书记。① 市委下设组织部、宣传部、统战部、政策研究室和秘书处。②

西南局时期,作为第一书记的邓小平多次强调各级党委和政府部门要高度重视经济建设。他在《在西南局城市工作会议上的报告提纲》中强调指出:"我们城市工作今天最薄弱的环节,则正是最中心的生产管理问题。我们必须在这方面加以努力。因为不搞好生产事业,特别是不搞好工厂管理,就不可能把消费城市变为生产城市,把农业国变为工业国,由新民主主义发展到社会主义。因此,各级党委和政府必须在该方面加以努力。"③ 为此,他首先强调搞试点、抓典型,强调发展与稳定的关系。邓小平在西南企业经营问题的报告中指出,领导要注意选择几个点,进行典型试验,积累经验,指导其他西南较重要的公私厂矿有一百九十二个,用这个方法一定可以做出成绩来。④ 他说,我们同志在新的工作中往往容易忘记这个工作方法,以至于走了很多弯路,应引起注意。⑤

其次,他还强调加强经济建设的宏观指导。邓小平认为进行经济建设必须要有宏观指导,在西南局城市工作报告中,邓小平指出,除了做好国营企业的工作外,各省市对于地方工业的指导必须加强。⑥ 他还指出,在贷款方面要进行指导,指定用途。如果有些东西生产超过市场需要太多,销不出去就有了问题,要指导转产。⑦

最后,邓小平非常重视城乡协调发展,国营、私营企业共同发展。1949年大西南刚刚解放时,工作重点集中在农村。1950年,邓小平依据新解放区的发展规律,指出明年我们各级领导机关还要将重点放在农村,

---

① 参见四川省档案馆编《西南军政委员会纪事》,第5页。
② 参见《人民政权的建立——西南大区时期的重庆》,载《重庆发展六十年》,第123页。
③ 《邓小平文选》第一卷,人民出版社1994年版,第174页。
④ 同上书,第177页。
⑤ 同上书,第183页。
⑥ 同上书,第177—178页。
⑦ 同上书,第149页。

但也必须以较多的注意力加强对城市工作的领导。① 邓小平指出，1949年到1952年在西南还应该适当加强国营工商业，以增强国营经济的领导力量。② 同时也要扶助有益于国计民生的私营工商业，鼓励私人生产的积极性。③ 他纠正了两种错误倾向，一是有些同志认为主要的不是帮助国营企业的发展，而是帮助私营企业的发展，或者反过来认为只需要注意国营企业的发展，私营企业是无足轻重的。④

1950年1月1日，重庆市举行庆祝西南解放大会，10万群众集会游行。西南军政委员会主席、西南局副书记刘伯承在讲话中强调指出，建设新西南的三大任务，其中的一项就是恢复和发展生产。⑤ 1月2日，邓小平向中央报告重庆解放1个月后的西南情况及建设新西南的计划。⑥ 邓小平在西南军区政治工作会议上提出三大问题，其中排在第一位的就是"平衡收支，稳定物价，调整工商业，渡过难关"。⑦ 邓小平也十分重视西南的农业发展。邓小平指出，"任何时候都不要忽视对于农业生产的领导"⑧。"农业生产发展了，就能够更好地为工业积累资本。农民生活改善了，购买力增加了，工业的出路也就解决了，现在遇到的困难那时也就不会有了"⑨。他强调农业生产对工业发展起基础作用，工业发展所需粮食、原料、资金、劳动力等，都要靠农业来提供，为此，应该首先大抓春耕生产。邓小平强调春耕是西南三大尤为迫切的工作之一。"农村阵地全部还在封建阶级的掌握中，而当前的征粮、剿匪、春耕三大工作尤为迫切，各级党委必须以充分的注意力加强对于农村工作的指导"⑩。同时，根据西南的实际情况，他提出发放一部分农贷和发展农村副业和手工业，倡导农民走集体道路。邓小平指出，必须有领导、有计划、有重点地建立合作社，并动员农民在自愿的基础上组织农业互助组。

---

① 参见《邓小平文选》第一卷，人民出版社1994年版，第172页。
② 同上书，第181页。
③ 同上书，第148页。
④ 同上书，第173页。
⑤ 参见《西南军政委员会纪事》（1949年10月1日—1954年11月1日），四川省档案馆编B017，第13页。
⑥ 同上。
⑦ 同上。
⑧ 《邓小平在中共中央西南局委员会上的报告要点》（1951年6月11日）。
⑨ 《邓小平在重庆市第一届各界人民代表大会上的总结报告》（1951年1月29日）。
⑩ 《邓小平在中共中央西南局委员会第一次会议上的报告提纲》（1950年2月6日）。

二　西南军政委员会及各级地方政府的建立

西南军政委员会是新中国成立初期中央人民政府政务院领导地方政府工作的代表机关,代表中央人民政府对西南地区进行领导,恢复正常的社会秩序和经济生活秩序,保证新生政权的巩固和国民经济的恢复,是其重要的任务。1949年年底西南各地相继解放后,中央人民政府决定设立西南军政委员会。1949年12月2日,中央人民政府委员会第四次会议根据中央人民政府政务院11月18日第六次政务会议提请,批准任命刘伯承为西南军政委员会主席。① 1949年12月8日,刘伯承、邓小平、张际春、李达率二野领导机关进驻重庆市,西南军政委员会机构筹建工作开始进行。② 1950年1月21日,西南军政委员会所属财政经济委员会、财政部、工业部、贸易部、交通部、农林部、水利部、合作事业局、劳动局等机构开始筹建。③ 1950年7月27日,西南军政委员会第一次全体委员会议在重庆隆重举行,标志着西南军政委员会的正式成立,并建立起20个政府机构。刘伯承任主席,邓小平、贺龙、熊克武等任副主席。下辖川南、川北、川东、川西4个行署区,云南、贵州、西康3个省和重庆市的人民政府。④ 根据组织条例的规定,西南军政委员会下设:财政经济、文化教育、人民监察、民族事务4个委员会。其中财政经济委员会及其下属财政部、贸易部、工业部、交通部、农林部、水利部、劳动部、合作事业局,分管财经方面行政事宜。⑤

不久,各级地方政府也相继成立,并建立相应的经济管理机构。12月2日,中央人民政府委员会第四次会议任命陈锡联为重庆市人民政府市长,曹荻秋为副市长。⑥ 根据中央的任命,1949年12月9日,重庆市人

---

① 参见四川省档案馆编《西南军政委员会纪事》,第6页。

② 参见四川省档案馆编《西南军政委员会纪事》(1949年10月1日—1954年11月1日),第7页。

③ 参见刘伯承《在重庆市庆祝西南解放大会上的讲话》(1950年1月1日),转引自四川省档案馆编《西南军政委员会纪事》附录一:文献辑录,第239页。

④ 参见《中国共产党组织史资料》,中华人民共和国政权组织(1949年10月—1997年9月)第15册,第241—245页。

⑤ 参见《第二野战军前委关于贵州地方干部配备问题致杨勇、苏振华、徐运北、潘焱的电报》,《贵阳解放》,第72页。

⑥ 参见四川省档案馆编《西南军政委员会纪事》,第6页。

民政府正式成立，陈锡联任市长、曹荻秋任副市长。①

附：重庆市人民政府组织系统及负责人名单②

（一九五〇年）

重庆市人民政府：市长陈锡联，副市长曹荻秋；

秘书长罗士高，副秘书长卢耀武；

秘书处长周怀瑾，人事处长田伯萍，行政处长刘康，交际处长杨继干。

民政局长陈筹，建设局长李仲直，文教局长黄觉民，人民法院院长宋学武，卫生局长周洪生，税务局长汤化愚，公安局长刘明辉，企业局长程占彪，工商局长霍衣茹，地政局长汤成功，劳动局长马力。

1950年1月1日，川东行政公署在重庆南岸成立，阎红彦任主任，魏思文、余际唐任副主任。同日，川南行政公署在自贡成立，张国华任主任，郭影秋、刘披云任副主任。③ 1月25日，西康人民政府成立，廖志高任主席，张为炯、格达、果基木果等任副主席。④ 2月7日，川西行政公署在成都市成立，李井泉任主任，阎秀峰任副主任。⑤ 2月24日，川北行政公署成立，胡耀邦任主任，秦仲方任副主任。⑥ 1949年12月2日，中央人民政府委员会第四次会议决定，任命杨勇为贵州省人民政府主席，陈曾固为副主席，刘星（17军参谋长）为省政府秘书长。⑦ 1950年7月，中央人民政府批准35人组成的贵州省人民政府委员会，省人民政府设立

---

① 参见《人民政权的建立——西南大区时期的重庆》，载《重庆发展六十年》，第123页。

② 本文原为图表式，为排版方便计，改为叙述式，但内容未变；原表只标明"50年"没有月、日，但应该在1950年年初。

③ 参见《邓小平在西南的理论及实践》，第132页。

④ 同上。

⑤ 同上。

⑥ 参见四川省档案馆编《西南军政委员会纪事》，第25页。

⑦ 同上书，第6页。

14个工作部门。1950年3月24日，云南省人民政府成立，陈赓任主席。①各级省市政府成立后，也分别成立相应的经济发展管理机构。比如，重庆市政府就成立了建设局、劳动局、工商局、企业局、重庆市人民银行等。② 贵州省政府的下属机构领导人构成如下：民政厅长谢鑫鹤（原地委书记）；财政厅长边裕鲲（原行署秘书长），副厅长王维；工商厅长吴机章（兵团后勤部部长），副厅长邵金波；教育厅长申云浦（区党委宣传部长）；建设厅长傅家选（原军区副司令员）；公安厅副厅长张金波（原区党委社会部副部长）；银行经理张廉方。这些都是中共党员。西南局还"拟物色一些党外人士为厅长或副厅长"③。

各级县（区）政府也先后成立。比如，重庆市就完善和建立了各区级机构。

附：中共重庆市委关于建立区级党委组织及政权机构的决定④

（一九五〇年四月二十日）

二、根据实际情况，按照居民的特点、地理交通条件及工作便利，确定重新划分为如下8个区：

第一区：将原城区一至七区合并为第一区。

第二区：将原九区、十区合并为第二区。

第三区：将原十三区、十四区合并为第三区（并包括原十区之盘溪）。

第四区：将原八区、十七区合并为第四区（包括李家沱、大渡口）。

第五区：将原十二区全部及十一区和十五区之一部合并为第五区。

第六区：将原十八区全部及十一区和十五区之一部合并为第六区（包括郭家沱）。

---

① 参见《邓小平在西南的理论及实践》，第132页。
② 参见《人民政权的建立——西南大区时期的重庆》，载《重庆发展六十年》，第124页。
③ 《第二野战军前委关于贵州、贵阳、重庆之干部配备向中央的报告》，载《贵阳解放》，第74页。
④ 中共重庆市委会政策研究室编印：《工作通讯》第7期，1950年5月15日出版。

第七区：原十六区。

第八区：北碚区。

各区按其人口数目与工作情况，将一、二、三、四、八等区分为一等区，将五、六、七等区分为二等区，一等区相当于地委专署一级，二等区相当于县委、县政府一级。

在没有建立新的区委及其未接收工作以前，原领导系统仍应负责领导，应照常执行一切任务，不能使工作稍有松懈而受到损害。

在成都市，1950年7月，中共成都市委员会将成都原14个区合并为8个区，并且任命了8个区的区委和区长。贵阳市也根据全市经济、人口、自然环境等发展变化的情况，在1950年5月，将9个区调整为7个区，设立区公所。[①]

三 经济建设领导机构——西南军政委员会财经委员会的建立

为了促进西南地区的经济快速恢复和发展，中共中央西南局和西南军政委员会决定成立专门的财经委员会，统一领导西南区的经济恢复和发展。财经委员会下设劳动部、工业部、盐管局、财政部、贸易部、农业部、交通局、水利部等专门机构负责工矿企业、农业、商业的恢复与发展。1950年5月27日，中央人民政府政务院第三十八次政务会议任命邓小平兼任西南财经委员会主任，陈希云、段君毅、刘岱峰兼副主任。陈希云兼财政部部长，贝仲选、赵立德为副部长；王磊为贸易部部长，刘卓甫、黄凉尘为副部长。[②] 工业部部长为段君毅，万里、蒋崇璟、李文彩、周子祯为副部长。交通部部长为赵健民，副部长为刘星、穰明德、萨福均、傅家选。陈铁任农村部部长，副部长为屈健、王善铨。邓锡侯任水利部部长，陈离任副部长。合作事业局局长为胡浚泉（1950年6月—1951年10月）、邓辰西（1951年10月—1953年3月），副部长为邓辰西（1950年6月—1951年10月）、严俊（1951年10月—1953年3月）、程容（1952年6月—1953年3月）。王磊任贸易部部长，副部长为刘卓甫、

[①] 参见《邓小平在西南的理论及实践》，第123页。

[②] 《西南军政委员会纪事》（1949年10月1日—1954年11月1日），四川省档案馆编B017，第49页。

黄凉尘。劳动部部长为蔡树藩，李紫翔、吕文远任副部长。粮食部部长为赵立德。铁路工程局局长为赵健民，副局长为萨富均、赵锡纯。邓辰西任中国人民银行西南分行行长，副行长为张茂甫。

1950年3月6日，西南军政委员会发布《关于西南区盐政已有专设机构其他机构应予协助不得干涉盐政的指示》，指出，西南区盐务管理局已正式成立，各分支机构亟应恢复正常状态，由该局统一领导，负责税收与盐营运事业；各县市地方政府不得移挪盐税价款或干涉盐运情事；各地军管会对盐务工作的管制，在初步完竣后，即行移交盐政机构办理。① 为了加强城市建设，1950年5月，西南军政委员会工业部集中旧政府营缮科技术人员和部分南下干部，成立国营西南建筑公司。1951年10月，在重庆成立西南军政委员会财政经济委员会建筑工业管理局。② 为加快贸易经济的发展，一些地方也专门成立了贸易公司或工商管理委员会（工商管理局）。例如，1950年初，川北行署成立川北区贸易公司，筹措资金收购物资，以公营带动私营，恢复和发展地方经济。③

1949年12月，贵阳市军管会建设接管部贸易处成立。1950年1月，贵州贸易总公司成立，经理余克坚，副经理马一云。各专区设八个分公司，各县设30余个贸易组。1950年4月8日，贵州省粮食公司成立，经理程光道。④ 1949年12月，贵阳市人民政府工商管理局成立，地址在贵阳市中心区的正新街，局内设工业、商业、市场、秘书等科，由张开生和翟志平任正副局长。⑤ 1950年3月，贵州省政府成立了工商厅，厅长吴机樟，副厅长华问渠。1951年7月，工商分家，分别成立工业厅、商业厅，工业厅厅长伍嘉谟，副厅长杨辛克，商业厅厅长陈璞如。⑥

---

① 参见《西南军政委员会纪事》（1949年10月1日—1954年11月1日），四川省档案馆编 B017，第28页。

② 百度百科，"四川华西集团有限公司"。

③ 参见《川北统战工作史实综述》，中共四川省委统战部、中共南充地委党史办公室1986年7月31日编印，转引自中共南充市委党史研究室编《中国共产党川北区历史（1949—1952）》，中共党史出版社2007年版，第83页。

④ 参见何仁仲《回忆贵州解放初期的经济工作》，转引自中共贵州省委党史研究室《贵州城市的接管与社会改造》，第132页。

⑤ 参见张开生《解放初期贵阳市工商业的复苏与繁荣市场》，转引自中共贵州省委党史研究室《贵州城市的接管与社会改造》，第175页。

⑥ 参见何仁仲《回忆贵州解放初期的经济工作》，转引自中共贵州省委党史研究室《贵州城市的接管与社会改造》，第128页。

西南军政委员会财经委员会及其所属部门成立以后，积极开展经济恢复和发展的工作。1950年6月11日，兼任西南财经委员会主任的邓小平批准了《关于西南财经工作的报告》。《报告》共六方面内容：（1）争取财政收支平衡；（2）继续稳定物价；（3）组织城乡内外交流；（4）重点恢复工业生产，举办交通建设，继续调整公私工商业关系；（5）继续巩固人民币，推行人民币下乡；（6）恢复和发展农村水利建设。①

为支持各地建立国营贸易机构，经中央贸易部和西南财经委批准，1950年3月31日西南贸易部向中国人民银行西南区行借贷500亿元，分配给各省区开展贸易工作。② 1950年6月12日，西南军政委员会贸易部向灾区贸易部门发出指示，要求各贸易部门积极配合政府对灾区的赈济工作，收购灾民农产品及重要副业和手工业产品，促进农副业生产的恢复，积极帮助群众开展生产自救。③ 1950年6月16—20日，西南区工商厅局长会议召开，邓小平在总结报告中指出，价格政策是调整五种经济成分的主要政策，偏于哪一方面都不能使五种社会经济成分各得其所。国家现金收支平衡主要靠税金，以后财政工作重点要放在税收上，要注意纠正税收工作畸轻畸重的现象，开辟税源，坚决同逃税现象作斗争，做到"该收的一点不少，不该收的一点不要"。私营工商业要面向农村副业和手工业。在经营上，必须改善管理，精简节约，清除积弊，精打细算，降低成本，改良技术，提高品质，组织联营，薄利多销。④

经过西南军政委员会财经委员会及其所属部门的不懈努力，西南地区的经济恢复工作取得了初步的成效。1950年9月，西南区工业、交通、纺织、航运等业已恢复到解放前的90%以上，解放初期普遍停业的卷烟、面粉、火柴等业已逐步恢复开工。重庆市2000多家工厂作坊，有80%复工生产，川南自贡的盐业、云南个旧的锡业、川西的丝绸业、川南的糖业都已逐步恢复起来。商贸方面，重庆猪鬃、生丝、桐油等6种主要出口产品，8月份输出总值为134亿元，较7月份增加31%，棉纱已达产销平

---

① 参见《西南军政委员会纪事》（1949年10月1日—1954年11月1日），四川省档案馆编 B017，第54页。
② 同上书，第67页。
③ 同上书，第54页。
④ 同上书，第55—56页。

衡，其他工业日用品及米、粮等主要物资成交量在秋收后已有显著增加。①

第二节 社会资源的整合

中国共产党领导下的新中国，国家赢得了独立，人民翻身当家做了主人，占中国人口绝大多数的劳苦大众拥有了属于自己的生产资料，新的社会制度初步显示出其无比的优越性，蕴藏在人民群众之中的革命和建设热情空前地迸发出来。优越的社会制度和人民群众迸发出来的社会主义建设热情对于国家整合和动员社会资源，集中力量办大事、解决大问题具有十分重要的意义。新中国成立初期，国家急于通过整合和动员社会资源，将有限的资金、物资、技术和人力使用在当时急迫的经济恢复和发展上。尤其是新中国成立初期的西南地区，城乡物资交流阻隔，物力、财力达到了十分匮乏的程度，国民经济处于崩溃的边缘。在社会经济文化相对落后、生产技术落后、人才资源匮乏、物资资源严重短缺的情况下，加强对社会资源的整合和动员，以加快经济的恢复和发展，是摆在以邓小平同志为主要领导的中共中央西南局及其领导下的西南各级党组织和以刘伯承、贺龙、邓小平等同志为主要领导的西南军政委员会及新生的西南各级人民政府面前的一项艰巨而复杂的政治任务，这也是对刚刚执政全国的中国共产党和新生的人民政权的一次严峻的考验。为此，西南区通过采取加强公粮征收、推销折实公债、加强税收工作、没收官僚资本、多渠道选拔干部等措施，最后达到了克服困难的目的。

一 加强公粮征收，为西南社会稳定和经济恢复奠定物质基础

西南地区解放后，由于各类军政人员数量庞大，政府财政负担十分沉重。需要吃财政饭的人员包括起义投诚和俘虏的国民党军队约90万人，国民党政府公务员和其他教职人员约40万人，国营企业的员工10万人，人民解放军70万人，一共210万人。"这是最低的数字，可能还要超过这

---

① 参见《西南军政委员会纪事》（1949年10月1日—1954年11月1日），四川省档案馆编 B017，第75页。

个数目，这些人必须养"①。再加上各个城市数十万计的市民需用粮食，造成当时粮食供应十分紧张。如果不好好解决（西南）这两百万人的吃饭、穿衣问题，势必大乱，将会使整个工作陷于被动和混乱之中。因此，征粮问题是一个当时亟待解决的问题。

而在当时的西南农村，开展征粮工作，困难和压力是巨大的。其一，西南各省区库存的粮食相当紧张。在四川，旧政权的库存粮食加上解放军从战场上缴获的粮食，尚不足全省半个月的消费；在云南，全省的存粮（加上昆明市粮食商的存粮）还不够昆明市一个月的消费；而在贵州，拥有20多万人口的贵阳，粮库存粮仅够维持3天。而解放之初，农村的粮食绝大多数掌握在了地主、富农的手中，他们残杀革命干部和群众，公开阻挠征集公粮。"……他们的口号，主要是拒缴公粮，提出'饿死不如战死的'口号"②。有些地主、富农还与西南地区的民主党派和无党派人士有着千丝万缕的联系，甚至有的民主党派和无党派人士本身就是封建地主。所以，一些民主党派和无党派人士就产生了要减免一些公粮的思想；此外，由于西南地区解放较晚，直到1950年春才开始征收1949年度的公粮，而在此之前，国民党政权已经对西南进行了征收。所有这些，无疑加大了西南局工作的难度。

一些地方领导在对征粮工作的认识和执行上也存在偏差。在1950年2月底召开的中共中央西南局征粮工作会议上，针对川南行署征粮任务仅完成1/10的情况，川南军区司令员杜义德和川南行署副主任郭影秋提出："粮食要征的。但是要讲个政策，粮多多出，粮少少出，这叫合理负担。解放区历来如此。"在第二天的会议上，邓小平指出他们在认识上的错误，并严肃指出："征粮任务没有完成，你李大章、彭涛、杜义德、郭影秋就要负责任，再完不成任务，我要跟你们算账，算历史账，新老账一起算，算总账。"③

面对严峻的粮食形势，邓小平强调："什么是政策？当务之急是把粮食抓到手，完成征粮任务就是政策。站不住脚跟，还能有什么其他的政策

---

① 中共重庆市委党史研究室等编：《邓小平与大西南》，中央文献出版社2000年版，第153页。

② 《邓小平关于西南情况和工作方针给刘少奇的报告》（1950年2月18日）。

③ 《邓小平在西南的理论与实践》，第135页。

可讲？"① "只要有了粮食，我们可以赢得时间，有计划、有步骤地布置恢复国民经济的事情。"② 1950年3月16—20日，西南军政委员会副主席贺龙在成都市第一届各界代表大会上也强调指出："当前成都及川西地区急需进行的工作是：……逐步恢复和发展生产……征粮6亿斤。"③ 针对征粮工作中的重重困难，邓小平要求在工作中"努力加上方法正确，才能完成任务。这里面包括政策与作风两个问题，而总的是联系群众的问题"④。

邓小平还对征粮工作做了具体部署。一是让各级干部充分认识征粮工作的重要性。并严厉批评了一些对征粮任务的重要性认识不足的领导干部，对他们进行了深刻的思想教育，强调粮食对巩固政权、稳定人心的重要性。二是起草《关于征粮工作的指示》，规定了详细的征粮政策。三是抽调大批机关干部下乡帮助征粮。四是将人民解放军转变为工作队和战斗队，协助征粮。

在具体工作中，征粮工作队一是紧紧依靠了广大的贫雇农，召开农民代表大会，在广泛听取他们意见的基础上，制定了"粮多者多出，粮少者少出，赤贫者免出"的政策，"实行合理负担"政策得到了广大农民群众的拥护。二是团结和保护中农，实行合理负担的政策，并不得把他们排斥在农协会之外。三是团结农村中的知识分子和开明士绅。邓小平以川东的情况为例指出，凡是"善于依靠农民群众，善于团结农村中的知识分子和开明士绅，善于运用保甲长并使他们在农民群众的监督下进行工作"的地方，任务就完成得较好；反之，则较差。⑤ 邓小平和西南局其他领导及时向农村中这部分人宣传贯彻党的政策，心平气和地向他们作出解释。四是分化地主。如对"有些小地主家境确实困难者，即应减少一些"、对"有些公教人员在外地做事，其家仅有少量土地出租者，即不应按地主标准派粮"⑥。对一些隐瞒粮食不交的地主耐心地进行说服，将他们孤立起来，迫使其纳粮；而对一些阻碍征粮工作开展的恶霸地主和土匪给予了坚

---

① 温乐群：《邓小平早期革命活动》，辽宁人民出版社1992年版，第282页。
② 《新华日报》1950年3月3日。
③ 《西南军政委员会纪事》（1949年10月1日—1954年11月1日），四川省档案馆编B017，第31页。
④ 《邓小平文选》第一卷，解放军出版社1989年版，第153页。
⑤ 参见《邓小平同志在重庆市第二次党代会上关于整风问题的报告》（1950年6月6日）。
⑥ 温乐群：《邓小平早期革命活动》，第282页。

决的镇压。

为了避免征粮工作中出现的僵局，西南财政经济委员会确定了征粮的两大原则：一是负担面力争扩大到70%—80%，邓小平说："川西负担面宽到了80%，情况就比较好，负担面窄的地方很容易形成僵局。"二是地主负担不超过40%—50%，富农不超过25%—35%，佃富农不超过20%，中农不超过10%—15%，贫农不超过5%。还规定用人民币、黄金及能够出口的物质抵缴一部分公粮；准备以不超过两三成的数目改在夏收时缴纳等。① 根据西南财政经济委员会的指示，1950年1月10日，贵州省政府公布了《1949年公粮征收办法》，各级党政机关从各方面抽调了大批力量，组成征粮工作队，分期分批地深入农村，开展征粮工作。财政接管部第一批参加征粮队的同志有40多名到惠水县征粮，并进行农村社会各阶层经济状况调查，宣传党的各项农村政策。在群众的支持下，经过征粮队的努力，胜利地完成了任务。在征粮任务中，地主负担45%左右，富农负担38%左右，中农负担10%左右，贫农仅负担7%左右。②

经过各方面力量的努力，征粮工作取得了巨大的成效。截至1950年8月底，西南地区1949年度公粮征收完成了中央财委要求的任务的95%，即28.5万斤，基本完成了中央下达的任务。③ 征粮任务的圆满完成不仅直接为工商业经济的恢复和发展准备了充分的物质基础，而且也为新生的人民政权能否在西南站稳脚跟提供了必要的物质保障。毛泽东主席特意向西南局致电褒奖：路线正确，方法适当，……成绩极大，甚为欣慰。征粮任务的完成不仅保证了西南210万党、政、军人员和7000万人民的军需民食，也为解放初期我党稳定西南地区市场物价、安定社会秩序创造了必要的物质条件；更为稳定民心，巩固新生的人民政权，恢复和发展国民经济奠定了坚实的物质基础。

---

① 参见《邓小平在西南的理论与实践》，第135页。
② 参见边裕鲲等《把财政经济的命脉尽快掌握在人民手中》，转引自中共贵州省委党史研究室《贵州城市的接管与社会改造》，第151页。
③ 参见中共重庆市委党史研究室等编《邓小平与大西南》，中央文献出版社2000年版，第157页。

二 多管齐下，解决经济恢复和发展的财源

（一）推销折实公债，提倡勤俭节约

折实公债，就是按照规定的几种商品牌价计算每份公债的价值，使国家和个人不致因物价波动而遭受损失。针对新中国成立初期的经济困难，中共中央政治局委员、主管财经工作的陈云早在1949年8月11日就致电中央，提出发行2400亿元公债。但由于众多原因，没有实行。1949年11月15日，在中央财经委员会工作会议上，委员们一致认为，为控制物价上涨，必须尽快发行公债，并增加税收，会议决定成立以陈云为首的专门小组，研究发行公债问题。① 经过多次研究和讨论，1949年12月2日，国务院正式提出了发行公债的方案。通过了《关于发行人民胜利折实公债的决定》，决定1950年发行人民胜利折实公债总额为"2万万"份，年息5厘，规定分5年还清，于1950年内分两次发行。1950年元旦，各大报纸刊登了周恩来总理签发的"人民胜利公债令"，公债推销在全国展开。中央人民政府政务院分配西南区第一期人民胜利折实公债750万份，西南军政委员会分配重庆市300万份，成都市90万份，云南100万份，贵阳35万份，川南区80万份，川东区60万份，川北区35万份，川西区45万份，西康5万份，共计750万份。本期公债，以实物为计算标准，单位定名为"份"，每"份"所含实物为：大米6市斤，面粉1.5市斤，白细布4市尺，煤炭16市斤。②

根据中央的指示精神，结合西南地区的实际，中共中央西南局决定立即发行15亿斤米的人民胜利折实公债，收集社会游资，弥补财政亏空。1950年3月1日，西南区1950年第一期人民胜利折实公债开始在全区各省市推销。一些先进的工商业者踊跃响应号召，带头购买折实公债。在他们的带领下，地主、一般民众也参与购买折实公债。在贵阳，广大工人、农民、干部、学生、市民和工商业者，发扬爱国主义精神，踊跃认购，在不长的时间里，就完成了认购、交款任务。按照邓小平的指示，在农村，

---

① 参见迟爱萍《新中国的第一笔国家公债》，《中国经济史研究》2003年第3期。转引自高晓林《上海私营工商业与人民折实公债》，载吴景平等编《1950年代的中国》，复旦大学出版社2006年版，第128页。

② 参见四川省档案馆编《西南军政委员会纪事》（1949年10月1日—1954年11月1日），四川煤田制图印刷厂，内部资料性图书准证 川新出内（2001）字第34号，第27页。

对于折实公债的推销，本期公债的推销50%面向地主，主要是把地主囤积的大量银圆拿出来。其次才是面向广大的民众。

西南局领导还提倡勤俭节约。1949年12月11日，邓小平主持西南局常委第一次办公会议，决定了10个重要问题，其中之一就是"节约经费开支"，提出住房窗户可用纸糊，顶棚漏雨的可修，一般的不修，家具可调整，不必要买的一律不买。① 为增产节约，在企业的生产方面，邓小平还指出："进一步提高设备的利用率，加强机械的检修、保养及保安工作，加强技术管理和资金管理，节约资金，节约原料，减少废料，减低成本，提高产品质量，克服大材小用，优材劣用的现象。"② 加强对水、电、煤等能源统一管理，实行灯火管制，减少不必要的开支。提倡勤俭节约、减少不必要的浪费，成为应对新中国成立初期西南地区严重的经济困难、实现资金积累的一个必要途径。而提倡勤俭节约，必须以加强企业管理、推动企业各项民主化改革为前提条件。

为了节约开支，西南局还核实人数，消灭空额。邓小平指出："我们有许多韩信，算人数只能讲大概，没有准确的数字。像川东需要供给的人数就是'大约二十五万'。我们的实际统计历来和组织部、供给部的统计都不一样，供给部的册子总是最大。一切按实际编制的人数很重要，我们一定要做到不准机动，要卡得很死，规定多少即是多少，而且要从领导同志做起，我们决定的预算也不能增加。现在有的干部认为西南安定了，纷纷接家属来，但是不管怎样，一定要按照规定的人数计算，决不能超过应有的开支，机动是不能允许的。这似乎不近情理，但是这样做才可以解决问题。"为了压缩财政开支，贵州省机关从1950年3月中旬，就着手机关精简整顿，减少汽车与勤杂人员，注意节约用水用电。每月节省开支2.6万余斤大米（折实数）。各机关干部、学校师生发扬艰苦奋斗的优良作风，增产节约，开荒种菜。③ 在川北行署，通过整编、核实与裁减人员，减少行政费用开支，紧缩军政公教人员的待遇和一切不急需的开支，1950年全区财政支出比预算节省了22%。④

---

① 参见《西南军政委员会纪事》(1949年10月1日—1954年11月1日)，第8页。
② 西南军政委员会办公厅编印：《西南政报》第15期，第5页。
③ 参见边裕鲲等《把财政经济的命脉尽快掌握在人民手中》，转引自中共贵州省委党史研究室《贵州城市的接管与社会改造》，第153页。
④ 参见《中国共产党川北区历史（1949—1952）》，中共党史出版社2007年版，第82页。

(二) 加强税收工作，整合税收资源

财政税收工作是财经工作的重心之一。由于1950年税收入库工作开展较迟，所以西南各省区在1950年上半年税收完成情况参差不齐，普遍欠佳。据西南财政部1950年6月的统计，西南地区1950年的税收（工商税和关税）是25亿斤米的任务，到6月底已报的纳库数占全年总任务25亿斤的20%强。各省市完成的情况是：重庆完成上半年任务的71%；川东完成上半年任务的46%强；川南完成上半年任务的85%弱；川北完成上半年任务的18%强；川西完成上半年任务的82%弱；云南完成上半年任务的26%强；贵州完成上半年任务的57%。西南财经委员会副主任刘岱峰指出："由于税收没有完成任务所造成的损失是惊人的，如全区文教卫生费用本来预算较少，至今还不能保证定额开支。即使如此，每月财政透支还非常庞大。因此，西南财政收支不但不能做到接近平衡，而且停留在相当不利的情况上。这种情况如不加改善，将会妨碍我们明年的各项建设。"①

邓小平指出："我们的财政收支太不平衡，赤字之大恐为全国之冠，特别是税收成绩太差，必须努力解决。这种情况使许多应办的事不能办理，常常由于财政上的拮据而致工作被动。"② 为此，邓小平指示有关部门立即采取各种有力措施，限期扭转财政税收工作的被动局面，要求西南财经委和有关人员要进行实地调查，全面、准确地掌握税收情况并深入了解各业生产、销售及资金借贷情况，然后写出情况报告，供西南区党政及财委领导决策参考之用。他指出："在税收方面，坚持不多收也不少收的政策。凡属不合理者，应主动调整；凡属合理者，必须坚决征收，并与逃漏现象作斗争，以保证税收任务的完成。"③

1950年8月，邓小平提出了西南财政工作的四大方针，其中的第一条就是大力完成财政收入，特别是要加强税收。邓小平强调指出："在一个县负责工作的同志中，第一把交椅是县委书记，第二是县长，决不能不要收税，因为税收任务完不成影响是很大的。"④

根据邓小平的指示，各税务机关一方面加强了对干部的政治、政策与

---

① 《邓小平与大西南》，中央文献出版社2000年版，第162页。
② 《邓小平在中共川东区党委扩大会议上的报告》（1950年3月6日）。
③ 《邓小平文选》第一卷，人民出版社1994年版，第181页。
④ 《邓小平在中共川东区党委扩大会议上的报告》（1950年3月6日）。

业务教育，一方面通过具体的调查研究，针对税收困难，制定出一系列切实可行的办法。西南军政委员会财经委员会还针对印花税、商业税、房产税、地产税、农业税、所得税、盐税等一些具体税种的征稽工作，进行了分类指导，制定了相关政策，采取了一些积极有效的措施。

1950年3月30日，西南军政委员会颁布西南区印花等6种税收稽征暂行办法。规定从颁布之日起，全区各地统一实施6种新税法，同时所有过去各省市人民政府及税务机关所有印花等6种税之旧税法及临时征收办法停止施行。各地先后组织312个门市部及经济工作队等贸易组织，按照暂行办法开展上述6种税收的征稽工作。① 1950年4月12日，西南军政委员会颁布实施《西南区临时商业税稽征暂行办法》（共14条）规定：凡具有临时营业性质的行商，以及固定工商业不按所报行业经营而从事本业之外者，均依法征收临时商业税；凡临时商业交易金额在临时商业税起征额以下，以及扁担小贩将农民日常生活必需品输往农村出售者，免征临时商业税；临时商业税按交易额征收4%，起征额为人民币5万元。② 1950年5月5日，西南军政委员会发布关于颁布西南区房产税与地产税稽征暂行办法2种税法的命令。《西南区房产税稽征暂行办法》（共13条）规定，税务机关按评议房价分期征收房产税，税率商业用房2%，工业用房1.5%，住户用房1%。《西南区地产税稽征暂行办法》（共16条）规定，地产税由税务机关向土地所有人按税率2%—5%累进分级征收。③

关于农业税率问题，邓小平等人也有专门的规定。见附件《关于农业税率问题》（一九五〇年九月十二日）。

> 你对农业税不超过百分之十三的解释是对的。政务院公布的税法④，是指的不超过全国总的常年应产量的百分之十三，刘主席⑤在西南区工作任务的报告中也是这样说的。按中央规定的西南一九五〇

---

① 参见《西南军政委员会纪事》（1949年10月1日—1954年11月1日），四川省档案馆编 B017，第35页。
② 同上书，第37页。
③ 同上书，第41页。
④ 政务院公布的税法指1950年9月5日中央人民政府委员会第九次会议通过、由中央人民政府公布的《新解放区农业税暂行条例》。
⑤ 刘主席，指西南军政委员会主席刘伯承。

年度秋征（只是秋征）任务，不致超过西南总的应产量的百分之十三，特别在今年收成较好的情形下，不至于超过。但这决不是说每一个地方都不超过。事实上会是：有的地方合乎百分之十三，有的富庶地方必须超过百分之十三，有的贫瘠地方必须少于百分之十三。只有在较富庶地，方超过百分之十三，才能达到总的应产量的百分之十三，这是很显然的道理。有可能某些县、区、乡会超过百分之十七八，甚至百分之二十。可是这种地方负担百分之二十，还是比贫瘠地方负担百分之十要轻些，这也是很显然的道理。

根据中共中央西南局主办的内部
刊物《西南工作》第 19 期刊印

西南军政委员会财经委员会在所得税率的缴纳方面也有详细的规定。《西南区薪给报酬所得税稽征暂行办法》（共 10 条）规定：凡本区内公私组织员工的薪资及自由职业者或业务技艺报酬等所得，依法征收薪给报酬所得税；征收标准以每月中熟米 300 市斤为免税点，其超过部分按月计征，税率为 2%、4%、4%、9%、12%、15% 共 6 级；薪给所得税均按当地当时粮食公司或贸易公司牌价折算，再折成人民币缴纳。

盐税也是税收中的一项大宗。盐税分课、税两种。盐课分井、锅、灶课；盐税分引盐、票盐。西南解放后，西南财委按照政务院发布的《全国盐务工作的决定》，统一盐政。因照顾财政需要，采取"提高税额"与"税不重征"的方针，从量核定，就地征收。经西南盐务管理局核定，自 1950 年 2 月 1 日起，放销贵州省的自贡食盐，每担征大米 150 市斤。1950 年 5 月 4 日，西南盐务管理局改变盐税征收办法，解除运商资力周转困难，鼓励扩大运销。[①] 自 1950 年 6 月 1 日起，执行政务院财经委员会决定，食盐税额减半征收，以减轻人民负担。根据各地产盐与运销成本的不同情况，重新核定税额，以人民币计算，税额固定。自贡、五通桥食盐放销地区及五通桥食盐放销云南省，每担征税 5.6 元；自贡、五通桥食盐放销湖南、湖北及贵州省，每担征税 4 元；川东、川北各场食盐放销四川地区及陕西、湖北省，每担征税 4.8 元；盐源县食盐放销西昌、甘孜，每担

[①] 参见《西南军政委员会纪事》（1949 年 10 月 1 日—1954 年 11 月 1 日），四川省档案馆编 B017，第 40 页。

征税4.8元，放销云南丽江专区免税。12月，财政部规定，电解食盐工厂、盐酸工厂、纯碱工厂、芒硝工厂、药用盐工厂及其他以盐为原料或主要材料的工厂工业用盐，经盐务机关审核许可，免征盐税。从1951年起，中央人民政府重工业部所属兵工厂和中央人民政府军事委员会总后勤部所属军需工厂工业用盐，免征盐税。与此同时，西南财委和财政部立即采取措施，指示各级税局对干部要从两方面打通思想：一方面加强政治、政策与业务教育；另一方面通过具体的调查研究，以算账的方式增强信心。此外，为克服大部分乡镇以物易物的税收困难，在货币紧缩的情况下，指示各级税局：（1）大宗交易准以可靠铺保限期纳税；（2）银行代收金银，无银行地区，县局以上可直收金银，八月以后停止；（3）必须交货物者，与贸易公司取得密切联系，由其代收，或委托可靠商店代收，给以一定利润，俟货币流通后此办法即取消。

各地按照国务院和西南军政委员会征稽税收的相关指示，加强税收征收工作。比如，贵州按照财政部税务总局和西南财政部的相关规定，对税种、税目、税率进行了相应的整理，相继公布了印花税、货物税、营业税、所得税等各种税的征收办法，使税收工作逐步纳入了统一税法税制的正常轨道。[①] 在征收中，各地还联系实际，创造性地完成税收征收工作。比如，贵州省当时就规定，对于人民生活必需的消费品，在税收上据情给予照顾，鼓励生产经营，减轻人民负担。而对于迷信品等则课以重税，限制其生产和发展。[②]

在党中央、政务院和西南局、西南军政委员会的正确领导下，经过近万名税务工作者的努力，西南地区1950年下半年的税务工作有了很大的进展；截至年底，完成了税收任务的107%，即27亿斤米。例如，1951年3月重庆市副市长曹荻秋在重庆市第二届第一次各界人民代表会议上指出："……一年来本市在上级正确领导下，与工人阶级以及大部分工商业者的共同努力下，年底胜利完成了任务。共计完成四千五百四十九亿八千一百五十六万元。除税收外，公债、农业税、清仓、企业及其他收入中农业税完成百分之一百二十九点一九，公债完成百分之九十点七一。属于地

[①] 参见边裕鲲等《把财政经济的命脉尽快掌握在人民手中》，转引自中共贵州省委党史研究室《贵州城市的接管与社会改造》，第153页。
[②] 同上。

方部分：经二次各界人民代表会议通过，在工商业税、国营企业税各附加百分之十，临时商业税加百分之二十，连同其他公粮房地产公用事业附加及其他收入基本上解决了赤字。"①

税收任务的完成，为西南地区各项工作的开展奠定了坚实的财政基础。税收工作的顺利开展保证了西南区的财政收入，对于货币回笼、稳定物价起了一定的作用。西南区物价上涨得到控制，基本生活用品稳中有跌。据重庆市调查，3月31日和3月10日比较，各项主要商品平均下跌20%；3月底同2月底比较，则平均下跌32.9%。② 货币回笼、物价稳定进而为西南地区各项工作的开展奠定了物质的基础。

（三）没收官僚资本，特殊情况下冻结美国在华财产，增加经济恢复和发展的基本财源

没收官僚资本使之成为国营经济，是新政权经济恢复和发展的重要基础。早在1940年毛泽东发表著名的《新民主主义论》，文章提出了新民主主义政治纲领、经济纲领和文化纲领。1947年12月25日，毛泽东在陕北米脂县杨家沟召集的中共中央会议上所作《目前形势和我们的任务》报告中把新民主主义经济纲领明确概括为："没收封建阶段的土地归农民所有；没收蒋介石、宋子文、孔祥熙、陈立夫为首的垄断资本归新民主主义的国家所有；保护民族工商业。"新中国成立初期，中国尚处于新民主主义社会阶段。全国范围内各级党委和政府坚决地贯彻执行了中央制定的新民主主义经济纲领。

西南地区解放过程中，各级党委和政府都高度重视官僚资本的接收问题，各地纷纷成立了军事管制委员会，负责对原国统区官僚资本工矿企业的接收。尤其是在西南地区最大的工商业城市——重庆，由于抗战陪都的原因，许多沿海的工矿企业都内迁于此，在抗战时期国民政府为了坚持抗战，也不得不在重庆及附近地区开办了大量的工矿企业。在这些企业中，官僚资本主义经济的构成占有一定的比例。而没收官僚资本的一切工厂、矿山、铁路、轮船、银行和其他事业，并把它们改造成居于国民经济领导地位的社会主义国营企业，是新中国成立初期中国共产党的一项重要经济

---

① 曹荻秋：《重庆市一年来的政府工作与一九五一年的工作任务》，《重庆政报》第二卷第一期，第4页，重庆市人民政府研究室编1951年3月1日版，重庆图书馆藏资料。

② 参见《西南军政委员会纪事》（1949年10月1日—1954年11月1日），四川省档案馆编 B017，第35页。

任务。

1949年12月3日,中国人民解放军重庆市军事管制委员会成立。张际春、陈锡联、张霖之、谢富治、曹荻秋、段君毅、阎红彦、王近山、王蕴瑞、任白戈、罗士高、刘明辉为委员,张际春为主任委员,陈锡联、张霖之为副主任委员。① 12月5日,重庆市军管会开始向原国民党政府所属各官僚企事业单位派出军代表,并召开员工大会,阐明接管方针,宣传《接管约法八章》。按照系统接管的方针,重庆的接管工作分为政务、军事、财经等七大系统,分别组成了财经接管委员会等6个接管委员会和1个公安部。其中,财经接管委员会负责接管金融、税务、贸易、工业等相关单位。在各单位广大群众的支持、协助下,财经、交通和后勤接管委员会分别于1950年1月5日前后完成了对官僚资本的接管工作。② 重庆的接管工作历时仅50余天,共接管工厂、银行、仓库等大小单位374个,接受的物资主要有黄金10976两,白银8555两另777公斤,银圆148690元、美钞50218元,大小好坏汽车1883辆。③

在贵阳,1949年11月22日,贵阳市军管委员会成立,军管会的建设接管部设在原贵州省建设厅旧址,部长傅家选。其中,贵阳市军管会建设管理部的工矿处负责对贵阳的官僚资本工矿业的接管工作。1949年12月1日,军管会建管会工字第一号布告宣布了官僚资本收回国有。12月初,建设接管部的宛重新到贵州省企业公司进行接管。因经理已经逃到海外,副经理谭沛霖召集所属各厂矿厂长、经理和军代表在一起开会。各厂的厂长、经理领着军代表进驻工厂。军代表进驻后,宣布这些工矿企业就是社会主义性质的国营企业,随后组织了由厂长、职员(包括技术人员)、工人积极分子和军代表四个方面参加的工厂管理委员会④,完成了对贵阳市的工矿企业的接收工作。

朝鲜战争爆发后,1950年12月16日,美国宣布冻结中国在美国的公私财产。为了维护国家的尊严和民族利益,中华人民共和国政府于28日发布《关于管制美国在华财产、冻结美国在华存款的命令》,针锋相对

---

① 参见《西南大区时期的重庆》,载《重庆发展六十年》,第120页。
② 同上书,第122页。
③ 同上书,第135页。
④ 参见何仁仲等《回忆贵州解放初期的经济工作》,转引自中共贵州省委党史研究室《贵州城市的接管与社会改造》,贵州地图印刷厂2000年版,第127页。

地宣布管制和清理美国在华的一切公私存款。1951年1月31日，重庆市军管会宣布管制在渝美商财产，接管了企业、银行、公私房产等，成为国营经济的一部分。①

没收官僚垄断资本归新民主主义国家所有是中国共产党制定的新民主主义革命三大纲领之一，西南地区解放后，中共中央西南局认真贯彻这一既定纲领。朝鲜战争爆发后，中华人民共和国中央人民政府宣布没收美帝在华公私财产，这也成为社会主义国营经济的一部分。没收官僚资本为帝国主义在华企业、为解放初期西南地区国民经济的恢复和发展，奠定了坚实的物质基础和财源。

三　人力资源的整合：多渠道选拔干部

（一）新中国成立初期西南地区选拔干部的必要性

新中国成立初期，中共中央西南局所辖地区除少数片区外，生产力总体来说都是很不发达（或者欠发达），全区不仅经济发展面临诸多困难，社会矛盾也比较尖锐。城市接管、政权建设和革命斗争、经济工作的开展客观上需要一大批具有较高素质的干部来具体组织实施。然而，当时西南地区的干部情况很不乐观，首先是干部总体数量少。西南地区解放初期，原来部队里的南下干部和地方上原有的地下党员干部的数量远远不能满足新形势的需要。当时老区和本地的干部不足6万，撒在230多万平方公里的土地上，繁重的任务与干部紧缺形成了强烈反差，一时间出现了区县、厂矿、学校向省、市要干部，省、市向西南局要干部的现象。

1949年9月20日，邓小平在第二野战军及赴西南做地方工作的区营级以上干部会议上，曾经对干部数量太少的情况作了说明："西南地区7000多万人口，我们从各地集中的干部，县委委员以上的大约1200人，区村干部大约5000人，共6200人，比1200万人口的江西省配备的干部多不了多少，还有大约10000名学生，其中大学生3000多名，大部分是高中学生。……在西南，我们准备要有5个区党委、两个省委以及中央直属机构，平均起来只能各配备100多个县级以上干部，其中还包括一些主

---

① 参见《西南大区时期的重庆》，载《重庆发展六十年》，第122页。

要的大城市。"① 1950年年初，重庆市委组织部一位负责干部向邓小平汇报工作时，提出希望西南局给重庆多派些得力的干部。邓小平说："我手上的县团干部很少很少，接收有职工上万人的大渡口钢铁厂，也只得派出一个军代表和一个警卫员。"②

当然，一些旧政权的工作人员因为支持新政权，有的保留了下来，参加新中国的建设。但由于受到旧政权的思想影响太深太久，他们或多或少地存在思想觉悟不高、对新政权的性质认识不太清楚，脱离群众看不起农民和工人等现象。而新参加工作的工人则因为文化素质低，不懂经济管理和城乡管理。一些年轻知识分子在工作中又缺乏在艰苦环境中斗争和工作的经验。因此，当时的干部数量和质量都不能满足新形势的需要。面对这种情况，邓小平提出了利用大学和在实际的艰苦环境中加快培养地方干部的思想，西南各地也进行了认真的实践。

针对解放初期西南地区如此严重的经济困难，中共中央西南局把发展生产、恢复经济作为头等大事来抓，而恢复和发展经济急需大量懂得经济管理的人才来具体组织实施。为此，邓小平等领导干部高度重视年轻干部的选拔，强调干部来源的多元化、广泛性。

（二）大力选拔年轻干部

1. 注重从西南服务团的年轻知识分子中选拔干部

针对解放初期重庆经济恢复和发展急需有知识、精力和体力充沛的管理人才，邓小平特别注意从年轻知识分子中选拔干部。1950年12月21日，他在《在西南局城市工作会议上的报告提纲》中指出："……组织、教育青年学生，动员知识分子参加反对帝国主义、国民党残余势力的斗争……"在从1950年年底到1951年年初召开的西南军区组织工作会上，他指出："任何事业都是在新生地前进着的，我们的事业也要我们的后代来继续完成。无论在地方工作和军队工作中，都要时时注意培养年轻一代。"③

为此，他特别注重从西南服务团的年轻知识分子中选拔干部。在一次座谈会上，他极富感情色彩地说：面对当前干部奇缺的现象，如今，只有

---

① 艾新全、林明远：《邓小平在西南的理论与实践》，重庆出版社2010年版，第113页。
② 肖泽宽：《邓小平在重庆的二三事》，《重庆地方志》1991年第3期，第45页。
③ 中共重庆市委党史研究室等：《邓小平与大西南（1949—1952）》，中央文献出版社2000年版，第178页。

大胆使用西南服务团的几千名学生。……要大胆地让他们挑起担子,去经风霜、见世面,他们就是建设四川、建设西南的骨干。依据邓小平的指示,西南服务团的同志被分配到各个地区、部门工作。相当多的人被直接分配到基层、厂矿的领导或技术岗位,他们积极热情地工作为西南地区工商业经济的恢复和发展做出了巨大的贡献。[1]

2. 注意面向城、乡,从工农群众与年轻积极分子中选拔干部

城市经济的恢复和发展,一支重要依靠力量是工人阶级,因为他们代表着先进生产力的发展方向。

解放初期,重庆的工人阶级中有一个特殊的阶层——兵工企业工人,他们曾在国民党统治时期享受过不同于一般工人的特殊待遇——工资较高和福利较好。新政权建立之初,一些工人对新政权持怀疑态度。因此,从工人阶级中的积极分子中选拔干部,再由这些干部教育、组织和带领其他工人踊跃投入工业经济的恢复和发展中,对于城市工厂企业的恢复和发展具有十分重要的意义。针对此种情况,邓小平非常赞同1950年10月西南局召开的组织工作会上组织部提出的观点,"我们的干部特别要注意从工人中去选拔。如果我们把工会工作做好了,干部来源的困难就容易解决些了"[2]。因此,"在当前的工会工作中,必须坚决地吸引本地本厂的工人积极分子到工会各级领导机关中来,以加强工会与工人群众的联系,改变工会脱离群众的现状"[3]。

在广大的农村地区,邓小平注意选拔从农民运动中涌现出来的积极分子。在工宣队的宣传教育下,农民们的阶级觉悟有了很大的提高,他们也积极投身到减租退押、清匪反霸的斗争中。在这些斗争中,涌现出的一批积极分子成为我党在农村发动群众的主要协助力量,这些积极分子逐渐取代地主、乡绅成为新的乡村政权的干部。

在邓小平的指导下,西南地区城市和农村的年轻干部发展较快,尤其在以前西南地区比较薄弱的妇女干部选拔方面更是取得了显著的成绩。邓小平曾大加赞赏:"……四川妇女农民会员占1/3以上。四川妇女勇敢、

---

[1] 参见中共重庆市委党史研究室等《邓小平与大西南(1949—1952)》,中央文献出版社2000年版,第54页。

[2] 转引自《邓小平文选》第一卷,人民出版社1993年版,第183页。

[3] 同上书,第184页。

会说话，现在已经出现了一些妇女乡长和区长。"①

3. 加强对少数民族年轻干部的选拔

新中国成立初期，培养和选拔少数民族干部是解决民族问题的关键性工作。邓小平主政西南工作期间，特别注意对经济干部的选拔和培养。他强调指出："我们不限于培养少数民族政治干部，或只从事政府的一般工作，文化、农业、工业、机械都需要大批的干部，办贸易公司就是经济干部的一种。"②

（三）大力发展工人入党

重庆是西南的工业重镇，产业工人相对较多。但重庆过去是陪都，产业工人大多集中在国民党的兵工厂中。进军西南后，许多人包括我们一部分共产党员在内，怀疑重庆的工人阶级是不是能成为领导阶级。邓小平对此错误观点进行了严厉批评，指出这是轻视工人阶级的资产阶级和小资产阶级思想在作怪。他说，工人同志保护了工厂，又帮助我们接管工厂。接管以后，我们在很困难的情况中，工人同志勇敢地接受了降低工资的号召，发挥高度的劳动热情，做出了许多巨大的成绩。"所以我们要感谢工人阶级。"他指出："必须从思想上认识工人阶级的作用，不依靠工人就无法搞好工业生产，就不可能发展到社会主义。"他多次强调，工厂要搞好生产，要巩固人民政权，我们的口号是："依靠工人阶级。"这样，纠正了一些人对重庆工人阶级的错误看法，也使"工人劳动热情和主人翁的感觉大为提高"。邓小平提出要在党员中"增加无产阶级的比重，在工人中要准备稳步地大量发展党员"。要求"把工人成分加到百分之十、二十以至三十，把西南的党做到比较合乎水准"。同时，通过加强工会工作，依靠工会来组织工人、关心工人、教育工人，特别是加强无产阶级的、马列主义的思想教育，提高工人的政治觉悟和文化素质，在工人中培养干部。

针对城市社会秩序混乱和经济困难的局面，西南局制定了"必须全心全意地依靠工人阶级，团结其他劳动群众，争取尽可能多地能够同我们合作的民族资产阶级及其代表人物站在我们方面，或者使他们保持中立"

---

① 《邓小平西南工作文集》，中央文献出版社2006年版，第128页。
② 邓小平：《对西南各民族庆祝国庆代表团的讲话》，载西南军政委员会民族事务委员会《民族工作文件汇编》，西南军政委员会民族事务委员会编印，1951年1月1日。

的工作方法。中共中央西南局团结和依靠工人阶级进行了平抑物价、镇反、发展工商等治理和恢复经济的工作。

首先，全心全意依靠工人阶级。一是积极筹组工会，使其成为党联系广大工人阶级的纽带。二是陆续提拔一大批工人干部，参与企业管理。大大激发了工人群众的智慧、劳动积极性和主人翁精神。当然，发展工人入党，成为领导力量管理企业也不能蛮干，不能固守管理农村或管理军队的老办法，必须要懂得科学管理。因此，邓小平要求党的干部要"用力去学习生产的技术和管理生产的方法"，"而我们城市工作今天最薄弱的环节，则是最中心的生产管理问题。我们必须在这方面加以努力。因为不搞好生产事业，特别是不搞好工厂管理，就不可能把消费城市变为生产城市，把农业国变为工业国，由新民主主义发展到社会主义"①。

具体地讲，要管好工厂，中央的方针是必须实行"管理民主化"。管理民主化，也就是如何调动生产力中最活跃的因素即人的积极性问题。邓小平在当时指出："所谓管理民主化，必须具体体现在'依靠工人，团结职员'之中，尤其是具体体现到工会、工厂管理委员会、职工代表会这三种组织形式中，否则就说不上民主化、就没有民主的内容。"② 这是经营企业化的基础。邓小平在讲话中强调："所谓经营企业化，也只有在管理民主化的基础上才有可能。"他还强调："工业部确定从合理化建议及订立集体合同两件事做起是正确的。经过了这些步骤，启发了群众的智慧和积极性，才有可能计算成本。当一个工厂连成本都无法计算的时候，就谈不上上了轨道，也谈不上经营企业化。"③

（四）对西南地区地下党人员的教育和使用

解放初期，西南有党员 23 万人，军队里就占了 14 万人，西南地下党 5.6 万人。④ 这 5.6 万人，有一部分是在长期的革命斗争与若干挫折中成长起来的。邓小平反复强调："……必须反复说明干部政策，说明解放区与地下党干部的彼此长处，强调互相学习，互相尊重，互相帮助，团结一致的精神，以求达到思想上、政策上的完全会师。……要做到思想上

---

① 《邓小平文选》第一卷，人民出版社 1994 年版，第 174 页。
② 同上书，第 176 页。
③ 同上书，第 176—177 页。
④ 参见《西南局组织部关于召开组织工作会议的综合报告》（1950 年 10 月），转引自艾新全、林明远《邓小平在西南的理论与实践》，重庆出版社 2010 年版，第 323 页。

'会师'，就要尊重别人的经验，不要自以为是。自己的经验，特别是经过实践的经验是宝贵的，但别人的经验也宝贵，要虚心些，一般事务性的问题，让一步好。"①

但西南区5.6万党员中，大部分是1948—1949年发展的新党员，还有一部分是临近解放时才发展的党员。例如，纳溪县1948年5—7月党员数由十余人发展到三百余人；江津在半年内最慢发展6倍，最多发展到80倍；古蔺一县人口约30万即有党员3500多人，还有一个党员在1948年上半年发展50个党员的离奇情况。②

党员队伍发展过快，导致一些党员干部的思想觉悟达不到一个党员应有的标准，有些共产党员甚至入党动机就不纯。邓小平在1950年7月1日所做的报告《团结和依靠群众建设新西南》指出："……但是，我们党内也有另外一种党员，他们入党的动机是不纯的。他们入党，不是来革命，不是来为人民服务，而是因为共产党已经成为领导国家政权的党，想利用共产党员的地位，来达到他们贪污腐化、升官发财、营私舞弊，甚至保护封建势力、压迫人民、破坏革命的目的。这种人在我们党内虽然不多，可是他们的行为对于我们的革命事业有不少的损害，我们应该有所警惕。对于那些由于胜利冲昏头脑，以致迷失方向，产生蜕化思想的同志，应该热忱地帮助他们改正错误，把他们从泥沼中挽救出来。"③

对此，邓小平强调指出："我们根据中央组织会议精神，拟在最近西南局组织会议上，专门讨论拟出整理组织的计划。整理组织的重点仍然放在党的教育方面。需要开办大量的党员训练班，需要有系统的党校、尊重训练党的组织的人才。同时对于洗刷和吸收新党员也应作谨慎而周到的规定。"④根据邓小平的指示，云、贵、川、西康、重庆的党委组织部从1950年下半年起到1951年年底，对新党员绝大多数从思想上、组织上进行了整顿。整顿工作首先从思想教育着手，先组织他们学习党章和党的政策。其次是有计划地办党员训练班，送他们到西南革大和西南革大各分

---

① 《中共中央西南局关于野战军进入新区与地下党会师的指示》（1949年12月11日），转引自艾新全、林明远《邓小平在西南的理论与实践》，重庆出版社2010年版，第328页。
② 参见《中共中央西南局关于野战军进入新区与地下党会师的指示》（1949年12月11日）。
③ 邓小平：《团结和依靠群众建设新西南》，载中共中央文献研究室、中共重庆市委员会《邓小平西南工作文集》，重庆出版社2007年版。
④ 《邓小平同志关于七八（1950年）两月工作向毛主席的综合报告》（1950年9月11日）。

校、党校学习。再次是在土地改革等实践活动中,加以锤炼,成为西南地区经济恢复和发展的重要力量。

第三节 社会力量的动员

群众路线是毛泽东思想活的灵魂的三个基本方面之一。邓小平说,"群众路线和群众观点是我们的传家宝"。在新中国成立以后的社会经济恢复和发展进程中,中国共产党密切联系群众,密切依靠群众,充分发挥广大人民群众的积极性和创造性,争取和引导广大民众积极投身到新中国成立初期的经济恢复和发展过程中去。西南局时期,邓小平为代表的中共中央西南局以及西南地区的各级党委和政府,都高度重视对民众的动员、宣传,采取了多种措施来争取和动员民众。

一 关心群众利益,加强社会救济,动员工农积极投身经济建设

从1949年10月新中国成立到1956年社会主义改造基本完成,中国社会的性质是新民主主义社会,它具有由新民主主义转变到社会主义的过渡性质,工人阶级、农民阶级和其他小资产阶级、民族资产阶级等是新民主主义社会的基本阶级力量。社会主义革命和建设事业是一项繁重而复杂的任务,中国共产党只有依靠工人阶级与农民阶级,与小资产阶级和民族资产阶级结成最广泛的同盟,动员千千万万的人民群众才能完成这一任务。动员广大的工农群众就是广大干部首先高度重视并努力解决的问题。而要动员和争取工农群众积极参加经济建设,必须要照顾他们的利益。执政伊始,邓小平特别关注工人阶级和广大人民群众的利益问题。

(一)加强对贫困农民的救济

西南地区约有1800万农业人口生活在高山贫瘠之地,并多是少数民族聚居或杂居区,少数民族人口约有1300万,由于耕作方法落后,极易受自然灾害侵袭,几乎年年发生季节性的粮荒。中华人民共和国成立之初,西南经济形势十分严峻和困难,也加重了西南地方政府救灾的难度。[①] 1950年夏季,西南地区的广大农村、乡镇发生了严重的灾荒,灾民

---

① 参见中华人民共和国内务部农村福利司编《建国以来灾情和救灾工作史料》,法律出版社1958年版,第155页。

缺粮少米，饥荒范围较大。仅据川南区的不完全统计，单是内江、宜宾等地，生活极端困难、急需救助的民众就达 7.5 万之多。巫山等县由于连年遭受天灾，农产歉收，酿成严重春荒，灾情严重地区达 60%，轻灾占 40%，急需救济者达 17 万人。①

邓小平亲自前往川南地区调查情况，对了解到的实际状况作出了深入而精辟的分析，随即指出了造成此次灾荒的主要原因。由于农村的副业和手工业生产恢复不力，这部分劳动人口赖以生存的经济基础遭到相当程度的削弱和破坏，使大约 10% 的当地人口失去了原有的生活保障。邓小平明确指示，解决灾荒问题，必须从有计划地挽救农村副业和手工业着眼。但要做到这一点也并非易事，不是几个月就能办好的，必须作为各级政府特别是财经部门今后长期关注的事情。他要求各地党委和政府必须高度重视这个问题，保证不要饿死一个人。川南区党委遵照邓小平的指示精神，迅速制定出了互济互助、发动群众开展生产自救的具体方针。同时，又部署各级党委和政府采取相应的紧急措施，知难而进，逐步创造了生活改善和生产恢复的必须基础，组织灾民度过夏荒。川南区的人民经过不懈的努力，终于成功地度过了解放后发生的第一次灾荒。

在邓小平的指导下，西南各地一遇旱象发生，西南军政委员会领导下的各级政府都能及时组织大批干部，深入群众，开展广泛的抗旱斗争，减免了旱灾损失。如 1950 年 5 月 4 日，西南财经委拨出 6000 石粮食救济万县专区巫山等县灾民。"川北行署将原来的生产救灾委员会改为经常的防灾组织；川南及贵州省组织了各部门的力量到边沿贫瘠地区，研究摆脱灾荒的基本办法。不少地区并订出了防灾的计划"②。中共川东区委员会等领导机关，在旱象发生时立即发布抗旱指示，号召受旱地区的干部站在抗旱斗争的最前线，坚持抗旱斗争。专区、县除留少数人员在机关工作外，其余一律深入区乡布置，检查、推动抗旱工作。各县、区、乡接连召开了干部会、农民代表会、劳动模范会、老农座谈会，进行思想动员，分析受

---

① 参见《西南军政委员会纪事》（1949 年 10 月 1 日—1954 年 11 月 1 日），四川省档案馆编　B017，第 40 页。
② 《内务府 1952 年 2 月 7 日向政务院的报告》，载《建国以来灾情和救灾工作史料》，法律出版社 1958 年版，第 60 页。

旱情况，研究抗旱办法。① 西南区1951年生产救灾工作总结报告中提出，"川北阆中县于旱象之初，即动员各界人员下乡，广泛召开各种会议，机关首长并亲自参加排水灌苗，因而抢救工作迅速，形成了全面的群众性运动，动员群众达207779人，二十天中开发水源227处，修塘堰1191处，水沟1072条，经抢救免灾的面积共达87377亩"②。贵州省有关部门也出色地配合了救灾工作，"贸易公司曾事先拨出50亿斤，重点进行土产预购、收购，交通厅拨出工资粮1649万斤，提前整修18条公路；盐务局计划组织群众运盐（包括三四月份），共支出了资金38元"③。这些措施都有力地解决了灾民在生产工作中的困难，使灾民的生产自救运动得以顺利开展。

（二）关注城市民众的生活疾苦，加强对工人的社会救助

在城市，强调"用高度的热忱去关怀工人阶级的各方面，从政治上、文化上、生活和物质福利上去关心他们，不要忽略有利于工人的'小事'"④。这不仅是单纯的利益调整，更在于彰显了人民政权的政治本色。

解放初期的西南地区广大城市，一方面无业、失业人员的激增，以及国民党残余势力的破坏，社会秩序极为混乱；另一方面经济上困难重重。一是生产严重萎缩。在重庆，1949年大小工厂停业关闭达800家，工业总产值仅3亿元。二是西南尚未全部解放，匪患严重，交通阻滞，流通不畅，生产物资难以运进，许多工厂没有原料，难以开工，即使开工，产品销路也狭窄。三是市场秩序混乱。如1950年2月，重庆市物价在一个月内，主要商品价格较1月份上涨1.08倍，大米上涨1.98倍，面粉上涨1.99倍，布匹上涨1倍以上。

邓小平非常重视对失业工人的救济，提倡开展社会救济工作，使救济工作长期化。1950年5月3日，邓小平与刘伯承、贺龙联名发布文告，号召西南地区全体解放军指战员和机关工作人员，大力支援上海以及西南各主要城市的失业工人。文告说："上海和西南各地工人失业情况相当严重。为克服胜利和前进中的困难，号召各部队指战员、各机关工作人员发

---

① 参见徐达《1951年各地发动群众战胜旱灾的几点基本经验》，《人民日报》1952年2月22日。
② 《建国以来灾情和救灾工作史料》，第49页。
③ 同上书，第56页。
④ 《邓小平文选》第一卷，第175页。

扬阶级友爱、互助互济的精神，节衣缩食捐助资金，救济上海和西南的失业工人。"1950年4月11日，在中央人民政府委员会第六次会议上，邓小平作了关于西南工作情况报告，其中谈道："在城市中另一个严重的问题，是失业者要求工作，要求出路。这个问题只能在恢复和发展生产的过程中，逐步地加以解决。"5月16日，邓小平《在西南区新闻工作会议上的报告》中又指出："失业主要在大城市。据说重庆有5万人（全市工人25万），贵阳1万人（全市工人3万），成都2万人。对于失业人员，要妥善安排和救济。解决以上这些问题，主要是召开各界人民代表会，这是联系群众最好、最主要的办法。"① 从以上的论述可以看出，当时在重庆工人失业率达20%，而贵阳的工人失业率更是达到33%多。1950年年底，邓小平对西南地区开展的社会救济工作给予了充分的肯定。1950年12月21日，邓小平《在西南局城市工作会议上的报告纲领》中指出："初期的城市接受工作是做得比较顺利、比较好的。……救济失业工人和知识分子，改造旧人员，开展时事学习运动，恢复或支持学校教育，组织工人、学生，召开各界人民代表会议和开展统一战线等方面，都收到了一定的成绩，也有了一些经验。"②

二 加强统战工作，动员民主党派人士和工商业者参加经济建设

民族资产阶级和小资产阶级是新民主主义社会的基本阶级成分，民主党派是其阶级利益的代表。民主党派人士多半是知识分子，有一定的科学文化素养，部分人精通经济发展的理论。而工商业者们手中的资金、技术、机器设备、管理经验等更是经济发展不可或缺的重要因素。充分调动和发挥民主党派及民族资产阶级和小资产阶级的积极作用，对于改变新中国成立初期百废待兴的局面具有十分重要的意义。

首先，广泛团结各民主党派和无党派民主人士，这是民主政治的必然要求，是中共执政的重要内容。但解放初期的情况却如邓小平所深切感受到的，是党内对民主党派作用认识不足，需要使重视统战工作的党内同志由少数变成多数。因此，他反复强调要反对干部思想中的关门主义。在到重庆后的具体工作中，他通过开座谈会、进行定期联系等形式，及时就当

---

① 《邓小平文选》第一卷，人民出版社1994年版，第149页。
② 同上书，第173页。

前征粮、剿匪、生产、失业、物价等重大问题,向民主党派通报情况,解释党的政策和具体做法,听取他们的意见和建议,求得一致,密切协同,以便做好工作。他还动员民主人士参与许多重要工作,如下乡参观、参加减租、退押、土地改革,即使他们受到教育,又有力地推动了工作。

团结民主党派和民主人士,最重要的是团结他们一道工作。到西南之前,邓小平就已指出,在政权上还有可能把党员放在非党员之下,我们的同志也可能不舒服。但这是党的需要,应当服从组织分配。到西南后,他又指示西南各地了解地方系、工商界、教育界、少数民族乃至国民党中央系等各方面代表人物的态度,将其中表现较好的吸收到各部门的接管委员会当委员,进而吸收一些人参加省政府,要求"省政府的委员及各厅正副处长,要准备至少三分之一乃至一半的位置给非党人士,其他各专区各县都应准备这样做"①。他还告诫党内同志,在位子安排好后,有许多党外人士当部长、科长,我们同志当副的,一定要受人家领导,即使我们是正的,党外人士是副的,我们也要遇事商量,一切通过他们,完全做到党外人士有职有权。

为此,刘伯承、邓小平等在机构的设置、干部的配备与人事关系的协调各个环节也都十分注意处理好与党外民主人士的团结合作问题。一是同党外民主人士沟通政策观点,二是使他们有职有权。为此,1950年6月6日,邓小平在中共重庆市第二次代表会议上的报告中,就旗帜鲜明地批评了统一战线中的关门主义倾向,提出了"真正做到党外人士有职有权"②的政策思路。"首先,要坚决地执行由我党提出的为人民政协所通过的共同纲领,和中央人民政府发布的每一项法令、文告。其次,要善于团结党外人士去实现共同纲领和执行法令。"在邓小平看来,"一个共产党员如果不熟悉共同纲领和政府法令,不懂得运用这些武器去团结和教育人民同敌人作斗争,那么不仅说不上什么领导,而且还会做出违反共同纲领和政策的事情,做出违法乱纪的事情,使自己完全居于无理和被动的地位"③。

邓小平还很重视帮助民主党派发展,要求对其在组织上加速整理,帮助他们发展一倍到两倍的训练干部。对于民主人士的经济利益,他也尽可

---

① 《邓小平文选》第一卷,人民出版社1994年版,第142页。
② 同上书,第158页。
③ 同上书,第156—157页。

能悉心照顾。如在土改前的退押问题上，他指示应主动、适当地照顾起义军人、民主人士等，多用缓退、少退、不退的办法来解决问题。从而更紧密地团结了各民主党派和民主人士一道工作。

在争取私营工商业者方面，西南局时期，邓小平强调对私营工商界统战工作以实现长期合作、促进生产为目的；悉心团结和照顾私营工商业者。还强调"各民主党派的合作，必须建立在共同认识上，这就是共同纲领"，以此为基础去求得具体问题上的一致。① 刚进重庆，他就提出希望私营工商界同人民政府通力合作，共同想办法克服困难，发展生产，繁荣经济。② 邓小平在城市工作会议的报告中指出，"无论在政治上经济上，一脚踢开资产阶级的思想是错误的、危险的"③。他强调无论政府财政支出如何紧张，也决不向私营工商业筹款的同时，还为他们指出了具体的脱困办法，如指出其出路和任务在于面向农村、改善管理以降低成本、奢侈品行业转产，鼓励他们把外逃资金转回来、投到有利于国计民生的项目上去，宣传开明士绅将资金投向工商业，要求公私企业联合到外地采购原材料，并领导西南财经委员会积极设法，收购一批主要物资甚至赔本收购糖、加强盐的运销等，使工商业在资金方面活动一些，以实际行动表明党贯彻"公私兼顾"方针的决心和能力。

邓小平还以实际行动去坚决贯彻"劳资两利"方针。鉴于资方资金困难，对于国营企业工人薪资问题，他明确规定国营企业的工资不能高于私营企业，只能低于或相同于私营企业的工资，因为若不如此，私营企业一定要发生劳资纠纷，如果资本家负担不起，要关门。这既不利于生产，还造成工人失业。因此，国企工人工资都定得比较低，有的企业还将以前较高的工资减了下来。在这种情况下，军代表们甚至连刘伯承也亲自出面，做工人的思想工作，晓以大义，说服工人们同意减薪。在减租退押中，他还特别指示："对工商界的退押，应作审慎的考虑。一般可采取在半年以内的时间分期退还的原则。"④

当然，在团结民族资产阶级的同时，也要反对不敢对资产阶级作必要

---

① 参见《在各民主党派座谈会上邓小平政委的讲话》，1950年2月27日。
② 参见《军管会、中共市委、市政府召开工商界座谈会，邓政委讲话》，《新华日报》1949年12月19日。
③ 《邓小平文选》第一卷，人民出版社1994年版，第180页。
④ 同上书，第181页。

的斗争的右倾倾向。邓小平敏锐地认识到,中国工商业十几年来都建立在投机物价暴涨上,不会做正当的企业。因此,私营工商界怕物价下跌、搞囤积居奇以牟取暴利、生产销售混乱无序等怪现象,在解放后仍层出不穷。针对这种情况,他及时在重庆这类大城市的工商业座谈会上传达中共中央的意见,要求调整工商业,克服无政府生产的弊端,无发展前途的企业要主动转产。他要求在税收、劳资、公私三方面处理好与资产阶级的关系。在税收方面,坚持不多收也不少收的政策,凡属不合理者,应主动调整;凡属合理者,必须坚决征收,并与逃漏现象作斗争。在劳资、公私问题上,必须认真执行"两利"和"兼顾"的政策,通过扩大加工订货、调整市场价格等,促使资方在改革私营企业的腐朽机构,努力发展生产之中,达到工厂的收支平衡。既要说服工人不作过高的要求,又要让资方在渡过难关后适当地恢复工人的工资水平和生活福利。同时在西南还应适当加强国营工商业,以增强国营经济的领导力量。这些政策的实施,是全面贯彻新民主主义共同纲领的重要举措,对于发展生产、繁荣市场、保证财政税收、维持社会就业和恢复西南地区的经济,起了重要作用。

在西南局大力争取民族资产阶级的政策鼓舞下,许多民主党派人士,特别是工商界领袖对新中国成立初期重庆的经济恢复和发展提出了一些中肯的意见。胡子昂(民主建国会全国会务推进委员会委员,时任重庆市各界人民代表会议协商委员会副主席)提出:"……我想当前最困难的是财经方面如何管理的问题。……我觉得我们还缺乏对工商业政策的宣传教育,让他们都能明白政府的政策,敢于提出困难,即使是不正确的意见也敢向政府说。……过去的工商界习惯于对抗或欺骗政府。现在要完全使其改变过来,首先要将工商业筹委会内部的思想工作做通。此外,重庆资金的周转也是一个问题,有哪些工业建设可以先搞,亦需要研究。"[①] 徐崇林(民主建国会全国会务推进委员会委员,时任重庆市各界人民代表会议协商委员会副秘书长)也提出,"现在工商业有困难,但是如何使困难迅速地克服是一个重要问题,劳资问题是个严重的问题,现已有劳资协商的指示,很快可以解决,对西南各界人士尤其是对工商界的思想教育是重

---

① 西南军政委员会办公厅:《西南军政委员会成立之前第一次座谈会记录》,第5页,四川省档案馆存档,全宗号:建大1,案卷号:1。

要工作，希望政府统战部门协助我们工商界筹委会进行这一工作"①。1950年5月27日，夏仲实（中国国民党革命委员会中央委员会委员，工业界人士）在第二次座谈会中指出："……克服这个困难办法如下：甲，积极修建成渝铁路以刺激工业生产，并解决部分失业问题，其主要原料应尽量采取本地出品。乙，扶助航业，使水路交通早日恢复以收内外交流之效。丙，收购特产如桐油、猪鬃、药材、山货、锡矿等迅速运转出口，一面可换取外汇，一面可刺激农村生产。丁，改造兵工业为和平工业，主要为农村制造农具、织布机、缝纫机、抽水机及水力发电机等。戊，调整公私关系，详细划清界限，普查产销状况，合理调整，使成为有计划的生产……"②

三 善用新闻媒体进行社会动员

邓小平指出，如果"出报纸、办广播、出刊物和小册子""能够做到密切联系实际"，"这在贯彻实现领导意图上，就比其他方法更有效、更广泛，作用大得多"③。邓小平指导西南宣传工作，紧密结合中心任务，针对不同对象，采用不同办法，解决不同矛盾，强有力地推进了各项工作的深入、迅速、稳妥发展。邓小平还明确要求宣传工作"要结合实际，结合当时当地的中心任务"开展工作，"报社要时时和领导取得联系，根据本地当前任务的变化，随时调整自己的报道方针"④。"在突出的方面要集中力量，有的时候用整版来登，用一个月时间，发表一连串的评论、社论来宣传和贯彻。这样人们就注意了。有没有力量，不仅是质，也有量的问题。质是要准确性，量也要加大，各方面围绕于此，才有力量。"⑤ 首先，创办报纸。邓小平在《在西南区新闻工作会议上的报告》中指出："拿笔杆是实行领导的主要方法。领导同志要学会拿笔杆。""凡不会写的要学会写，能写而不精的要慢慢地精"，"出报纸、办广播、出刊物和小册子，而又能做到密切联系实际，紧密结合中心任务，这在贯彻实现领导

---

① 西南军政委员会办公厅：《西南军政委员会成立之前第一次座谈会记录》，第6页，四川省档案馆存档，全宗号：建大1，案卷号：1。
② 西南军政委员会办公厅：《西南军政委员会成立之前第二次座谈会记录》，第50—52页，四川省档案馆存档，全宗号：建大1，案卷号：1。
③ 《邓小平文选》第一卷，人民出版社1994年版，第145页。
④ 同上书，第146页。
⑤ 同上书，第149页。

意图上,就比其他方法更有效、更广泛,作用大得多。"① 1949年12月10日,中共中央西南局机关报——《新华日报》,在以邓小平同志为第一书记的西南局直接领导下创刊。② 按党中央规定:党委机关报要由第一书记看清样。《新华日报》出刊后,邓小平由于工作繁忙,他委托西南局常委、宣传部部长张子意同志代他看清样,每天都看《新华日报》。他表扬《新华日报》办得很成功:"要办好地方报纸。《新华日报》最近有进步。"③ 邓小平同志曾指出:"办好报纸有三个条件:结合实际、联系群众、批评与自我批评。""报纸要结合实际,结合当时当地的中心任务。"④

在征粮工作开展一段时间后,小平同志又指出:"征收公粮一般开始时都是轰轰烈烈,但后来很难收上来。万县解决这个问题的办法比较恰当,要好好介绍、表扬,这就是实现领导。报纸要用评论、社论加上一连串的报道来领导交公粮。"⑤ 对于如何办好地方报纸,服务于地方经济社会发展,邓小平强调指出:"要办好地方报纸……新华社总社的广播稿不一定全用,要适当选择、改编、压缩、提炼,要考虑对象能不能看那么多,看了懂不懂。""有的小报就比大报办得更结合实际,更切合群众需要,更通俗活泼。""什么叫生动活泼?不在文字长短,而是要写出生动的过程,而且有结果。""描写过程也不能冗长。""从领导来看,是大家办报,从新闻工作者自己来看,也是大家办报。""任何一个任务不是一家报纸所能完成的。各家报纸按接触面不同,要各方面努力,才能把党和政府的声音普遍传播到各阶层群众中去。报纸办好了,对领导是最大的帮助。"⑥

在报纸宣传服务于工作实践方面,宣传工作必须为不同时期的中心任务服务。大西南刚刚解放之际,中共中央西南局面对的工作艰巨而复杂,刘伯承、邓小平、贺龙等中共西南局领导人紧紧抓住剿匪、征粮、生产、调整工商业等中心工作。邓小平指出,"西南区今天的中心任务是什么?

---

① 《邓小平文选》(1938—1965),人民出版社1989年版,第145页。
② 参见《西南军政委员会纪事》,第8页。
③ 《邓小平文选》(1938—1965),人民出版社1989年版,第146页。
④ 同上。
⑤ 同上书,第147—148页。
⑥ 同上书,第150页。

从全区说,一是剿匪,二是完成征粮、税收、公债任务,三是领导生产(主要是农业生产),四是调整工商业、救济失业人员"①。要动员全社会将力量集中到这些中心工作,宣传舆论战线须得发挥良好的导向作用,为此,邓小平谆谆教诲宣传干部,"要结合实际,结合当时当地的中心任务"开展工作,"报社要时时和领导取得联系,根据本地当前任务的变化,随时调整自己的报道方针"②。因此,宣传舆论导向,发挥了凝聚社会力量,澄清社会视听的作用。

1951年10月,《新华日报》派往川北区采访报道农村的记者,向编辑部汇报了川北南充县有一个乡长叫鄢斯云,在土改中他很积极地干工作,土改完成后,他不干了,自己跑回家种田去了。报社编辑部对这一情况非常重视,认为这不是个别情况,这种松劲、退波思想带有普遍意义。毛泽东同志曾告诫我们:"严重的问题在于教育农民。"邓小平同志也指示:报纸"要抓住典型,有头有尾,向积极方面引导","要大家办报"。《新华日报》决定抓住这个典型,在征得鄢斯云本人同意和南充县委的支持后,在报纸上开展了"鄢斯云思想"的讨论。11月1日报上发表了鄢斯云不干乡长、私自回家埋头生产的报道,并且加了编者按语,指出鄢斯云的思想,是对革命前途没有认识,以致迷失方向的典型思想。11月2日开辟一个专栏《开展对鄢斯云思想的讨论》。此后,每天发表讨论文章,一直延续到12月29日。在近两个月中,报上发表了来自各方面,特别是农村基层干部和农民的来稿、来信和报社记者的报道、言论近百篇。这个讨论,还引起了时任川北区党委书记胡耀邦同志的重视。胡耀邦亲自接见了鄢斯云,勉励他要看到社会主义的远大前途,不要光打个人的小算盘,要革命到底。随后报上发表了《鄢斯云来信》,检讨他的错误,表示愿意回去当乡长,并说明他思想转变的过程。随后又刊登了这个乡农民召开欢迎鄢斯云重任乡长大会的报道。12月29日发表编辑部文章:《结束"鄢斯云思想"的讨论》。后来,鄢斯云同志还加入了中国共产党,成为川北区的模范乡长。这个讨论,使西南各地乡村干部和广大农民,受到一次生动的政治思想教育和前途教育,收到了很大的效果。

① 《邓小平文选》第一卷,人民出版社1994年版,第147页。
② 同上书,第146页。

能否顺利征收公粮是事关财政收支能否综合平衡的重大问题。但是,"征收公粮,一般开始时都是轰轰烈烈,但后来很难收上来",这往往造成公粮征收工作难以为继的局面,将一项很好规划的工作变成一锅夹生饭,从而影响新生人民政府全面工作的展开。为防止此类问题发生,邓小平要求"报纸要用评论、社论加上一连串的报道来领导交公粮"①。从《新华日报》报道的内容来看,1950年上半年,乃至1950年全年,征粮工作成为重点之一。除了《新华日报》之外,《川南日报》《川北日报》《川西日报》等报刊围绕征粮工作也做了很多宣传报道。

在报道与征粮工作紧密联系的"剿匪"、维持社会和谐稳定方面,邓小平指示报纸要报道四川剿匪工作中很多好的经验,以便推广,促进西南剿匪工作的顺利开展。当然,报道既要讲究准确无误,达到鼓舞群众斗志的效果,同时,又要讲求策略。例如对剿匪工作既要报道,"但又不能让土匪完全了解我们的战术"。西南地区幅员广阔,各地剿匪情况存在着很大的不同,例如"贵州、云南的情况又各有不同。报纸必须抓住每个地方的特点,这就是指导性"。邓小平指示,"报纸要宣传剿匪政策,宽大与镇压相结合。首恶必办,胁从不问,立功受奖。什么叫胁从不问?'不问'是说不问罪,也就是不治罪。有的问都不问一下就放了,这就错了。总要教育教育,坦白一下,群众取保,才能释放"②。在中共中央西南局主要领导人的关心和指导下,《新华日报》和《人民战士》在同一时间发表了《向剿匪部队致敬》的社论,熊克武、卢汉等西南民主人士也在《新华日报》上发表文章,盛赞中国人民解放军剿匪取得的重大战果。西南局领导人的指导、关心和鼓舞,使宣传舆论工作有力地配合了"剿匪"这一当时"西南全面的中心任务"③的胜利开展。

1952年8月5日,重庆市委机关报《重庆日报》创刊,邓小平为其题词:"发展生产,交流城乡,是城市工作的中心任务"。

---

① 《邓小平文选》第一卷,人民出版社1994年版,第147、148页。

② 同上书,第147页。

③ 《邓小平与大西南》(1949—1952),中央文献出版社2000年版,第325页。

四　加强对民族地区经济发展的扶持，动员少数民族群众参加经济建设

解放初期，西南少数民族地区经济上以农业或畜牧业为主，辅之以土特产及编织之类的手工业，经营商业的很少。为此，邓小平指出："……再如市场问题，贸易问题，金融问题，这些经济问题也遇到了，如果不解决，就会动摇政治的基础。……"① 为缓解这种状况，西南各地纷纷开办贸易机构，帮助运出少数民族地区的土特产外销，同时运进当地急需的生活用品等物资，逐步改善少数民族群众的生活。

（一）兑换少数民族地区的特色货币，不让少数民族民众吃亏

在西南地区的一些少数民族区域，尤其是藏区，有自己的专门货币——藏洋，为了让老百姓不吃亏，西南局要求藏区领导注意限期用人民币兑换藏洋。请看西南局财经委员会致电西康党委财委的附件：

应限期收兑藏洋

（一九五○年六月十八日）②

张、谭、昌、陈③并西康④区党委财委：

铣辰两电⑤均悉。对藏洋⑥不兑的政策是脱离群众的，应采取限期一月或两月兑完的办法，这样办一则不致引起群众反感，二则限制一两个月就可避免流入太多，三则藏洋交十八军有用处，四则可以帮助发行一部分人民币。望西康财委即准此执行。对于银圆兑人民币比价应完全与成都或雅安一致，不可比成雅降低。对于藏洋与银洋兑换

---

① 《邓小平文选》第一卷，人民出版社1994年版，第167页。
② 《邓小平西南工作文集》，第182页。
③ 张指张国华，当时任中共西藏工作委员会书记，第十八军军长。谭指谭冠三，当时任中共西藏工作委员会副书记、第十八军政治委员。昌指昌炳桂，当时任第十八军副军长。陈指陈明义，当时任第十八军参谋长。
④ 西康旧省名，辖今四川省西部地区和西藏自治区东部地区，1955年撤销。
⑤ 铣辰两电指1950年6月16日张国华、谭冠三、昌炳桂、陈明义给西南军区和中共中央西南局的两份电报，电报中报告：康定人民银行6月16日开始营业，由于西康财委不收兑藏洋的决定严重影响康藏人民的生活，因此与康定地委商定，仍照以往方法收兑藏洋，所兑藏洋交给十八军进藏使用。
⑥ 藏洋又称四川藏洋，20世纪初清朝政府铸造发行在川滇边藏区通用的法定银币。新中国成立后，停止使用。

的比价，可按照历来习惯不宜变更。总之，西康财委必须切实注意康定藏区之财经领导，因为这是争取藏民团结的基本工作之一，千万不可忽略。据说康定商店倒闭很多，这是一个严重问题，应予克服。再者，西康对西藏的贸易，关系十八军进军甚大，请十八军即派负责人到雅安与区党委具体讨论这个问题，如西康财委无力量，可考虑由十八军负责，或省财委与十八军共同负责经营。

西南局及财委
根据中央档案馆保存的邓小平手稿刊印

（二）在财政金融和税收方面给予大力支持

西南少数民族地区的经济发展比本区其他区域更为落后，导致财政税收和金融基础比较薄弱。为了加快西南少数民族地区的经济发展，中共中央西南局采取了多种措施扶持西南民族地区的财政金融和税收。

首先，在收购民族地区特色农产品时，有时甚至采取贴本收购或亏损收购。在税收上也给予必要的政策倾斜，规定凡土产税均比现有舶来品税率定得低些，对滞销土产免征临时商业税。在农业税的征收方面，也给予民族地区优惠，参见《西南区农业基础数字与农业税负担分析比较（1950）》（见表2—1）。

表2—1　西南区农业基础数字与农业税负担分析比较（1950）

地区	农业税负担（米市斤）总额	每人平均负担	农业税负担占常年产量百分比（%）
总计	3202151770	48.4	12.81
川东	703769432	51.8	13.31
川南	610331600	52.7	13.08
川西	494935000	74.4	15.00
川北	474024035	40.1	11.97
云南	379343000	36.1	9.77
贵州	448986153	48.6	14.17
西康	40000000	20.2	8.76
重庆	50762550	61.7	18.14

资料来源：《西南财经统计月刊》，四川省档案馆藏档案，全宗名：西南军政委员会　档案名：西南基本情况统计　档号：J001-01-0047。

从表 2—1 可知，在 1950 年西南地区农业税负担中，少数民族人口相对集中的云南、贵州、西康三省的农业税负担相比于西南地区的其他省市和地区来讲，要轻得多。尤其是西康省的农业税负担按照折实数算，人均只有 20.2 市斤米，不到西南地区农业税最高的川东区人均 74.4 市斤米的 30%。从农业税负担占常年比例来看，云南只有 9.77%，大大低于重庆的 18.14%。

其次，依据民族地区的特殊情况，对少数民族地区的财政大力扶持。扶持政策包括拨发救济粮、提供各种农业贷款和财政支援。如云南山区和川南彝族区就先后拨发救济粮 25 万斤以上；在少数民族地区有计划、有重点地举办了各种农业贷款，协助各民族人民恢复生产，解决了部分地区群众的农具、种子、口粮等困难。时任西南军政委员会主席的贺龙在 1952 年 12 月 10 日的报告《一年来的工作概况与今后任务》中指出："……进一步帮助解决土特产及必需品的供销，发放农贷，供应农具，兴修水利，防止瘟疫，使兄弟民族的农业、牧业达到增产。"① （参见表 2—2《人民银行西南区各分行及重点支行放款年度余额分析百分比（1950）》）

表 2—2　人民银行西南区各分行及重点支行放款年度余额分析百分比（1950）

地区	共计	公营	合营	私营	合作社	个体
重庆市	50.786	25.897	13.976	10.428		0.495
川东区	1.655	0.010	0.034	1.454	0.012	0.145
川南区	18.542	8.480	0.061	8.347		1.654
川西区	4.305	3.338		0.967		
川北区	5.881	0.878		4.706	0.209	0.088
云南	12.154	6.644	0.425	4.794	0.291	0.088
贵州	6.325	1.600	0.020	4.691	0.001	0.013
西康	0.342	0.231		0.074	0.037	

资料来源：《西南财经统计月刊》，四川省档案馆藏档案，全宗名：西南军政委员会　档案名：西南基本情况统计　档号：J001-01-0047。

---

① 贺龙：《加强少数民族工作》，《一年来的工作概况与今后任务——一九五二年十二月十日在西南军政委员会第四次全体会议上的报告》，第 10—11 页，西南军政委员会办公厅印，重庆市图书馆藏资料资料号：CQL00351432 398972。

从表2—2可以看出，在当时少数民族人口比较集中的云南、贵州、西康三省，人民银行西南区各分行在1950年发放贷款的力度很大，尤其是在少数民族聚居的西康省。发放贷款所剩余额只占贷款总量的0.342%，也即贷款发放率达到了99.65%。

最后，金融政策应联系西南地区民族地区的实际。见附件《金融税收政策是关系团结藏族人民的政治问题》。

金融税收政策是关系团结藏族人民的政治问题

（一九五〇年六月二十一日）①

西康区党委并十八军报中央：

张谭已铣电照转你们，从这个报告看出在康定的金融税收政策是有问题的，你们必须重视这个问题，派负责人去康定检查和纠正，因为这不是一个简单的经济问题，而且是关系到团结藏民的政治问题。对于康定区的财经工作应本下列原则进行：

（一）不要希望在那里有多少财政收入，不要给该区以过多的财政任务。该区的收入，也应完全用之于本地与藏民有利的事情上去，而以极少数的一部分作为行政费用，军费全部乃至行政费之一部应由外面贴补。

（二）所有其他区域的税收金融等项办法，绝不能搬到少数民族区域去用，而应另订适合于该区的办法，以不致引起藏民绝大多数人的反感为原则。对于金融问题前已电告你们照市价限期收兑藏洋，银圆比值应与成都雅安一致，务必坚决执行。康定税收应立即调整，西南财委已电示你们：对于外国货物也只能照普通税率征收不宜增加，但应另订关税办法并禁止某些外货入口。

（三）应采取有效措施，鼓励与帮助藏民的土货出口及必需的入口，你们要派政治比较强的干部去主持该区的贸易工作，在少数民族区域的贸易工作乃是政治工作的主要内容，绝不要以赚钱为目的，只

---

① 《邓小平西南工作文集》，第185页。

能是以为藏民服务为目的。

（四）对于少数民族区域的各项改革事宜，应迅速而坚决地废除由于过去大汉族主义统治而形成的那些不合理的制度（如乌拉①制度），但对于牵涉到少数民族内部阶级关系的改革事宜，一律暂不进行，也不要宣传。

（五）中央对少数民族工作中的纪律性，已有专门指示，务必在一切干部中深入传达和讨论。

（六）藏区贸易与十八军进军关系极为密切，前已电十八军派负责同志到西康区党委商议共同进行办法，请将你们商议的结果告诉我们。

西南局
一九五〇年六月二十一日
根据中央档案馆保存的邓小平手稿刊印

（三）开办贸易机构，扶助少数民族地区发展经济

邓小平把开展贸易工作作为解决少数民族经济问题的突破口，在少数民族地区开办贸易机构或开办针对少数民族地区的贸易机构，主要目的是服务于生产，服务于物资交流，而不是为了赚钱。西南局主要领导人邓小平指出，"我们在贸易上实行等价交换，但是有时还要有意识地准备赔钱。我们帮助少数民族发展经济，很重要的一环是贸易，经济工作应当以贸易工作为中心。……贸易中要免除层层中间剥削，使他们少吃亏。这样经济就活了，他们的生活也就会好起来"②。

在邓小平的关怀和指导下，在西南解放不到一年时间里，少数民族地区建立了大小贸易机构184个和100多个代销店，还组织私商，配合国营贸易机构，一起深入各少数民族区域进行收购与推销工作。与收购同时，以公平合理价格，供应了大量食盐、布匹、针、线及其他日用必需品。这些措施增加了少数民族同胞的收入，适当满足了当地的物资需要，使得长

---

① 乌拉指旧时藏族地区农奴向农奴主支应的各种差役，包括人役和畜役，是农奴的一项繁重负担，民主改革后彻底废除。

② 《邓小平文选》第一卷，人民出版社1994年版，第167—168页。

期停滞的少数民族地区经济日趋活跃，而各少数民族与汉族之间的经济关系有了明显的改善。

(四) 发展交通，加紧少数民族地区基础设施建设

西南少数民族地区基本上位于在西南各省的僻远之地，交通不便成为制约少数民族地区社会经济发展的关键因素。为此，中共中央西南局、西南军政委员会，以及各级地方党委和政府都高度重视西南地区少数民族地区的交通建设，取得了较显著的成绩。时任西南军政委员会主席的贺龙在1952年12月10日的报告《一年来的工作概况与今后任务》中指出："……（少数民族地区）恢复和新开了公路、邮路，使交通状况得到进一步改善。"[1]

邓小平总结道："要发展少数民族地区的经济，没有交通，那只是空谈；我们过去提倡'货郎担'，现在货郎担子搞小的行，搞大的还不行，要大量地搞就需要公路，用汽车运输，没有这个基础，'货郎担'也可能没有货，挑空担子。现在少数民族地区需要发展交通，只有发展了交通，才能使那些地区的经济、文化发达起来，不然，将来我们要搞社会主义，那些地方还那样落后怎么能行呢？"[2]

总之，西南局时期，在邓小平的亲切关怀下，中共中央西南局以国家投资、发放贷款、税收优惠等方式，无偿帮助生产极端落后的少数民族群众解决生活及生产困难，给各族人民以"看得见"的实际利益，有步骤地解决少数民族地区的社会生产、生活和发展问题。逐渐消除了"石头不能当枕头，汉族不能做朋友"的历史隔阂，由此加强了新中国对各民族的向心力和凝聚力。

第四节　稳定金融　平抑物价

金融是经济发展的血液和重要支撑，它对于经济的支持和调控，对于维持经济良好地运行具有十分重要的作用。通货膨胀不仅会导致经济运行的良好秩序遭到破坏，对工商企业和消费者产生灾难性的影响，而且严重

---

[1] 贺龙：《加强少数民族工作》，《一年来的工作概况与今后任务——一九五二年十二月十日在西南军政委员会第四次全体会议上的报告》，第10页，西南军政委员会办公厅印，重庆市图书馆藏资料　资料号：CQL00351432 398972。

[2] 谢琳：《西南民族工作开新篇》，《红岩春秋》2007年第1期。

的通货膨胀甚至会导致经济崩溃。由于通货膨胀而造成物价上涨,其后果是严重的。解放战争后期,国民党在西南地区大肆发行"法币"和金圆券,造成严重的通货膨胀,直接引发物价飞涨,导致工农业经济遭到摧毁性的打击。解放初期,中共中央西南局要恢复和发展经济,迅速医治战争创伤,首先必须打赢稳定金融、平抑物价这一战役。

一 整顿和稳定金融

金融市场秩序稳定与否,关乎人民群众以及投资者的切身利益,它是恢复工商业生产、保证人民群众正常生活的关键一环。而打击黄金白银投机买卖,巩固人民币的本币地位,又成为解决所有问题的关键。为此,中国人民银行于1950年4月制定下发的《金银管理办法(草案)》规定:冻结民间金银买卖,由中国人民银行经营管理,实施统购统配政策,严厉打击银行投机倒把和走私活动。此前,邓小平已把稳定金融市场秩序作为入城后的当务之急,提出了"一手抓接管、一手抓金融"的指导方针。他在重庆市的接管工作会议上指出:"我们从入城那一天起,就应该把领导精力转向城市,着手整理和迅速恢复敌人破坏的人民经济生活,稳定金融市场。"

由于当时西南刚刚解放,社会秩序很混乱,群众对新生的人民政权还不了解,对人民币还缺乏信任,外加暗藏的国民党特务散布谣言,投机倒把分子兴风作浪,一时间出现了"挤兑"人民币的现象。邓小平在听完了重庆市长陈锡联、副市长曹荻秋的情况汇报以后,非常果断地说:"只要能维持三天就行。我已与刘司令员商定,立即调集部队所有的款子补充库存,再从邻近地区调集应急,问题可以得到缓解。"邓小平等西南局领导人一方面电请中财委急调1000亿—2000亿元人民币(旧币)空运重庆,另一方面调集部队的所有款项以补充库存,再从邻近地区调集一些款项来应急。[①] 很快,在重庆银行大楼前挤兑的群众惊奇地发现,银行铁门前奇迹般地堆放着成捆成扎的崭新的人民币,门前排起的长龙渐渐地消失了。

但一波刚平,一波又起。由于解放前长期恶性通货膨胀,人们普遍有

[①] 参见中共中央文献研究室《邓小平与大西南(1949—1952)》,中央文献出版社2000年版,第148页。

一种"重货轻币"的思想，市面上又悄然兴起了以物易物的交易方式，铜钱也充作了硬通货，银圆又重新走到金融市场的前台，且兑换比价不断上涨。根据人民群众长期以来信赖银圆的心理习惯，重庆市军管会遂紧急采取应变对策，宣布一块银圆比6000元人民币（旧币）的市场流通价。但是，不法商贩囤积居奇，操纵、扰乱市场，高价买卖银圆，使银圆由6000元人民币的挂牌价一度上升到9000元以上。银圆价格上涨，物价随之上扬。各式金融投机分子见有利可图，大肆倒卖银圆，对人民币的正常流通和稳定金融秩序造成了极大的影响。

为建立新的金融秩序，以邓小平为第一书记的西南局采取了一系列的措施。

首先，重建金融机构。邓小平认为，要恢复生产，必须要有完善的金融系统作后盾。但西南解放后，新政府接管的几十家金融机构都是支离破碎的，其余的私营金融机构也基本上处于停业状态。1949年12月10日，中国人民银行西南区行、重庆分行等主要金融机构即正式宣告成立[①]，其他的金融部门也陆续开始成立。邓小平针对国营、私营金融系统实力不强的特点，鼓励和支持它们进行合并，增强实力。

其次，公布人民币为唯一合法的货币，以人民币收兑银圆券。1949年11月27日，贵州军管会发出布告，宣布："为了保护人民利益，稳定金融市场，建立新的经济秩序，确定人民币为市场流通的唯一合法货币，其他一切旧币一律禁止使用。"[②] 1949年12月10日，重庆市军管会发出布告，宣布人民币为市场流通的唯一合法货币，即日起废止银圆券。[③] 但为了减轻民众的负担，承诺以人民币收兑银圆券。人民银行重庆市分行以100元人民币比1银圆收兑民众手中禁止流通的银圆券。[④] 对此，邓小平解释，银圆券是国民党掠夺人民的工具，随着反动政权的崩溃，自然已是废纸。按说我们是可以不管的，但是，我们共产党是为人民谋利益的，对人民负责，所以我们决心收兑，以减少人民的损失。这是关系稳定社会、

[①] 参见《西南军政委员会纪事》(1949年10月1日—1954年11月1日)，四川省档案馆编 B017，第16页。

[②] 边裕鲲等：《把财政经济的命脉尽快掌握在人民手中》，转引自《贵州城市的接管与社会变迁》，第145页。

[③] 参见《西南军政委员会纪事》(1949年10月1日—1954年11月1日)，四川省档案馆编 B017，第8页。

[④] 同上。

稳定人心的大事，我们一定要做好。不管群众手里有多少银圆券都要如数兑付，并颁布了与之相关的文件。

附：
重庆市军管会关于清理银圆券债权债务之规定
（一九四九年十二月十七日）

由于银圆券之为害造成重庆复杂之债务纠纷，直接影响目前生产的恢复与市场之繁荣。本市为慎重处理一些问题，曾进行调查，并与有关各界多次研讨，根据所得情况及照顾债权人与债务人双方利益之原则，特规定银圆券债权债务清理办法如下：

债务中银圆与银圆券之比价在 100∶250 到 100∶300 中间，由债权人与债务人双方协商确定之。

人民币与银圆之比价，以人民银行之牌价为标准。

在原约定期满后之利息，可以不计。

债权人与债务人双方商得与前三项不通知办法解决者，听之。

以上规定，仰各界人民遵照为要！

切切此布！

主任：张际春
副主任：陈锡联
张霖之

通过各级党委和政府的不懈努力，西南区在以人民币收兑银圆券方面取得了很大的成效。在短短几个月的时间内，西南区人民银行共收兑 1117786746 元银圆券，合人民币 1098375596 元。[①] 以贵州为例，人民银行贵州分行奉命按一定的比价限期收兑银圆券，共收回 19 亿多元，统统焚毁了。[②] 接着贵州又规定公私账款一律以人民币作为记账计价的统一单位，如发现再有以银圆记账计价或拒用人民币的，定予以重罚。

[①]《半年来金融概述》，四川省档案馆藏档案，全宗号：建大 13　全宗名：西南军政委员会财政经济委员会，案卷号：466 档案号：C087。

[②] 参见边裕鲲等《把财政经济的命脉尽快掌握在人民手中》，转引自《贵州城市的接管与社会变迁》，第 145 页。

再次，采取措施保持人民币的稳定，巩固人民币的唯一合法地位。为了保持人民币的稳定，确保人民群众的生活安定，刘伯承、邓小平指示西南财经委员会和重庆市委采取了三条紧急措施。

一是发动群众开展"拥币拒银"宣传活动，宣传人民币是保护人民群众根本利益的唯一合法货币，树立起人民币的信誉。1950年春，在各级党委领导下，在全市范围内广泛发动群众，运用报纸、广播制造舆论，宣传《拥护人民币宣传纲领》，组织"拥币拒银"的万人大游行。以工人、学生为主力，运用文娱的形式，在工厂、街道和农村场镇宣传人民币是保护人民群众根本利益的唯一合法货币。由于广泛深入地宣传动员，广大工农群众反应强烈，纷纷要求统一人民币制，取缔金银黑市投机行为，为人民币的正常发行、流通扫除了障碍。

附1：中共重庆市委宣传部关于拥护人民币的宣传提纲[①]

（一九四九年十二月十三日）

人民币与金圆券的区别及人民币对于经济发展的重要性

人民币和蒋匪帮发行的所谓"法币"和金圆券、银圆券，是有本质区别的。他们是以掠夺为目的，而人民币则是以发展人民生产，便于人民物资交流为目的。人民政府发行的人民币，完全用于人民生产贸易以及一切为人民服务的事业上，它和国营的工矿、贸易、交通、银行等事业一样，同为人民自己的财产。所以若以对国民党政府的所谓"法币"及金圆券、银圆券的看法，来看人民币，是极大错误，而且是有害的。

四川与重庆市，久已受蒋匪帮封锁，土产出口及日用品出口，窒息已久，如不使人民币迅速流通起来，则不能与上海、汉口、长沙、广州及全国各地进行贸易，因而也就不能发展生产，使四川及重庆将成为一个孤立的，得不到全国援助的，而将遭受贫困的地方。这是关系每个人的切身利益。所以每个人都应拥护军管会的金融措施，拥护人民币，如果有敢于违法的为害人民大多数利益的投机分子捣乱，大家应监督与及时告发。人民的四川，人民的重庆，是不允许有这种

[①] 原载中共重庆市委政策研究室编印：《工作通讯》第1期。

破坏金融稳定的行为存在的。

人民币有何保证？人民币的信用如何呢？

人民币最大而可靠的保证是：人民币是人民自己的货币，有人民政府经营的广大的工业、矿山、交通、贸易等各种事业，及全国人民的财政税收，加上全国的丰富资源，这就是人民币最可靠的基础和保证。

人民币一开始发行，就与金银脱离关系。金银饥不能食，寒不能衣，只便于投机奸商的投机。一种货币信用的确立，是看它能不能充分换到人们所需要的生活必需品而定。人民政府的币值是统一的，人民币是全国统一流通的货币，持有人民币的人，可以在任何时期，任何市场，充分获得他们所需要的各种生活资料。因之，它就是最好的信用。

人民币是唯一的合法货币。

从军管会布告之日起，人民币就成为唯一合法货币，一切完粮纳税、交易计价及一切公私款项的收付、债务、账务、票据、契约等，均以人民币为计算及清算本位。若再以黄金、银圆或外币为本位，是犯法的。既不能得到法律的保障，而且要受法律的制裁。

1950年3月1日，西南军政委员会发布的《关于纳粮民户可以人民币抵交公粮的通告》中规定，凡以人民币抵交公粮者，均给以照顾。此举极大地推动了人民币在乡村的流通。同时，中共西南局、西南军政委员会还采取了其他多种措施，所有这些均对稳定西南的金融秩序起了重要作用。到1950年3月底，在几个大城市及其周围的县城及交通要道，都已完成人民币占领市场的任务。[1]

二是加强金银监管，禁止银圆、外币计价流通和私下买卖，由人民银行按规定牌价统一收购外币，以充实国家外汇储备。1950年1月7日，西南财经委员会发布关于禁用银圆的指示，此后，各地通过开展禁用银圆的宣传，对投机破坏分子的惩处，以及争取支持使用人民币的经济措施，使人民币稳步占领市场，为以后恢复与发展经济打下了基础。[2] 1月12

---

[1] 《半年来金融概述》，四川省档案馆藏档案，全宗号：建大13 全宗名：西南军政委员会财政经济委员会，案卷号：466 档案号：C087。

[2] 参见《西南军政委员会纪事》（1949年10月1日—1954年11月1日），四川省档案馆编 B017，第15页。

日，西南军政委员会制定并由重庆市军管委员会公布《西南区金银管理暂行办法》，禁止银圆、外币计价流通和私下买卖。规定：为稳定金融秩序，安定人民生活，制止金银投机操纵及防止走私贩卖，除经政府批准特许携带金银出境外，严禁金银带出国外或带出待解放之区域。这样虽对持有少量银圆的市民有些不便，但数量不多，影响不大。而主要限制了持有大量银圆的地主官僚和投机商人的非法活动，国家避免了因大量收兑增大货币发行量导致物价上涨的风险。同时，国家按规定牌价，分别由人民银行收购黄金、中国银行外币，以充实国家外汇储备。[1] 在贵州，1950年2月，贵州省第一届各界人民代表会议做出了《关于禁用银圆的决议》，军管会明令公布了《西南区金银管理暂行办法》，并于2月21日，在贵阳市体育场举行拒用银圆大会，会后举行了2万多人的盛大游行。[2] 2月下旬，在遵义、安顺等地也开始禁用银圆。

三是取缔黑市，积极开展依法打击破坏人民币信誉和金银黑市投机的违法犯罪活动。1950年2月15日，西南军政委员会制定的《西南区私营银钱业暂行办法》由重庆市军管会公布施行。确定西南财经委员会为西南区私营银钱业主主管机关，各地中国人民银行为各地银钱业检查机关，协助各级政府管理银钱业。办法还对私营银钱业（私人资本经营之银钱、钱庄、银行及信托公司）经营业务范围、申领执照以及存放款利率等作了具体规定。[3] 2月23日，3月12—20日，邓小平主持西南财经会议，提出使西南财经状况好转的具体措施，其中第一条就是"搞好现金归库，统一现金管理，单位不存钱，减少货币流通量"[4]。1950年3月28日，中国人民银行西南分行在重庆召开西南区分行行长会议，确定以下中心工作：组织执行中央财经会议决定的西南区现金收支计划，集中一切可能集中的资金，除按规定解送总行外，有计划地灵活调拨，集中运用，使之服务于西南财经计划的需要。会议还对现金管理、组织存款、开展汇兑、灵活调拨、组织放款、吸收外汇、金融管理、货币工作、联行调拨、组织机

---

[1] 参见《西南军政委员会纪事》（1949年10月1日—1954年11月1日），四川省档案馆编 B017，第16页。
[2] 参见边裕鲲等《把财政经济的命脉尽快掌握在人民手中》，转引自《贵州城市的接管与社会变迁》，第146页。
[3] 参见《西南军政委员会纪事》（1949年10月1日—1954年11月1日），四川省档案馆编 B017，第25页。
[4] 同上书，第30页。

构等进行了讨论。① 公安机关依靠群众,对扰乱金融市场的案件进行严厉查处。仅1950年上半年就收缴非法黄金1219595市两,白银5676930市两,银圆1319900元,美金1000000元。在解放初期的贵州,通过严厉打击金银投机买卖,取缔银圆贩子等坚决措施,贵阳市没收了一部分违反金银管理规定分子的黄金160两,银圆550枚。② 又据当时的《新黔日报》报道:"二十三、二十四日两天内,捕获非法使用与贩卖银圆的李某某等187人,搜出银圆1271元。"③

综上所述,为了稳定西南地区的金融秩序,中共中央西南局在中财委和其他兄弟省区的支持与配合下,通过采取建立属于人民的金融机构、以人民币收兑银圆券、取缔金银投机买卖等措施,取得了"金融之战"的胜利。新的金融秩序的建立,为平抑物价、改善人民群众的生活水平、促进西南地区经济进一步恢复和发展创造了必要的条件。

二 平抑物价

解放初期,西南地区物价飞涨,对人民群众的生活造成巨大影响。对此,西南财经委员会主任邓小平于1949年12月在西南局召开的一次会议上明确指出,眼前最重要的是稳定物价,恢复生产,关心群众的柴米油盐,组织好城市居民的基本生活。邓小平提出了平抑物价的三项具体措施:一是加强市场管理,严厉打击投机倒把;二是迅速从上海等地组织大量的生活必需品到渝,增加供应;三是加强征粮工作的落实,保障粮食供应。重庆市党政领导认真执行这一指示,首先加强市场管理,严格取缔投机,发挥国营商业的主渠道作用,增加供应,平抑物价。同时各有关部门积极采取购回大量生活必需品充实库存、加强开展征粮剿匪工作以及努力恢复交通运输等措施。为平稳物价,西南区粮食公司、花纱布公司根据西南军政委员会指示在重庆抛售大米、棉花等农副产品。④ 通过采取这些措施,重庆物价得以暂时稳定。但是不久投机商又开始搞投机活动,使得物

---

① 参见《西南军政委员会纪事》(1949年10月1日—1954年11月1日),四川省档案馆编 B017,第33页。
② 参见边裕鲲等《把财政经济的命脉尽快掌握在人民手中》,转引自《贵州城市的接管与社会变迁》,第146页。
③ 同上。
④ 参见《西南军政委员会纪事》(1949年10月1日—1954年11月1日),四川省档案馆编 B017,第23页。

价再一次膨胀起来。为了安定人心，尽快平抑物价，中共中央西南局采取了多项措施。

其一，控制粮价飞涨，打击投机商。1950年2月21日，邓小平召开中共中央西南局常委办公会，他在会上提出三条控制粮价的措施：一是各地抛售粮食；二是卖粮只收票子；三是允许地主用人民币交粮。① 1950年3月20日，西南军政委员会发布《关于坚决执行政务院统一国家财经工作决定的指示》。要求全西南区的政府、军队和人民按照政务院提出统一财经工作的9项任务，平衡收支、稳定物价，安定人民生计和发展工农商业。② 3月中旬，为平衡物价，保证市场供应，西南财经委员会决定，1950年由财政粮内拨出大批贸易粮交由各地粮食公司出售，保证全区城镇工人及市民的食粮需求。③

面对重庆的粮价飞涨，邓小平召集重庆市政府和粮食局的负责同志研究对策时说："要稳住，不要乱了阵脚。他们涨我们也涨嘛！让他们涨，到时间让他们吃不完兜着走。这就好比牛已过河了，如拉牛尾巴是回不来的，只有牵牛鼻子，牛才会跟你走。"他宣布两项措施："一、由重庆市政府对太阳沟不法粮商泰洪泽、万金安等，依法进行查处，打击奸商的嚣张气焰；二、政府国营粮店挂牌米价也上调到16元一担，各区街基层干部出动向群众作宣传解释。"④ 粮商见市场粮价每天均在上涨，乘机大量囤积粮食，等待时机，向市场抛售，以获取暴利。面对这种情况，邓小平急令川东、川南行署在很短的时间之内，调运大量粮食进入重庆。市场上粮食价格上涨十多天之后，政府命令全市的粮店统一挂牌销售，糙米每担降价至7元，不限量供应。这样，粮商由于大量收购粮食造成的价格亏空，使其损失惨重，不得不承担巨额损失。富民面粉厂老板鲜伯良慨叹，"这一来，叫我赔了老本。共产党不仅会打仗，而且还会管理经济，这么快把物价稳住，是我们工商界所料不及的"⑤。在重庆市人民政府与粮食商人开展粮食战时，贵州也学习重庆市的经验，千方百计地从外地调运粮

---

① 参见杨胜群、阎建琳《邓小平年谱（1904—1974）》（中），中央文献出版社2009年版，第900页。
② 参见《西南军政委员会纪事》（1949年10月1日—1954年11月1日），四川省档案馆编 B017，第31页。
③ 同上。
④ 同上书，第32页。
⑤ 同上。

食。据不完全统计，1949年11月到1950年7月共调进1219万斤粮食。有了粮食，增设代销店，国家大量抛售，粮价很快下降，稳定了贵州的粮食市场。①

其二，展开"棉纱之战"。在重庆，西南军政委员会财经委员会专门颁布了相关的条例——《重庆市棉纱交易所管理暂行办法》，来打击棉纱投机，稳定物价。

附：
重庆市棉纱交易所管理暂行办法②

第一条　为发展生产、调剂供求、稳定物价，严格取缔投机操纵、囤积居奇等不法商业行为，特设立重庆市棉纱交易所（以下简称"交易所"），受工商局之领导，依照本办法之规定进行交易。

第二条　交易所由工商局派驻所监理员负责核查政府政策法令之贯彻执行，并得因事实需要临时延长缩短交易时间及作其他必要之措施，凡参加交易所之厂商不得违抗。

第三条　交易所由工商局核准之各纱厂及各纱商（经营棉花纱业之商号）共同组织之，由参加组织各厂商民主推选主任一人，在监理员指导下总理所业务，下设总务、文书、财务各一人，酌设办事员及工友，受主任之领导，分担各项事务。

第四条　凡有一定行销牌名之棉纱，其数量在二十斤以上之交易，必须在交易所成交方为合法，违者以投机论处。

第五条　参加交易所单位以从事棉纱生产厂商及棉纱运销商为限。

第六条　前条合格厂商须向工商局申请登记，核准发给交易证后方得凭证进入交易所。

第七条　各厂商交易证须由指定代表人携带进入交易所，以资识别与检查，其指定之代表人，纱厂以两人为限，纱商以一人为限。

---

① 参见何仁仲《回忆贵州解放初期的经济工作》，转引自《贵州城市的接管与社会改造》，第134页。

② 四川省档案馆藏档案，全宗名：西南军政委员会财政经济委员会　全宗号：建大13案卷号：528。

第八条　本市制衣业购买棉纱二十斤以上者、由外地来渝买卖棉纱二十斤以上者，均须事先向监理员核准发给临时交易证方得入场交易，外地来渝买卖者，并须持凭当地区级以上政府或国营贸易公司之证明文件，以凭核发临时交易证。

第九条　本市零星户、制衣业者需用棉纱不足二十斤者，可自由向本市门市纱商购买。

第十条　交易价格由买卖双方公开议定，严禁以摸手及其他暗号进行交易。

第十一条　成交后买卖双方必须在监理员监督下办清货款交割手续，填具三联交易成交单，并按交易总值缴纳手续费千分之一，由买卖双方于成交后即时以现金各交千分之零点五。如因货物交割发生纠纷，应即当凭监理员及交易所主任清理之，监理员有监督清理、协助检查及依照手续范围提供法律证据之义务，但不负赔偿责任。

第十二条　凡在交易所成交之棉纱提单，必须于一周内提货，逾期以囤积论处。

第十三条　凡在交易所进行交易者均须遵守政府之政策法令，一律现款实货当日交割，严禁买空卖空、夺买夺卖、投机取巧、造谣哄价、囤积居奇等不法行为。

　　…………

第十六条　各门市纱商零售棉纱账目项与交易所买进之成交单数量相符，并于每旬将购销情况具报工商局，并附发票存根备查，监理员亦得随时抽查或普查，各门市纱商于买进之棉纱售完时须将成交单呈缴监理员查核注销。

第十七条　各纱厂每旬须向工商局呈报棉纱产量及实销数量。

　　…………

从以上条例可以看出，当时西南军政委员会和重庆市政府为了打击棉纱投机商，控制棉纱物价上涨，采取创办棉纱交易所的方式，规范和管制棉纱交易，从创设交易所的目的，交易所内部机构的构成、与工商局的关系，如何运作交易所，如何使交易所成为打击囤积居奇、投机倒把的机构，提出了许多行之有效的政策、措施，这对于稳定棉纱价格有着十分重要的作用。

在成都，贺龙将一批军用卡车开到重庆，把重庆的大批棉纱暗地里运到成都，然后在市场上按投机商哄抬起来的高价抛出去，棉纱大王们照例都吃进去了。他们想：你们的老底我们清楚，只要几天吃光了，我再抛出去，我爱涨多少就涨多少。他们把一件棉纱的价格从400万—500万元（旧币）哄抬到1700万—1800万元。这时，政府在市场上继续大量抛售，棉纱大王不惜高价吃进，他们的资本都陷进去了。贺龙指示人民银行抽紧银根，使投机商人得不到用于投机棉纱商品买卖的资金。棉纱商人摸不着头脑，终于挺不住了，不得不停止收购棉纱。见到市场行情的变化已有利于人民政府，重庆市政府下令降价销售棉纱，价格从1600万元降到1500万元，再从1500万元降到1400万元，棉纱价格一路下跌。商人不得不以较低的价格销售棉纱。反过来，政府又以较低的价格将商人销售的棉纱收购上来，并继续降低价格销售，价格从1200万元降到1100万元，再降到1000万元，一直降到700多万元，600多万元，为了避免更大的损失，棉纱商人便以500万元左右的低价将囤积的棉纱抛售出去，政府将商人抛售的棉纱全部收买。受到银行利息和市场价格之战的损失，棉纱商人一个个宣布破产，政府将棉纱商人掌握的棉纱全部收购过来，按正常的市场秩序销售，从而取得棉纱之战的胜利。①

其三是贵州的"盐巴之战"。解放初期，盐巴问题对于云南、贵州、四川来说，是一个突出的经济问题，也是一个政治问题。尤其是在云南和贵州。历史上，贵州、云南不产盐，要通过汽车、木船、人背马驮，从四川等外省运来，官僚资本和封建势力从中层层剥削，广大人民长期饱受淡食之苦。1949年11月23日，贵阳军管委员会代表接管了贵州省盐务管理局。当时，只接管食盐34595担，在私商手中的存盐却有31200担。到1950年2月，全省从外省调进食盐中，私商又占58%。而在食盐供应紧张时，私商售盐比重只占销盐量的17.8%。在贵阳市，3月份盐价波动幅度较大时，私商售盐由1月份的71%，突然降到11%。他们把食盐大批囤积起来，进行黑市交易，牟取暴利，盐价上涨两倍半。② 为了平抑盐价，打击投机，保障人民生活需要，采取紧急措施，派出武装护送运盐。组织了100辆木炭车（汽车因缺油而改烧木炭）的运盐车队，部队派了

---

① 参见艾新全《邓小平刘伯承贺龙"三龙际会大西南"》，《中国共产党新闻网》2012年12月6日。
② 参见何仁仲等《回忆贵州解放初期的经济工作》，载中共贵州省委党史研究室《贵州城市的接管与社会改造》，2000年9月，第135页。

一位副团长带领三个连的兵力随车到重庆运盐。1月11日运回第一批食盐，至1950年6月共运回食盐5590吨，低于市价大量抛售，打击投机商，稳定了盐价。同时，贵州省委明确由省财委直接掌握盐价，价格规定很严格，任何单位和个人都不得擅自调整盐价。并陆续成立了盐务支局、盐仓等机构，建立了食盐销售店，又组织城市里有劳动能力的居民挑担上山下乡售盐。有步骤地对盐商、商贩进行了整顿改造，开始时，对盐商售盐采取按盐务局批准的数量销售的办法，逐步地停止他们进盐，其存盐限期售完，或由盐务局收购回一部分，实行食盐专卖制。①

当然，平稳物价并不是压低物价。邓小平强调，平稳物价并不是压低物价，既不能使物价过高，也不能使物价过低。调整经济主要表现在价格方面，包括税收标准、负担政策。针对重庆一些企业产品质次价高还要政府保护的要求，邓小平说，上海一件棉纱卖500万元，这里要900万元，谁来买？不能把关税壁垒搬到三峡来，再来个封建割据。

其四，加强市场管理，严惩投机商和造谣分子，取缔非法商业行为。为了打击非法商业行为，西南局管辖的云南、贵州、西康、重庆、川东、川西、川南、川北都颁布了相关的条例。西南政府发挥人民群众在市场管理中的监督作用，对那些投机商，只要经检举查实属实，必然给以严惩。1950年7月31日，邓小平在西南军政委员会财政经济委员会会议上明确指出：稳定物价的方针，……二是发动群众打击投机，保护正当工商业；三是组织城乡内外交流。② 比如，重庆市人民政府取缔非法商业行为暂行办法，就对此作了相关的规定。

附：
重庆市人民政府取缔非法商业行为暂行办法③

第一条　为保护一切合法经营的工商业，巩固正常交易秩序，稳

---

① 参见何仁仲等《回忆贵州解放初期的经济工作》，载中共贵州省委党史研究室《贵州城市的接管与社会改造》，2000年9月，第149页。

② 参见杨胜群、阎建琳《邓小平年谱》（1904—1974）中，中央文献出版社2009年版，第933页。

③ 四川省档案馆藏档案，全宗名：西南军政委员会财经委员会，全宗号：建大13　案卷号：639，档案号：003211。

定物价，促进生产，严格取缔扰乱市场的投机活动，特依据中央人民政府贸易部"关于取缔投机商业，加强市场管理的指示"精神制定本法。

第二条 凡以牟取暴利或企图逃避管理具有下（原文为"左"）列行为之一者为投机和非法商业行为：

1. 超出政府批准之业务经营范围而从事其他物资之经营者。

2. 凡本市工商局规定应在指定之交易市场内交易之货物，而私自在场外进行交易或化整为零逃避管理者。

3. 囤积物资居奇拒售或拒售有关人民生产及生活必需物资，图取暴利招致物价波动，影响人民生产及生活者，工厂为图厚利而囤积成品居奇拒或囤积原料转售者。

4. 买空卖空、套买套卖、投机倒把、企图暴利者。

5. 为故意抬高物价进行转卖或出售物资，以及散布谣言刺激人心致引起物价波动者。

6. 买卖违禁物品或未经许可而经营国家管制之物资者。

7. 使用假冒、伪造等违反商品规格，及使用其他一切欺骗行为牟取暴利者。

8. 使用不合格标准的度量衡器，或暗行加磅加秤、压磅压秤、大进小出欺蒙买主或卖主者。

9. 以暗码黑话交易方式从事吃售、瞒价或不按政府规定抽取佣金者。

10. 不向政府申报登记或申报未经批准，即擅自开业、复业、停业、歇业，或变更登记事项及买卖、顶议、抵押、土改政府发给之各种关于工商营业证明文件，以及分散、虚报，或未经批准抽走资金者。

11. 不遵守政府所规定的工商行政管理办法及其他从事投机活动者。

第三条 前条所列之非法商业行为经查明属实者，由本市工商局依据情节轻重分别按下列办法处理，必要时并得临时冻结其物资或货款。

1. 公开悔过。2. 一日以上三月以下之停业或永久停业。3. 科以罚金。4. 没收或处理其商品、资金之一部或全部。5. 送司法机关审理。

　　第四条　凡有第二条所列之非法行为者,任何人均可告发检举,但须具备真实姓名、住址及正确的资料,其不愿公开姓名者,受理机关当负责保密,因告发而查获物资者,由罚金或没收商品内酌提30%以下的奖金。

　　第五条　本办法如有未尽事宜得临时修改之。

　　第六条　本办法自公布之日起施行。

　　以上条例对非法商业的种类、处罚等都进行了详细的规定,对于打击投机、稳定物价起了很大的作用。

　　其五,发展国营贸易。政府发挥国营商业机构在平抑物价中的主导作用,一方面大量抛售低价物资,另一方面又保证市场的有效供给,以及源源不断的货源,使市场的管理建立在坚实的物质基础之上。1950年7月31日,邓小平在西南军政委员会财政经济委员会会议上明确指出,稳定物价的方针,首先就是加强税收、紧缩通货、减少开支、增设国营贸易机构。① 比如,在解放初期的川北区,就大力发展国营贸易,掌握粮食、食盐、油、布、棉纱、煤等有关民众生计的主要物资,打击投机、稳定物价。贸易公司建立后,抓住南充、遂宁、广元、达县几个主要市场,想尽一切办法限期急调粮食抛售,制止物价上涨。粮食公司还普设乡场售粮站72个,以方便群众,疏散顾客,减少运输,平衡城乡粮价的比差。1950年4—11月,随着全国财经的统一,国营贸易公司积极扩展商业网点,全力开展生活物资和生产资料的收购与销售工作,使物价逐渐趋于稳定。土改结束后,各级国营公司积极扩大业务,召开各级物资交流大会,开展加工订货,打开土产销路,活跃市场,形成淡季不淡,旺季不旺,物价基本稳定。② 1950年3月以后,隶属西南军政委员会财经委员会的西南贸易部,先后在重庆成立了西南粮食公司、百货公司、花纱布公司、工业器材公司、石油公司和煤建公司等大区国营商业批发机构,负责领导和组织西南区和重庆市主要商品的购销工作。当时,西南区国营贸易机构在各大中

---

　　① 杨胜群、阎建琳:《邓小平年谱》(1904—1974)中,中央文献出版社2009年版,第933页。

　　② 参见中共南充市委党史研究室《中国共产党川北区历史(1949—1952)》,中共党史出版社2007年版,第80—81页。

城市建立了7个省级公司，35个分公司，59个县公司。① 比如，1950年4月5日，中国百货公司西南区分公司在重庆成立。② 重庆市也先后成立了零售粮食、百货、五金、交电、化工、医药等10家市级国营商业机构。在4月至10月期间，市零售公司又在郊区和市区开设了30家零售商店。国营贸易公司有计划地吞吐物资，占领批发阵地，人民基本生活必需品粮食、油、煤等由国营零售公司组织销售，加强了政府对市场的干预能力，防止了不法商人从中渔利和高价盘剥，使物价基本保持在一个相对固定的水平。③

总之，经过西南局、西南军政委员会，以及党委、政府的努力，在广大民众的支持下，西南地区的通货膨胀得到了有效的遏制。以重庆市1950年为例，按四十二种物价总指数统计：以一九四九年十二月为基期，到一九五〇年十二月则平均上涨一点七一倍；以一九五〇年一月为基期到十二月份平均上涨零点九四倍；以财经统一后五月为基期到十二月则平均上涨零点一七七倍。④ 从以上情况来看，1950年5月以后物价基本上没有上涨。这使人民摆脱了过去十数年来因通货膨胀、物价波动所遭受的苦难，物价基本稳定，也促进了生产的加速恢复与发展和工商业的好转。

---

① 参见《西南军政委员会纪事》，第34页。
② 同上书，第35页。
③ 参见《重庆发展六十年》第十章"西南大区时期的重庆"，第133—134页。
④ 参见曹荻秋《重庆市一年来的政府工作与一九五一年的工作任务》，《重庆政报》第二卷第一期，第70页，重庆市人民政府研究室编1951年3月1日，重庆图书馆藏资料。

第三章

西南局应对经济困难的具体措施

解放之初，西南地区留下的是一个千疮百孔、百废待兴的烂摊子。正如刘伯承1950年1月23日指出的，"重庆局面如此破碎，而又刚才由人民夺回到自己手中来。这就是我们现在要建设的重庆"①。邓小平对当时西南局面临的困难局面也有比较全面的估计，"支援西藏进军，任务繁重，开支浩大，今后每年的贴补也不会小。200万人要吃饭，庞大工业机构需要维持，若干紧迫的建设事业必须兴办，入不敷出，赤字浩大，人民负担很重，又必须逐步地减轻。90万国民党军队需要认真改造和处理，并须在半年内做出成绩来。农村土匪、特务活动正在普遍发展，农民尚待组织与发动，春耕已届，原有生产水平必须保持"②。面对严重的困难局面，刘伯承、邓小平、贺龙等领导人认真听取党外民主人士所提出的恢复和发展生产的各项建议，并根据西南实际情况次第发布一系列指示、布告、命令和办法，包括稳定城乡社会秩序、恢复调整工商业、农业政策和措施、商业流通、基础设施建设等。

第一节 稳定社会秩序

解放之初，原国民政府腐败庞大的各种组织机构之人员，以及蒋军残匪、散兵游勇，密集于西南各地，如果安置不好这部分人员，必将造成社

---

① 刘伯承：《为建设人民的生产的重庆而斗争》（1950年1月23日），载中共重庆市委党史研究室、重庆市档案馆编《重庆解放：1949.11.30》，中国档案出版社2009年版，第217页。

② 《邓小平在中共中央西南局委员会第一次会议上的报告提纲》（1950年2月6日），载中共重庆市委党史研究室、重庆市档案馆编《重庆解放：1949.11.30》，中国档案出版社2009年版，第412页。

会秩序的混乱，进而对于经济恢复各项措施的实施造成很大的负面影响。因此，稳定社会秩序与应对经济困难实为一个问题的两个方面，二者相得益彰，互相促进。一定程度上，前者是后者的重要一部分。面对复杂困难的局面，西南局领导各地政府通过采取安置旧军政人员、收容散兵游勇、收容改造社会游民、救济失业工人等一系列措施，仅仅一年多的时间，即改变了解放之初西南地区社会秩序的严重混乱局面，使社会治安秩序趋于稳定，人民的生活得以安定。[①]

一　安置旧军政人员

安置旧职员、收容散兵游勇是经济恢复措施的基础性工作，同时，也是一项极为繁重的政治任务。西南地区各地军管会和各级人民政府十分重视旧军政人员安置问题。刘伯承、张霖之以及重庆市军管会通过一系列指示、通令明确要求在恢复生产中应该对机关、学校及公私企业中大批的旧有人员采取团结、改造、录用的方针。

刘伯承指出，"因为他们在政治上、思想上有轻视人民大众尤其是轻视劳动者与若干不切实际的缺陷，必须训练，给予改造。他们有一定的技能与知识，只要他们愿意为人民大众服务，就可以录用"[②]。

张霖之[③]指出，根据各地经验及中央所指示的"三个人的饭五个人吃"的精神，对旧人员不能采取急躁、迅速处理的办法。除对少数战犯、特务及劣迹昭著的分子依法处理外，其余旧人员不能一脚踢开，否则就会增加社会的乱源（流为盗匪）与这些人的极大不满。另一方面，为使我们接管部门不为旧人员的处理所拖住，可组织专门处理机关，一般的以学校名义为好。旧人员受训，只解决他人生活是不行的，必须适当地解决其家属的生活问题（办法另订），以便使其安心学习，学习后再行处理。这样我们就主动了。对散兵游勇，也应该采取同样的方针办法处理之。[④]

[①] 参见杨世宁《西南军政委员会与建国初期西南区的政权接管》，四川大学博士论文，完成日期：2005 年 9 月 30 日，第 83—85 页。

[②] 参见刘伯承《为建设人民的生产的重庆而斗争》（1950 年 1 月 23 日），载中共重庆市委党史研究室、重庆市档案馆编《重庆解放：1949.11.30》，中国档案出版社 2009 年版，第 338 页。

[③] 张霖之时为中国人民解放军重庆市军事管制委员会副主任，中共重庆市委员会第二书记。

[④] 参见张霖之《一九四九年十一月三日关于接管城市的报告》，载中共重庆市委党史研究室、重庆市档案馆编《重庆解放：1949.11.30》，中国档案出版社 2009 年版，第 217 页。

1950年1月12日，重庆市军管会又发布《关于处理旧人员的通令》，指出，"目前对于旧人员应即进行处理。处理之原则，特再重申规定如下：（一）自愿返籍且有生活办法与移交手续已办清楚，而又自备路费者，由各接管委员会批准，即可发返籍证，让他返籍。（二）自愿返籍且有生活办法与已办清移交手续，但缺乏路费者，可酌给返籍补助费。（三）有较强工作能力，且为我当前编制内所需要者，即可留用。（四）有相当工作能力，但非我编制内所能安置者，可作为额外人员留本单位工作中进行学习。（五）工作能力低或老弱，并无法返籍，或返籍后亦不能自谋生活者，可报送集中受训后处理。（六）特务分子或有重大破坏者，革退"[1]。

根据上述精神和指示，各地军管会和各级人民政府在开始接管时，对原政府机关、学校按照"各按系统、自上而下、原封不动、先接后分"的方针进行接收，对被接收单位的员工，初期一般不作变动，采取"三个人的饭五个人吃"的政策全部包下来，待对这些人员作了初步了解与教育后，结合工作需要分别安置与处理。安置处理的基本原则是：大部分有工作能力、思想作风正派的，由各机关留用；有改造前途的，送革大予以较长时间学习机会；少数自愿转业并有转业条件的帮助转业；无业务能力和技术，无改造前途或年老体弱不能工作而本人可以自谋生活，自愿还乡的，均予以资遣，对无家可归的，则予以教养并组织生产逐渐帮助其转业。[2]

在对旧人员集中收容改造的同时，新政权对旧军队也采取集中整理和改造的政策措施。对于"旧人员"、"旧军队"两个概念，有必要指出的是，"旧人员"主要指旧政权机关、学校方面的人员；而"旧军队"主要是指成建制的起义、投诚和俘虏的国民党军队和地方游杂部队。

自解放军进入西南、集中军队主力与国民党军决战之时起到1950年初，刘邓首长及军管会即发出若干做好起义、投诚和俘虏的90万国民党军队和地方游杂部队的工作的指示，其主要精神在于"防止可能发生的急性病和不负责任、怕麻烦及草率处理的现象（如十六军某师）"。并在1

---

[1] 《重庆市军管会关于处理旧人员的通令》（1950年1月12日），载中共重庆市委党史研究室、重庆市档案馆编《重庆解放：1949.11.30》，中国档案出版社2009年版，第217页。

[2] 参见西南军政委员会民政部《一九五零年工作总结报告》，载《西南区一九五零年工作总结报告》，四川省档案馆存档，全宗号：建大5，案卷号：1129。

月10日发出了综合性的指示。以后又由军区作了处理俘虏军官等问题的具体指示。1950年2月6日,邓小平指出,我们一直贯彻的方针,是遵照毛主席"包下来"的原则,提出"宜集不宜散,宜养不宜赶,集中整理,认真改造,分别对象,逐步处理,使之各得其所,不使散之四方,且不为蒋匪利用,扰乱社会"的方针。"我们强调这90万人的工作,关系于今后西南的全部斗争,其本身就是一个复杂尖锐的斗争,必须有策略、有步骤、有方法才能做好,也必须做好"①。

按照中共中央与西南局的指示,西南各地原设有蒋军残废教养院多处,处理蒋军残废、散兵游勇,留养的残兵总数共有43139人。除有生产能力与有家可归的经动员教育后,尽可能帮助其安家就业与资遣回家外,其余重残废及无家可归者共6000'余人,仍暂时留养并组织生产以便逐渐帮助就业。大批蒋俘是由部队负责处理,零星的俘虏、散兵一般是经部队收容后,交由地方政府安置、资遣。乡保武装、自新土匪,绝大部分是本地人而且有家,进行了解与初步教育后,就地遣送回家,交由地方政府管教安置,其余少数外省籍的则遣送回家。②

对于解放初期散布于西南各地的旧有的军政人员,政府采取收容、资遣和录用的不同处理办法。例如,1949年12月12日,重庆市警备司令部颁布《蒋军溃散官兵登记办法》,限当日起到全市的12个登记处办理登记手续。到20日,即收容蒋军官兵6500余名,内有将军11名,校官340名,尉官1800余名。随着收容、登记人员的增多,1950年2月13日、3月31日,"重庆市资遣办事处"、"重庆市散兵游勇资遣委员会"相继成立,专门负责资遣与转送本地及外地收容的蒋军官兵、旧政权职员和一般难民。到同年10月,共遣转蒋军官兵22751人,旧政府人员296人,难民2164人,散兵游勇9206人。对于那些有一技之长,又未与人民为敌,且愿意在新政府内的旧政府职员,则在审查教育合格后留用,使之继续为人民服务。通过遣送旧人员,不仅减少了威胁社会治安的因素,便于建立城市新秩序,并被遣送者顺利还籍,从事生产,扩大了政府的政治

---

① 《邓小平在中共中央西南局委员会第一次会议上的报告提纲》(1950年2月6日),载中共重庆市委党史研究室、重庆市档案馆编《重庆解放:1949.11.30》,中国档案出版社2009年版,第412页。

② 参见西南民政部《西南区资遣工作总结》,《新华日报》1951年2月11日。

影响，增加了社会的生产力量。①

各地在对旧职员、旧军队和散兵游勇的处理过程中，问题较多的是在资遣这一环节。在开始资遣时，各地一般均未建立统一的资遣组织，又有一部分工作干部对资遣工作的重要性认识不足，加以缺乏经验，因而有的地区表现草率从事，以致发生一些混乱现象，如事前未集中管理教育，了解不够以及发放旅费无一定标准，途中无人护送，还乡人员有的领了路费不走，有的因路费不够或中途被匪抢劫而无法返籍，有的投机取巧，沿途要求补发路费，影响地方秩序。

例如，成都市军管会遣送旧人员两批共900余人，仅由该会人事处出一简单介绍信，只带3天旅费，到重庆后，推给重庆市处理。川南乐山专署资遣蒋军残废2000多人往西北，行前既未与西北联系，遣送时未派人护送，又未发足路费，因而到达川北广元后即无旅费，要求当地政府补助。这些情形，使沿途地方政府极为困难，而被遣送人员因不能顺利还乡，产生了不满的情绪。②

针对资遣工作中出现的这些问题，西南局先后发出三道指示，对各地、各部门处理旧职员和散兵游勇工作加以规范。1950年2月25日，西南局发出指示，要求各省、署、市并请二野司令部转行所属各兵团、各军管会、各警备司令部妥善处理本会所辖地区之溃散蒋军官兵。（1）应本着收容、改造、予以生活出路的方针办理，各地应即时停止无计划、无组织的遣送。（2）各经办此事的兵团、机关、地方政府，首先应在辖区内将蒋军溃散官兵，收容集中养起来，予以适当政治教育；一面进行查考、甄别，了解各种情况，区别下列两项：甲、能在教育改造后给予工作或就地参加生产者；乙、须遣送回原籍者。在收容集中过程中，其确实有家属负担者，应酌量予以照顾。（3）前项甲类，由各经办之兵团、机关，拟定教育办法、期限以及处理意见，连同人数、官兵分别、家属情况与应需经费等具体办法，尽速报告本会。（4）前项乙类，由各经办之兵团、机关统计其人数，遣至地点，经过路线和应需经费等，拟具有组织、有计划的分批遣送之具体办法，尽速报告本会。三、四两项，各兵团、各军管

---

① 参见重庆市人民政府办公厅编《重庆发展六十年（1949—2009）》，重庆出版社2009年版，第128页。

② 参见西南民政部《西南区资遣工作总结》，《新华日报》1951年2月11日。

会、各警备司令部，直接向西南军区报告，由军区汇转本会。（5）本会俟上述三、四两项报告收齐时，协同有关方面研究，订定一个统一处理的方案，报告经中央批准后实行。（6）现各地所需经费，以及将来资遣所需经费，均可按供给待遇，编造预算，径向本会财政部请领及报销。①

同日，西南局还对直属各部门旧人员的处理作了专门指示，要求文教、司法、公安、民政、卫生各部，新闻出版局，民族事务委员会及办公厅，对于旧人员应本负责精神与分别安置的方针，予以适当处理，给以工作或生活之出路。除少数确因年老或其他原因自愿回家者外，其余即集中起来进行短期训练（暂定 3 个月），然后分派各部门、各地区、各级政府机关工作，或安插到文教机关里去。关于训练办法，《指示》提出：一、由原接管部门经过初步审查，介绍到军大或适当训练旧人员的机关训练（具体由各部门直接和军大洽商）；二、由部门自行集中训练。在训练期间，本人生活由公家供给。如有家庭经济负担确实困难者，可酌予补助（按华东对于家属的办法是一百人中约有二十人的家属需要补助，每人每月补助米十五斤至三十斤可参考）。少数确因年老，或因其他原因自愿回家者，以及少数不合工作学习条件，确愿回家者，即由原接管部门负责酌量遣送或资助返籍，发给返籍证。有舟车可乘而本人经济确实困难者，可酌量帮助其解决困难，无舟车可乘或不须乘舟者，视途程远近，分等给予必要补助。各项经费开支及遣送路费，由各训练及处理机关编造预算，经财委审核后向财政部请领及报销。为确保有计划、有组织地开展资遣工作，指示最后特别强调，"员工资遣回籍之具体办法，由各部门拟订报由本会核定"②。

经过这些指示后，各地对资遣工作逐渐重视，工作程序日渐完善，工作更加细致。各单位在确定资遣人员后大都依照指示先进行集中教育，时间一般是一个月左右，个别地区酌情延长到三个月以上。在教育期间，对被遣人员及眷属的具体情况进行了详细的了解并登记上报，为遣送做了充分准备。③

---

① 参见《关于处理溃散蒋军官兵的指示》（1950 年 2 月 25 日），载《本会在未正式成立前颁发的各项办法、指示、通告、决定及布告》，四川省档案馆存档，全宗号：建大 1，案卷号：22。
② 《关于本会各部门（财经系统除外）旧人员处理的指示》，载《本会在未正式成立前颁发的各项办法、指示、通告、决定及布告》，四川省档案馆存档，全宗号：建大 1，案卷号：22。
③ 参见西南民政局《西南区资遣工作总结》，《新华日报》1951 年 2 月 11 日。

1950年4月13日，西南军政委员会综合各地汇报的实际情况，进一步具体指示各省（市）、行署建立统一的资遣机构，沿途设转运站，对被遣人员集中教育后，再按情况与地区分批派出干部，带够旅费，负责送他们到原籍省区，使其能顺利到家，并在每批还乡人员启程前，先与邻区联系。指示中还规定了统一的旅费标准，每人每日4900元，2至6岁小孩减半。① 此后，各地的资遣工作逐渐走上正轨，对资遣人员的教育、管理，尤其是护送，比前一阶段有很大的改进。3月份以前，各地一般都是零星资遣，3月份后，基本上改为整批的有组织、有步骤的遣送。

在整批资遣过程中，一般都于启程前进行了详细规划。例如，重庆市军管会在接收原国民政府留重庆的一部分机构后，对需要遣送回原籍的人员按交通线路进行仔细的分类，订出具体的方案，尽量利用舟车，力图使被遣人员顺利、安全地返乡。又如重庆市公安局经济保卫处在拟订处理财经、交通、企业、机关、厂矿旧警卫人员的办法时，对被遣人员路费、膳食费用等经费都按照出差标准统一编造预算，为使被遣人员返乡后安心生产，不致流离失所还给予3个月的安家费以资补助。

在对各地的资遣工作进行统一要求的同时，为确保被资遣人员能够顺利返回原籍，西南军政委员会民政部还加大对各地资遣工作的检查力度，对个别地区不负责任的行为，予以随时纠正，并饬其主管机关严格检查，还对秩序不安定的地区如中南区之两广及本区各省边境曾暂时缓遣。在10月间，全区除了滇、黔两省外，基本上完成资遣任务。到年底，全区资遣旧人员的工作大致完毕。

据有关材料统计，西南全区共资遣379248人，包括：（1）旧人员及眷属共31530人，计西南军政委员会所属各单位直接资遣6856人，重庆市4769人，川东7691人，川南5000人，云南1716人，贵州4000人，西康1498人。（2）蒋军残废及眷属、零星俘虏、散兵共213554人，计重庆市31957人，川东145575人，川南33597人，云南2425人，贵州、西康两省未列报，不详。（3）流亡难民共4224人，重庆市3152人，川东1072人。（4）乡保武装：川东10783人。（5）自新土匪：川南42948人。（6）未分类别统计者：川东涪陵专区41061人，川西

---

① 参见西南军政委员会民政部《西南区1950年工作总结报告》，四川省档案馆存档，全宗号：建大5，案卷号：1129。

20249人，川北14899人。此外，尚有部分家属未及统计，特别是由各县零星资遣的，缺乏详细统计，因此，西南区实际资遣人数，估计在45万左右。①

西南解放后，反动力量除匪特组织外，还有反动会道门组织。据《重庆发展六十年（1949—2009）》，仅散布于重庆的国民党就有6320名（其中有干事150名），三青团3949名（内分队长以上者288名），青年党12名，民社党36名和其他反动党派分子436名；此外，还有庞大的封建迷信的反动会道门组织；一贯道分子有3181名，青帮分子有3353名，红帮分子957名，袍哥8888名，人伦道49名，其他会道门963名，总计多达17391名。

面对如此复杂的局面，重庆市在坚决镇压那些罪大恶极、不思悔改的反革命的同时，也针对不同情况，采取不同的打击措施。从1949年12月12日起，到1951年止，重庆市警备司令部、重庆市军事管制委员会、重庆市公安局先后颁布了《关于蒋匪军溃散官兵的登记办法》《关于着令解散非法党团组织的布告》《关于着令蒋匪宪兵登记的布告》《关于颁发"重庆市社会团体暂行登记办法"的布告》《关于处理旧人员的通令》《关于颁布"重庆市国民党特务人员申请悔过登记实施办法"的布告》等，明确规定：（1）所有令属范围内（主要是国民党党团分子中区分部委员以上，三青团正副区队长、指导员以上，青年党组长以上，民社党支部委员以上，反动会道门中坛主大法师、点传师、护主、领袖、前人等）应该登记的人员，均应在规定时间内前往指定地点登记，登记后愿为人民服务者，政府经审查教育后量才录用，愿安分为民者，可以遣送回籍；（2）应该登记而未按时登记或知情不报者，均予严厉处分；（3）凡着令解散的国民党党团组织和特务机关，均系非法反动组织，应自令发之日起一律解散，并立即停止其活动，改过自新，立功赎罪。人民政府将本着"首恶者必办，胁从者不问，立功者受奖"的既定政策，分别轻重从宽处理，倘再有执迷不悟、怙恶不悛者，一经查明，严惩不贷。党的这些政策，得到广大人民的支持，也得到部分令属登记人员的响应，从1951年

---

① 参见西南军政委员会民政部《一九五零年工作总结报告》，载《西南区一九五零年工作总结报告》，第4页，四川省档案馆存档，全宗号：建大5，案卷号：1129。杨世宁：《西南军政委员会与建国初期西南区的政权接管》，四川大学博士论文，完成日期：2005年9月30日，第71—72页。

3月19日颁布命令开始登记起,至26日的一个星期中,就有1915名国民党类、453名三青团类、178名反动会道门坛主以上的人员到市公安局进行登记;申明退出反动会道门的则多达18216名。到1951年4月,市区内参加反动党团登记的有11660人,宣布退出反动会道门组织的有37800人。与此同时,政府对那些继续作恶、顽固不化者也进行严厉的打击,到1951年4月,计逮捕反动党团首要分子432名,反动军官709名,地主恶霸413名,土匪138名,反动会首546名。①

二　收容改造社会游民

有研究者认为,所谓游民,是指没有职业和土地,连续依靠不正当方法,主要是靠偷窃、抢劫、欺骗、乞食、赌博、卖淫等,作为生活来源者。②根据1950年6月26日《重庆市四个月警备工作总结》③、1953年《西南区三年来城市救济工作报告》④等档案资料,本书所谓"社会游民"包括妓女、舞女、人力车夫、小偷、乞丐、散兵游勇、失业人员、特务、流氓、沿江棚户、疯子、烟民、无固定住所的"野力"、赌民、孤儿、孤老及其他贫民等。由于其成分复杂,很难将各类"社会游民"区分开来。事实上,新中国成立初期,人民政府将这批人"均无分析地收容起来"。

解放初期,对于大批集中在城市中间的乞丐、小偷、扒手、流浪儿童、妓女、窃盗等社会游民群体,摆在新政府面前的,不仅是亟待救济安置的问题,而且是医治战争创伤、稳定社会秩序、恢复和平建设等一系列

---

① 参见重庆市人民政府办公厅等编《重庆发展六十年(1949—2009)》,重庆出版社2009年版,第128页。

② 本书对游民的定义,依据1950年8月4日中央人民政府政务院第44次政务会议通过的《关于划分农村阶级成分的决定》第二部分《关于土地改革中一些问题的决定》第九条"游民"及其说明。根据这个定义,乞丐只是游民的一种,包括在游民的范围内,但当时的文献资料一般都将游民乞丐并称,为行文方便,本书权且套用。参见杨世宁《西南军政委员会与建国初期西南区的政权接管》,四川大学博士论文,完成日期:2005年9月30日。

③ 参见《重庆市四个月警备工作总结》(1950年6月26日),载中共重庆市委党史研究室、重庆市档案馆编《重庆解放:1949.11.30》,中国档案出版社2009年版,第353页。

④ 西南军政委员会民政部:《西南区三年来城市救济工作报告》(1953),四川省档案馆存档,全宗号:建大9,案卷号:703。

工作中必须解决的重大社会问题。① 在1950年6月26日《重庆市四个月警备工作总结》中有明确叙述，"渝市人口集中，社会情况复杂，有暗娼、舞女共千人以上，有人力车夫5000余，还有为数不少的小偷、乞丐、散兵游勇、失业人员，再加上特务、流氓，或冒充我军名义敲诈勒索，或造谣滋扰。初期，有自称'民治军'到处接受（收）、出布告等，给社会治安影响很大。此外，本市的棚户计有110124人，沿江棚户住处多不固定，职业也很复杂，极难管理"②。其中，散兵游勇数目最多，也最横蛮，公开强要，到处抢夺；游民乞丐开始是乞讨，以后集群强要，阻塞市面，妨碍交通，甚至蓄意阻碍商店营业；匪特小偷，这是暗藏的，先没有适当的镇压，曾一度嚣张。特别是小偷捉到后，不加处分，即行释放，于是他们便大胆偷窃。③

城市中大量游民的存在，严重地影响社会秩序，再加上各地对收容改造政策及收容对象、范围不明确，民政、公安部门一般单纯从治安观点出发，采取全面、突击、成批、强制性的办法进行收容④，从而将街道中一切游乞、妓女、小偷、扒手、疯子、烟民、无固定住所的"野力"以及贫民等，均无分析地收容起来，因此各地收容人数都较庞大。据不完全统计，截至1952年年底，全区共收容处理75000人，其中重庆、成都、贵阳、昆明四市从1950年上半年开始收容以来，先后共收容57229人，包括重庆23340人，成都12923人，贵阳8644人，昆明12322人。⑤

集中收容行动使市容、治安大为好转，但是大包大揽的做法也带来一些消极影响。首先，对于收进来的，难于管理，发生了大量逃亡现象。仅重庆、成都、昆明、贵阳四市逃跑者共9979人次（其中有些人是一个人

---

① 参见西南军政委员会民政部《西南区三年来城市救济工作报告》（1953），四川省档案馆存档，全宗号：建大9，案卷号：703。
② 参见《重庆市四个月警备工作总结》（1950年6月26日），载中共重庆市委党史研究室、重庆市档案馆编《重庆解放：1949.11.30》，中国档案出版社2009年版，第353页。
③ 同上。
④ 1952年以后，游乞已基本肃清，在收容方式上一般已转入零星收容。参见西南军政委员会民政部《西南区中小城市生产教养机构工作及贫民救济工作情况报告》（1954），四川省档案馆存档，全宗号：建大9，案卷号：831。
⑤ 参见西南军政委员会民政部《西南区三年来城市救济工作报告》（1953），四川省档案馆存档，全宗号：建大9，案卷号：703。

逃跑多次的），死亡共 4888 人（昆明 2477 人，重庆 1241 人，成都 797 人，贵阳 373 人）；其次，应收容改造的职业乞丐、妓女，怀疑收容政策，躲避收容；再次，农村中一些贫苦农民以为收容可以养老，掌握了收容规律，流入城市等待收容；最后，一些区县乘机丢包袱，将当地难以安置的游民及生活困难户往外推。①

这些消极影响反过来又阻碍收容工作的顺利进行，使之陷入忙乱和被动，浪费了大量人力、物力。这种现象在西南局所在地重庆市初期的收容处理社会游民工作中尤为突出。

解放初期，重庆市有乞丐 1800 多人，其他无业游民则更多，他们常常聚集在市区街头，强夺硬讨、大耍无赖，极大地影响了正常的社会生活。② 1950 年 3 月，重庆市民政局即会同市警备司令部、市公安局等相关部门联合成立处理游民乞丐委员会，制定了《重庆市游民乞丐收容处理办法》。针对游民分布面广、数量大、成分复杂的特点，决定分区设点，设站收容，进行集中管理。为此，在觉林寺、歌乐山专设了两个游民乞丐收容所，配备了一定的管理干部和医疗人员，在准备就绪之后，广施布告，号召游民乞丐自动前来收容站登记，若逾期不来，就按事先调查了解的情形，采取捕捉强迫入所的办法。3 月底，重庆市开始实施第一期集中收容行动（一直持续到 5 月底），原计划只准备收容 3000 人，又没有研究规定一定的收容对象，一开始收容，便超过了预计数。干部人手少，经验差，对入所游乞不能及时作适当的处理。有的来了半天还吃不上饭，有的睡在露天里，引起游乞不满，逃亡较多。据有关统计，在第一期收容行动中，最后实际收容人数 5384 人，其中逃跑 2276 人，死亡 189 人。③

收容的游民乞丐几乎人人有病，以梅毒、肠胃病、皮肤病居多，有烟毒瘾的占 60% 以上，其中有职业乞丐，也有因染上嗜好而失业流落为乞丐的公务员、教授、大中学生、技术专业人才、城市贫民和农民等。初入

---

① 参见西南军政委员会民政部《西南区三年来城市救济工作报告》（1953），四川省档案馆存档，全宗号：建大 9，案卷号：703。
② 参见重庆市人民政府办公厅等编《重庆发展六十年（1949—2009）》，重庆出版社 2009 年版，第 128—129 页。
③ 参见重庆市人民政府民政局《重庆市游民乞丐收容处理情况表》（1950 年 3 月—1951 年 7 月），《西南各省（区）市收容社会游离分子及教养院、收容所情况报告》（1951 年 8 月至 1952 年 2 月），四川省档案馆存档，全宗号：建大 9，案卷号：347。

收容所时，这批人思想极为复杂，存在严重的恐惧思想，对政府不信赖，抱着混饭吃的苟安心理。收容人员耐心地向他们解释政府的政策法令与收容方针，给他们理发、洗澡，帮助他们治病和戒除不良的嗜好恶习，进而组织他们学习、劳动，根据他们的切身利益揭发其痛苦的根源和旧社会的罪恶，启发他们对反动统治阶级的憎恨，逐步提高其思想觉悟和劳动观念。①

西南局与重庆市政府各部门耐心细致地艰苦努力，克服了困难，改进了工作。1950 年在收容散兵游勇、游民乞丐等人员方面取得了显著的成绩。据 1950 年 6 月重庆市四个月警备工作总结，1950 年上半年全市"收容市郊区的散兵游勇 8000 余人，经过四个月的教育，除留 300 余残废、无家可归、重病者外，全部遣送回籍生产"。"协同民政局收容游民乞丐 1700 余人（不算二、三所），经过两个月的诉苦教育，初步建立了劳动观点，现要求参加生产者 800 余人"②。

1950 年 11 月 30 日曹荻秋总结道，一年来，在民政方面，我们收容与处理了游民乞丐两次，共 8269 人，资遣了散兵游勇、游民乞丐、难民、编余人员及其他共 43385 人；厉行了禁烟禁毒，计逮捕贩运制毒犯 407 人，查封烟馆 80 家，枪毙主要毒犯 4 名，当众烧毁毒品 6000 余两，禁烟禁毒已获初步成绩。③

但是，由于西南地区收容工作存在着不平衡性，使得收容工作做得较差地方的游民往往涌向收容工作做得比较好的城市或地方。造成一方面当地真正需要进行收容改造的职业乞丐、妓女想方设法逃避收容，另一方面外埠游民又不断涌进，等待收容，使收容管理工作非常被动。西南局所在地重庆市的游民收容工作就经历着这样的困难局面。

据 1951 年重庆市民政局的一份报告，该市自 1950 年 3 月底开始收容，到 5 月底收容了 5000 多人后，市面游乞基本上是肃清了的；但 6 月以后，由于各地游民的不断涌进，市区市面上又增加至 2000 多人。这些

---

① 参见重庆市人民政府办公厅等编《重庆发展六十年（1949—2009）》，重庆出版社 2009 年版，第 128—129 页。

② 《重庆市四个月警备工作总结》（1950 年 6 月 26 日），载中共重庆市委党史研究室、重庆市档案馆编《重庆解放：1949.11.30》，中国档案出版社 2009 年版，第 353 页。

③ 曹荻秋《解放一年来的重庆》（1950 年 11 月 30 日），中共重庆市委党史研究室、重庆市档案馆编：《重庆解放：1949.11.30》，中国档案出版社 2009 年版，第 392—393 页。

人很多是听见重庆在收容而跑来的，更有的是带着县或区政府的介绍信来请收容的。如川北邻水，就有一家姓姜的老小七口人，担着行李，拿着区政府介绍信来请收容的。到1950年年底止，重庆市已经收容了8000多人，问题仍很严重，1951年又大力收容了3期，共收容6000多人。根据目前资料，市面游乞虽已不多（真正的乞丐只有四五百人），但外埠游民入市现象仍未停止。由附近各县、区、乡、村政府或农协会、公安派出所等发给路条，写着"×××因生活困难，自愿到渝谋生"而来到本市的，随时都有发现。这些人入市区后，最初是靠下力，即所谓"野力"，后来便逐渐流为游民乞丐，这在城市游乞的处理工作上是一个严重困难。①

另一份报告也指出，周围各县转来本市的无业游民，有的由当地公安机关发给迁移户口证，而许多迁移证上都明明知道他们是当地游民，例如忠县一张迁移证在"迁往何地"项目内就填上"重庆市劳动局"，据本人的意思是来重庆由劳动局救济或安插。江北县第六区区公所介绍悦来乡保内一个农民来重庆"加入搬运下力"。在朝天门发现的直接由农协写信介绍来重庆谋生的就有多人，这些人大多数是该地无法安置的无业游民，正如有一张以村农协主任名义出具的介绍信写道，"兹介绍本乡无业游民×××来渝市参加光荣的市政建设"。从以上现象来估计持类似证件涌入重庆市的在500人左右，并陆续增加。②

外埠游民大量涌进，给重庆市收容工作造成极大压力。涌入重庆的其他省区游民的高比例也说明了这一问题。从1950年3月到1950年7月，先后进行了5期大规模的集中收容行动，共收容15052人，市容和治安才基本好转。在收容处理的游民中，失业职工、破产工商业者、流散军人、灾难民、破产农民等较多，真正的职业乞丐只有1934人，占13.1%，籍贯重庆市的只占7.1%，其他省（区）占92.9%，流浪时间3个月以下的

---

① 参见重庆人民政府民政局《重庆市收容改造游民乞丐工作概况介绍》，《西南各省（区）市收容社会游离分子及教养院、收容所情况报告》（1951年8月到1952年2月），四川省档案馆存档，全宗号：建大9，案卷号：347。

② 参见西南局秘书处抄转《重庆市委关于目前野力影响市容治安与搬运秩序的情况及处理的意见报告请示》（1951年6月5日），四川省档案馆存档，全宗号：建东1，案卷号：119。

占 31.7%。①

针对收容处理社会游民工作中出现的这些问题,西南局采取了一系列措施予以规范、纠正,从而推动各地有序进行收容游民工作。1950 年 8 月 23 日,邓小平主持召开西南军政委员会第二次行政会议和集体办公联席会议,对重庆市人民政府所提近来邻县乞丐陆续进入市区企图要求收容者众以及办理失业工人登记,邻县的失业工人都涌来重庆登记两个问题进行了专门讨论,提出"游乞的处理与失业工人的救济不能单凭一个地区孤立的收容、处理"。会议决议,"通知川中各行署,收容辖区内乞丐,并办理失业工人登记,组织生产。如有甲区不办理收容登记而挤向乙区去,乙区所花费用应在甲区经费内扣除"②。

9 月 7 日,西南局发出专门指示,要求各地人民政府收容处理当地游民、乞丐和失业工人,不得向重庆市等一些地方集中。随即西南军政委员会民政部又向各地发出指示,要求在游乞数目较多的中等以上城市进行收容,施以短期教育,组织劳动生产。因农村尚未实行土改,城市这一问题难以解决,复于 12 月份发出通报,并拨出救济粮 730 万斤,着各城市再一次收容,与一般较小城市及农村同时配合进行妥善安置,以求这一问题逐步解决。③

遵照这些指示,各省区相继开始行动,对辖区内中等以上和部分小城市的游民乞丐分期分批进行了集中收容,经过适当教育改造之后,分别加以安置与处理。对收容入所游民的管理教育大体上经过三个步骤:第一阶段,以安定情绪、戒绝烟毒、养成集体生活的习惯为主,大概半个月时间。第二阶段,在入所游乞情绪安定后,以大会报告结合分组讨论方式进行政治教育。就他们切身的遭遇揭发反动统治和旧社会的罪恶,随即组织他们控诉及参加各种群众运动,如减租、退押、反霸及抗美援朝、镇压反革命等,使他们认识到劳动光荣和寄生的可耻。时间一般为一个月至一个半月。第三阶段,在大体了解并掌握了游乞一般情况后,即根据处理方

---

① 参见西南军政委员会办公厅《西南军政委员会第二次行政会议、集体办公会议记录》(1950 年 8 月 23 日),《本会第一至五次行政会议记录及有关文件》,四川省档案馆存档,全宗号:建大 1,案卷号:15。

② 同上。

③ 参见西南军政委员会民政部《一九五零年工作总结报告》,《西南区一九五零年工作总结报告》,四川省档案馆存档,全宗号:建大 5,案卷号:1129。

针,进一步提高其劳动观念,鼓励他们分别走向独立谋生的道路。主要是根据不同的情况,进行不同的教育,以解决各种不同的思想问题和实际问题。如有的是有家可归而因为流落很久,不好意思回去的,就给以反复解释,说明穷人翻身,回乡生产是光荣的,以打破其爱面子的顾虑;有的要求过高,想入厂做工或请介绍职业的,就说明由于反动统治的长期破坏,一切生产都还待逐步恢复与发展,目前就业虽有困难,将来会逐渐好转。这一阶段的教育一般也是半个月左右。计全部过程大致两个月到两个半月。①

由于西南解放较迟,工商企业还在整顿改组中,在整个生产还没有得到很好的恢复与发展之前,要介绍大批游乞就业或转入生产企业部门工作确实很困难。当时主要采取以下处理方针:(1)凡有家可归或有亲友可投,能参加劳动生产的,尽量动员资遣回籍生产;无家可归而有劳动力的,也根据他们的自愿和征得原籍政府的同意后,酌量资遣一部分回籍,请当地政府在土地改革中予以安置。(2)有就业技能而又有就业机会时,尽量介绍其就业。(3)有劳动力而不愿返籍的,组织参加各种生产劳动。(4)无家可归的老弱残废,分别转入各教养院继续教养。②

大多数地区在教育改造和安置处理游民时依据上述步骤和方针,取得了良好的效果,使大批游民得到安居,此一社会问题得到了初步解决,政府的信誉也大大提高。如江津县河码头一位姓王的老太婆说:"人民政府真好,把这些游民乞丐收容起来教育成人,不但给路费回家,还要派干部护送,真是做梦也想不到。"③

当然,也有的地区在处理游乞的工作中,干部不能熟悉,因而也就不能掌握中央及西南局的政策方针,从而发生了许多偏向。比如,贵州省的一些地方在收容处理游民乞丐时,首先是对收容对象不明确,有的把不当收的贫民也当作游乞收容起来,其次是在处理上的无计划。安顺在已经将人收容起来之后还未作好具体布置,而在教育改造上也做得极不彻底,对

---

① 参见川东人民行政公署民政厅《川东区游民乞丐收容处理情形》,重庆市人民政府民政局:《重庆市收容改造游民乞丐工作概况介绍》,川北人民行政公署民政厅:《川北区处理游民工作初步总结》,《西南各省(区)市收容社会游离分子及教养院、收容所情况报告》(1951年8月至1952年2月),四川省档案馆存档,全宗号:建大9,案卷号:347。

② 同上。

③ 同上。

收容人的深入了解和思想改造做得很差。粗糙的管教几乎是一般现象，致使已经改造过的游乞仍不能不吃"二道饭"重新加以教育。也就因为这一基本工作不适当，在资遣工作中引来极大麻烦。而各地对游乞资遣也未能正确执行上级规定，不事先征求原籍政府同意，不发给到家旅费，甚至有的是不收容也不改造就由公安部门发给通行证了事。各地区、村政府、农协也滥发证明书、通行证，造成了资遣工作中极不统一、极其混乱的现象。[①] 正由于处理方法没有搞上正路，不但没有达到整顿社会秩序、改造游民乞丐的预期目的，反而制造了新的混乱。为此，省民政厅经一再地指示、通报、电话通知、开会传达等方式严厉纠正和制止，才逐渐扭转过来。

但总的来说，在西南军政委员会的大力督促下，各地人民政府、公安、民政部门配合行动，到1951年年底，大规模地集中收容处理游民乞丐工作是取得了显著成效的。流落街头的游民乞丐基本上肃清了，已收容人员也分别得到了安置与处理。重庆、成都、贵阳、昆明四市经过教育改造共审查处理30222人，其中结合土改，资遣还乡生产人数最多，有19179人，占65.2%；参加修筑成渝铁路和市政建设工程2713人，占8.9%；介绍就业的有3823人，12.6%；移交建设企业部门1623人，占5.4%；介绍妓女结婚和儿童被领养出院有1577人，占5.2%；升学及参军者351人，占1.2%；因涉案移送公安司法机关部门416人，占1.4%；其余老残病弱人员则移送各生产教养院予以留养。[②]

三 救济安置失业工人

按照西南军政委员会劳动部1950年9月1日指示，"救济之失业工人，是指在工商企业中失业的产业工人。至于城市贫民、农村副业人员、手工业工人、季节性工人、流氓乞丐、散兵游勇、编余人员及逃亡地主等，皆不在救济之列。就是真正的失业工人，如尚有积蓄和解雇金可维持

---

① 参见贵州省人民政府民政厅《游乞处理、城市贫民救济及生产教养院的建立》，《西南各省（区）市收容社会游离分子及教养院、收容所情况报告》（1951年8月至1952年2月），四川省档案馆存档，全宗号：建大9，案卷号：347。

② 参见杨世宁《西南军政委员会与建国初期西南区的政权接管》，四川大学博士论文，完成日期：2005年9月30日，第76—82页。

生活者，亦暂缓救济"①。按此标准统计，解放初期，西南全区共有失业工人15万多人。② 1950年5月16日，邓小平在报告中指出，失业主要在大城市。据说重庆有5万人（全市工人25万），贵阳1万人（全市工人3万），成都2万人。③

城市失业者要求工作，要求出路，这个问题只能在恢复和发展生产的过程中，逐渐地加以解决。因为各地接收了大批旧职员，必须先使他们获得教育和安置，才能谈到其他的就业问题。就西南的经济条件而言，只要渡过1950年的困难时期，工农商业当可获得恢复和发展，失业问题亦可获得逐步的解决。④

但是，失业工人存在着严重的生活困难，嗷嗷待哺，这不可能等到工商业获得恢复和发展之后去解决，西南局必须首先解决失业工业眼前的问题。募集救济失业工人基金的成为西南局采取的解决失业工人问题的第一个步骤。

在当时财政十分拮据的情况下，为筹集救济经费，大区领导人刘伯承、贺龙、邓小平于1950年4月29日联名发出号召，呼吁西南区全体解放军指战员及机关工作人员，高度发扬阶级友爱和革命互助精神，节衣缩食，从伙食或薪金内，军队抽米1斤，机关人员抽米2斤，作为救济西南失业工人的基金。⑤ 1950年5月4日，《新华日报》正式刊登刘、贺、邓的号召书，在全区党政军各机关掀起热烈的募捐救济运动。据有关统计，全区先后捐款2098233076元，粮食1572085斤。⑥

募集救济失业工人基金的同时，各地开展工人失业登记。在各省（行署区）、市中，重庆和贵阳首先登记失业工人，1950年4月初即已开始这项工作。其他省（行署区）、市（除川北、西康外）从5月下旬至6

---

① 西南军政委员会劳动部：《关于救济与登记失业工人工作的指示》，《新华日报》1950年9月1日。
② 参见《本会刘主席、贺、邓副主席关于救济失业工员的号召书和本会的通知》（1950年4月29日至9月20日），四川省档案馆存档，全宗号：建大1，案卷号：415。
③ 《邓小平文选》第一卷，人民出版社1994年版，第149页。
④ 《邓小平西南工作文集》，中央文献出版社、重庆出版社2006年版，第126页。
⑤ 《本会刘主席、贺、邓副主席关于救济失业工员的号召书和本会的通知》（1950年4月29日至9月20日），四川省档案馆存档，全宗号：建大1，案卷号：415。
⑥ 参见《西南区失业工人救济粮款收支对照》（1950），西南军政委员会办公厅编制《一九五零年西南基本情况统计》，四川省档案馆存档，全宗号：建大1，案卷号：47。

月下旬，也先后建立了失业登记站。7月下旬，依照政务院规定，各地建立了救济委员会。到8月下旬，通过以工代赈、生产自救、还乡生产、举办技术训练班、发放救济粮等办法，已使3万失业工人得到就业、转业和救济，取得一定成绩。

在西南各省（行署区）、市中，重庆市和贵阳市救济失业工人的工作开展早，取得的成绩较为突出。

20世纪40年代后半期，重庆工商企业纷纷倒闭，形成为数众多的失业大军。1950年初，全市有5万失业工人，连家属在内共达17.5万人。失业工人大量存在，影响着社会的安定。起初，市劳动局采取个别登记、零星介绍的方法来安排就业，但问题不能从根本上获得解决。1950年5月，西南劳动部、市劳动局、西南工业部、市总工会筹委会、青年团市工委、妇联筹委会等单位召开联合会议，研究处理本市失业工人问题。1950年6月17日，中央政务院颁布了《救济失业工人暂行办法》，6月27日，正式成立了重庆市失业工人救济委员会，主任委员由陈锡联市长亲任。7月19日，全市开始失业工人登记，截至9月底，先后登记的失业工人共3.45万余人。根据中央"以工代赈为主，以生产自救、转业训练、还乡生产、发给救济基金为辅"[①]的原则，通过各产业工会的登记审查。失业工人或由政府安置就业，或采取以工代赈，其中介绍到各机关企业部门就业者有9099人，动员参加修筑成渝铁路者有4565人。资遣还乡者1924人，自行找到工作者11450人。经过一年的安置处理，到1951年6月，全市工人失业问题基本解决。

贵阳市也有着相似的经历。解放初期，贵阳有万余名失业工人，生活无着，人心不稳。同时，繁重的市政建设急需投入大量的人力、物力。市委提出"生产自救，以工代赈"的办法进行市政工程建设。1950年5月15日登报公告"以工代赈招雇失业工人"，对招雇对象、工程范围、生活待遇等作了明确规定。在市总工会筹备会议的配合下，招募了百余名工人。在局领导下，成立工程总队，总队下设四个大队，每个大队划分为5个中队，着手以整修道路、桥梁为中心的市政工程建设。开始是救济性质的，技工每月170—210斤大米，普工120—160斤大米，根据劳动表现、

[①] 重庆市人民政府办公厅等编：《重庆发展六十年（1949—2009）》，重庆出版社2009年版，第129页。

技术特长并结合家庭困难条件评定。①

总的来说，由于各省（行署）、市正确执行了中央与西南局关于救济失业工人的方针政策，坚持"以工代赈"、"生产自救"，多渠道解决失业工人再就业问题，使得此项工作还是取得了一定的成绩。但是，由于一些地方和部门对救济工作的重视不够和对政策的掌握不紧，同时，干部奇缺，业务生疏，以致1950年上半年在失业救济工作中也还存在着相当严重的缺点。除成都、贵阳外，各地举办失业工人登记，均已数月，但救济工作做得很少，且极缓慢，因此未能及时解决失业工人的迫切困难。在登记工作中，由于没有很好地依靠工会进行组织工作和调查研究，以致使很多冒充工人或谎报失业的流氓乞丐、散兵游勇甚至流亡地主等，都混入登记，因此各地报告失业数目，时多时少，而救济计划同预算，亦无法造报。②

针对该项工作存在的问题，1950年6月5日，中央人民政府政务院《救济失业工人草案》和《救济失业工人暂行办法》③，认真总结了各地救济工作的经验教训。9月1日，具体负责领导全区救济失业工人工作的西南军政委员会劳动部发布指示，要求各地必须坚决执行政务院6月17日颁布的《救济失业工人的指示》和《救济失业工人暂行办法》，并制定了补充救济办法，其主要内容：

> 第一，中央指示救济之"失业工人"，是指在工商企业中失业的产业工人。至于城市贫民、农村副业人员、手工业工人、季节性工人、流氓乞丐、散兵游勇、编余人员及逃亡地主等，皆不在救济之列，就是真正的失业工人，如尚有积蓄和解雇金可维持生活者，亦暂缓救济。救济时必须有重点地选择产业工人较多的大中城市，先行办理。如因灾荒而产生的失业现象，则属于救济范围。
>
> 第二，救济经费。各地应立即征收基金，驻各省、署、军区部

---

① 参见中国贵州省委党史研究室编《贵州城市的接管与社会改造》，贵州地图印制厂2000年版，第169—170页。

② 参见《西南军政委员会劳动部》，《关于救济与登记失业工人工作的指示》，《新华日报》1950年9月1日。

③ 中央人民政府政务院《救济失业工人草案和救济失业工人暂行办法草案》（1950年6月5日），全宗名：西南军政委员会，档号：J001-01-0414。

队捐助之救济粮,在各省救济预算未造报前,其动用数目,不得超过全数二分之一。各省汇出救济捐款,即由人民银行汇回,以备应用。关于救济费之开支情形,应事后详报呈核,至重庆市所捐之救济粮款及西南局党政机关每人捐助之两斤救济米,由本部掌握,机动使用。各地应在九月底前完成三个月的救济预算编造送核,以便统筹分配各省必需之救济费。

第三,介绍失业工人工作,各地救济处应主动的随时与当地部队后勤部门、工商、贸易机关及公私企业等密切联系,力求做到各公私机关团体需用职工时,必须经过劳动局劳动介绍所统一介绍。各机关亦不得只顾本机关便宜,而自行招雇。

第四,动员失业工人参加以工代赈,事先必须进行充分的宣传教育,使其认识以工代赈的政治意义,以提高工人的生产积极性,并须将待遇的各项规定办法,公开说明,详加解释,不得有丝毫欺骗隐瞒。

第五,登记工作,除切实遵照规定,委托市总工会所属各产业工会的基层组织办理以外,各登记单位与当地政府工作人员密切联系,以便了解登记人员的真实情况。登记之后,必须分别各种不同救济现象,进行组织工作,救济前,最好能经过民主评定,小组审查,在登记中,如发现有不遵守规章、冒充工人、谎报失业者,可给予除名。

第六,遣送回籍的工人,应根据实际情况发给必需的旅费,如有过境的资遣回籍工人,无故要求补助者,一律不予补助。[①]

上述西南军政委员会劳动部制定的救济失业工人"补充办法"对中央指示中失业工人的救济范围进行了解释,并对登记程序、救济方式、救济经费的征集和使用等问题进一步作了详细规定,使各地负责救济工作的干部易于掌握操作。在规范各地救济工作的同时,为切实贯彻中央救济失业工人的指示,很好地处理失业问题,西南军政委员会劳动部还对所属成都、重庆两市以及川东、川南、川西、川北四行署劳动局,发布《关于失业工人参加修筑成渝铁路的指示》,特组织四川各区失业工人22000名

[①] 参见西南军政委员会劳动部《关于救济与登记失业工人工作的指示》,《新华日报》1950年9月1日。

参加修筑成渝铁路，以达到以工代赈的目的。

在西南军政委员会劳动部的大力组织和推动下，到1950年年底，全区绝大部分失业工人都得到一定的救济和安置。据统计，全区共登记失业工人111153人，通过介绍就业、以工代赈、生产自救、还乡生产、发救济金、转业训练等方式进行救济、安置者共85054人，占登记失业总人数的76.52%。凡是有技术的、能劳动的青壮工人及有专长的职员和知识分子，多已得到某种职业位置。剩下的尚未安置者一般是老弱及残疾，需要与政部协商，改由社会救济机关继续救济者。其具体情况见表3—1。

表3—1　　　　西南区救济失业工人处理情况（1950）

地区	合计	已救济人数								未救济人数
		小计	介绍就业	自动就业	以工代赈	生产自救	还乡生产	发救济金	转业训练	
总计	11153	85054	18031	22679	33190	956	6185	3267	746	26099
重庆	34388	27518	11594	10103	4705	—	1090	26	—	6870
川东	8965	4254	983	—	2221	134	466	450	—	4711
川南	26838	24213	700	7019	12017	237	3756	91	393	2625
川西	11765	10020	1266	1192	4871	457	146	2015	73	1745
川北	3984	3370	1301	—	1866	—	203	—	—	614
云南	10613	8269	1661	2696	3402	—	510	—	—	2344
贵州	14600	7410	526	1669	4108	128	14	685	280	7190

说明：川西、云南、贵州为7—12月资料，川东、川南、川北为8—12月资料，川西区仅成都市数字，云南省仅昆明数字，西康未造报。

资料来源：西南军政委员会办公厅编制：《1950年西南基本情况统计表》，四川省档案馆存档，全宗号：建大1，案卷号：47。

从表3—1我们可以看到，在救济工作中单纯发救济金的很少（仅占登记总额的2.95%），就业的却占半数以上。其原因主要是成渝铁路的开工，直接使2万多失业工人参加以工代赈，同时由于交通建设带动大批公私企业复业复工，许多公私企业机关在雇用员工时对于失业工人给予照顾，使大批失业工人重新得到雇用；其次，失业工人的社会关系较多，农村关系较密，结合着"自力更生"的思想，故很多人能够自行或稍加帮助即能解决职业和生活问题；此外，"在救济工作中，失业工人感到了人民政府的温暖，有的不愿意坐领救济金，愿参加以工代赈，有的甚至还捐出一部分回乡路费作救济基金"①。

1951年6月5日，西南军政委员会劳动部《关于西南区救济失业工人工作会议的报告》确认了一年半时间里该项工作取得的成绩。（1）登记的125365名失业工人中，获得长期或临时安置的共有94302人，计占登记总额的75%以上，其中介绍就业和自动就业的占到52.13%，凡是有技术的、能劳动的青壮工人，及有专长的职员和知识分子，多已得到某种职业位置。在各省市中，成都办得较好，它把登记、组织、教育和救济完全结合起来，并主动地争取就业的机会，在登记的12309人中，现在仅剩700个老弱须继续设法救济。（2）1950年年底决算，全区共支出救济粮米350万市斤。成渝铁路及昆明、贵阳、成都、泸县、重庆、万县等地方政府在公共建设中支付以工代赈的工资米，亦在2千万斤左右。（3）单纯发救济金的很少（仅占登记总额的2.99%），就业的却占半数以上的原因，是西南区工商业的逐步恢复，提供了较多的就业机会，而许多公私企业机关雇用职工时对于失业工人也给予了照顾，其次，西南区失业工人的社会关系较多，农村关系较密，结合着"自力更生"的思想，故很多人能够自行或稍加帮助即能解决职业和生活问题。（4）在救济工作中，失业工人感到了自己的政府的温暖，有的不愿坐领救济金，愿参加以工代赈，有的捐出一部还乡路费作为救济基金。②

但救济失业工人是一项长时期的工作，不但须继续救济的尚有数万人之多，且在经济改造过程中，因调整事业和改革经营中新产生的失业工人为数也不少。如川东盐、煤、搬运等工人1万多需要安置。据调查，这些失业工人又多是技术低，年龄较大，在城市中欲谋转业就业颇不易。因此，除尽量为其争取就业机会，依据当地需要举办转业培训及鼓励生产自救外，还应进一步办理还乡生产，使缺少机会就业转业的失业工人，在土地改革中分得相当田地，转入农村生产，乃是一种较好的必要的解决途径。③

---

① 西南军政委员会劳动部：《关于西南区救济失业工人工作会议的报告》，载西南军政委员会办公厅编印《西南资料》第4期（1951年6月5日），四川省档案馆存档，全宗号：建大1，案卷号：90。

② 同上。

③ 参见1951年5月28日《西南军政委员会财政经济委员会关于加强救济失业工人工作的指示》，载西南军政委员会办公厅编印《西南政报》第9期，全宗名：西南军政委员会；档号：J001-01-0092。

第二节　投资基建项目

新中国成立初期，西南地区普遍存在着工人失业、公私企业经营困难，西南局在财政经济极度紧张的情况下，投资举办一批大型基建项目，以带动相关产业群发展。这批项目包括交通建设、市政建设、城市公用事业等。西南局首先从关系国家经济命脉的交通运输业方面展开工作，修建成渝铁路、恢复和新修公路、扶持西南航运业、对在战争中遭到破坏的公路进行修补和维护、发展西南民航事业。市政设施包括西南军政委员会大礼堂（今重庆市人民大礼堂）、贵州省军区礼堂、省府礼堂、省委办公楼、省保育院、劳动人民文化宫、工人医院、川北军区礼堂、南充市人民电影院、大田湾体育广场工程、重庆市劳动人民文化宫等。城市公用事业建设包括道路桥梁、轮渡、绿化、电车事业、无轨电车、公共汽车、自来水、下水道、公用澡堂等。

一　举办交通建设

如何复苏整个瘫痪了的经济，尽快解决工厂的生产和工人的生活，这是解放初期摆在西南局领导面前的一个重大问题。在千头万绪的工作中，"交通是国家的命脉，中断即会影响着社会经济的失调与进军支前的迅速及时任务，因此，从城市接管的第一天起，西南军政委员会即着眼交通的尽速恢复"[1]。1950年2月21日，解放军西南军区指示，境内各水陆孔道，仍时遭匪威胁，城市乡村被匪隔成点线，公粮不能全收，以致物资交流大受影响，如现在重庆、成都等处，即因交通阻梗而发生粮荒。这样发展下去，将严重地阻碍我们对西南的巩固与建设。[2] 鉴于交通阻梗造成的严重后果，西南局决定首先从关系国家命脉的交通展开工作，该项工作主要包括修建成渝铁路、恢复和新修公路、扶持西南航运业、对在战争中遭

---

[1] 《重庆市军管会交通接管委员会一月来交通接管工作总结》（1950年1月9日），载中共重庆市委党史研究室、重庆市档案馆编《重庆解放：1949.11.30》，中国档案出版社2009年版，第291页。

[2] 参见《解放军西南军区关于先肃清交通要道沿线及富裕地区匪特给各军区并云南的指示》（1950年2月21日），载中共重庆市委党史研究室、重庆市档案馆编《重庆解放：1949.11.30》，中国档案出版社2009年版，第426—427页。

到破坏的公路进行修补和维护、发展西南民航事业。

当时，整个西南解放仅半年左右，国家财政极其困难，但是为了巩固人民的胜利，加强国防、沟通西南与全国的联系，改善西南的落后经济和人民生活的贫困，西南军政委员会成立后作出的第一个重大决策，就是"以修建成渝铁路为先行，带动百业发展，帮助四川恢复经济"[1]。成渝铁路成为国家发展战略中的重要举措而受到毛泽东和党中央的亲自关怀[2]，尽管全国都面临着经济恢复和发展的困难局面，中央人民政府仍然决定拨款修筑成渝铁路。

1950年3月，西南铁路局成立于重庆嘉陵新村。4月，第一批工程人员分赴工地沿线，按铁道部制定的标准重新对成渝铁路进行勘测。1950年6月12日，中央人民政府铁道部西南铁路工程局成立，6月15日，全面开始成渝铁路修筑工作。西南军区从中国人民解放军指战员中抽调4000多人赴成渝铁路各段工地开展施工，这是第一批从军队中抽调的修路人员。在此之后，中共中央西南局又指示西南军区陆续从西康军区、川西军区、川南军区、川东军区、川北军区和野战部队中抽调了3万多人，分成5个部分，参加成渝铁路的修建。另外，加上四川各区招收的1.8万余名失业工人，全面展开路基土石方施工。军工筑路队的主要成员，都是在刘伯承、邓小平指挥下南征北战的英雄指战员。这时，他们牢记刘伯承、邓小平的指示，高举"开路先锋"的大旗，在成渝铁路工地上洒下他们的热血。为了给民工做出榜样，他们以饱满充沛的劳动热情，精心钻研学习和改进施工技术，大多数都顺利提前完成任务。军工四总队支队还创造了52天完成4个月任务的光荣纪录。四川人民和民工筑路队赞扬军工筑路队"不愧是英雄的刘邓大军"。1950年7月8日，成立了西南铁路工程委员会，刘伯承、邓小平决定由西南军区副司令员李达担任主任委员，西南军政委员会秘书长孙志远和西南铁路局局长赵健民担任副主任委员。西南铁路工程委员会遵照"花钱少，事情办得好"的原则，统一领导，交通、工业、财政、民政等部门密切配合，

---

[1] 中共重庆市委党史研究室等编：《邓小平与大西南》（1949—1952），中央文献出版社2000年版，第219页。

[2] 参见重庆市人民政府办公厅等编《重庆发展六十年（1949—2009）》，重庆出版社2009年版，第144—146页。

保证工程顺利进行。①

成渝铁路开工后碰到的困难，除了山高水恶、自然险阻之外，更主要的在于大西南解放初期，物资匮乏，社会秩序混乱不堪，这在很大程度上影响了修路工作的正常进行。四川和整个西南又是全国大陆最后解放的地区，匪患特别严重。在成渝铁路工地沿线，东迄巴县、永川，西至简阳和成都市郊区的龙潭寺、石板滩，国民党的潜伏特务、土匪武装同地主恶霸势力相勾结，大肆进行骚扰破坏。一手拿镐一手拿枪的3万西南军区工兵部队，既是修筑成渝铁路的主力军，也是保护工地安全的武装力量。

邓小平在成渝铁路开工典礼发表讲话40天后，朝鲜战争爆发了。参加修筑成渝铁路的工兵部队被抽调奔赴抗美援朝战场。为了继续完成成渝铁路的修筑，西南军政委员会陆续从川东、川西、川南、川北的各个城镇招募失业工人，从铁路沿线的农村招募民工接替军队修路。11月，在原有军工筑路队的基础上，又决定动员民工参加筑路，并抽调很多的地方负责干部进行组织领导，整个工程前后共投入了军工3万余人，施工高峰时期投入民工10万人以上，其中在重庆及施工沿线招收失业工人约1.9万人。这样，数以十万计的民工，分散在千里成渝线上，为自己修铁路。当时修路机具极少，主要靠手工劳动，直到1951年8月，才逐步配备部分桥梁隧道用的机械。因此群众感叹地说："成渝铁路是肩膀挑出来的。"筑路材料主要用国内产品，多数是就地取材。除大中型桥梁使用钢梁外，其墩台、基础以及中小型拱桥、涵洞都尽量利用沿线所产的石料，共建成石拱桥827座。资阳县境内的王二溪石拱桥，外形美观，修好后行车至今几十年仍十分坚固。全路5.6万吨钢都是重庆钢铁厂轧制，所需钢锭由鞍山钢铁厂供应。②

---

① 参见中共重庆市委党史研究室等编《邓小平与大西南》（1949—1952），中央文献出版社2000年版，第219页。

② 同上书，第221—222页。

表 3—2　　西南区失业工人及军民工参加成渝铁路筑路人数（1950）

地区	合计	失业工人	民工	军工
总计	76821	20301	27709	28811
重庆市	5278	5278	-	-
川东区	6200	1600	4600	-
川南区	30489	7380	23109	-
川西区	4622	4622	-	-
川北区	1421	1421	-	-
全区（军工）	28811	-	-	28811

资料来源：西南军政委员会办公厅编制：《1950年西南基本情况统计表》，第108页，四川省档案馆存档，全宗号：建大1，案卷号：47。原出处：西南铁路工程局。

筑路过程中，党和政府充分依靠群众的力量和智慧，发挥人民群众的积极性和创造性，不仅节省了大量的资金材料，而且提高了功效，加快了工程的进度。例如，1951年，8万多筑路工人共完成了土石方2006万立方米，而抗日战争中国民党修筑湘桂线用工62万人，一年却只完成了2300万立方米。在筑路的过程中，为解决修筑铁路所需的材料，西南军政委员会提出"群策群力，就地取材"的方针，动员广大农民群众在不影响护林的原则下，采伐了125万根优良的枕木，及时满足了铺轨的需要，铁路所需的钢轨、鱼尾板和螺丝钉，也全部委托给西南工业部所属工厂加工生产，这样既能就地满足筑路的需要，也为以重庆为主的大批工业企业带来大批生产任务。为了支援轧制铁路钢轨的需要，国营第456厂承担了轧辊元车的设计制造任务及200吨油压机的设计制造任务，还承担了风动凿岩机及配套的50匹马力空压机等民品生产。为了支援成渝铁路建设，第29兵工厂（现重庆钢铁公司）于1950年5—10月，利用大轧车间闲置旧设备轧制出新中国第一批汉阳式85磅重轨，1952年4月，工程师邹承祖设计出中华式98公斤重轨，同年年底完成重轨13000吨。重钢三厂完成了铁道垫板7647吨，为成渝铁路1952年7月1日正式通车做出了贡献。在桥梁涵洞工程上，大量利用了当地所生产的石料，节省了许多钢材和水泥，既经济又耐用。

成渝铁路于1950年8月1日由重庆101厂开始铺轨，年底到达江津；1951年"七一"通车到永川；1952年6月13日，成渝铁路铺轨到成都，

7月1日全线通车，毛泽东、周恩来、朱德、刘伯承、邓小平等党和国家领导人纷纷题词祝贺，成渝沿线军民隆重集会庆祝新中国建成第一条铁路。成渝铁路全线长500多公里，整个工程开挖土石方14606700立方米，砌御土墙155750立方米，掘凿隧道15座，衬砌隧道14座，修建大桥28座、小桥180座、涵洞446个。工程全部由中国人自己设计，自己建造，材料零件全部为国产，工期仅用了两年时间，这在中国筑路史上是一个伟大的创举。成渝铁路修筑成功，实现了四川人民40年来的向往，生动地证明了新民主主义社会制度的优越性，证明了中国共产党和中国人民完全有力量来建设自己的国家，成渝铁路的通车，也使重庆市的交通状况得到较大的改善，沟通了城乡物资交流，对重庆市的工商业发展起了巨大的推动作用。①

成渝铁路的建成，鼓励了西南人民修建铁路的信心，建设西南铁路网的思想开始萌芽。1952年2月7日，邓小平在西南军政委员会第73次行政会议上讲话指出，成渝铁路通车是一件大事，不但是西南，在全国来说也是一件大事。西南的铁路是全国建设中的一个重点，恐怕今后要争取每年有一条铁路开工。铁是不成问题的，主要是技术问题。过去我们说过要修天成路，现在已经开工了，明年争取滇黔路开工。往后的任务是很多的，西南是交通第一，有了铁路就好办事。②

在修筑成渝铁路的同时，西南财委对以重庆为主的西南航运业进行扶持。仅在1950年4月以前就贷款60亿元，在5月份又贷款40多亿元帮助航运业维修船只，另外政府贷煤3万吨、柴油700吨等。③ 1949年12月上旬，重庆市内轮渡各线先后恢复，下旬整个长江航运恢复。④

长江是当时重庆和四川及整个大西南对外联系的主要通道。20世纪50年代初期，通过重庆出川的货运量中，长江水运占80%左右。但川江河道狭窄，落差大，流速高，航道弯曲，礁石密布，特别是三峡航道滩多水急，严重危害行船，恶劣的航道状况，使川江运输量难以扩大，越来越

---

① 参见重庆市人民政府办公厅等编《重庆发展六十年（1949—2009）》，重庆出版社2009年版，第136—137页。
② 参见《邓小平西南工作文集》，中央文献出版社、重庆出版社2006年版，第522页。
③ 参见《西南工作》1950年第7期，中共中央西南局编印，第33页。
④ 参见重庆市人民政府办公厅等编《重庆发展六十年（1949—2009）》，重庆出版社2009年版，第131页。

不适应迅速发展的工农业生产和运输要求。从1953年开始，国家对川江进行了大规模整治。重点是三峡航道，先后炸掉了130多处险滩，工程总量达到500多万立方米，航道水深最浅处保证2.9米。这些举措使得西南的水上交通得到了一定的改善，发展了对外交流，在一定程度上改善了西南的交通条件，为西南的发展奠定了基础。①

继成渝铁路通车、西南航运恢复，1952年11月西南民航管理处在重庆设立，重庆成为西南民航的中心，有重庆—北京、重庆—天津、重庆—上海、重庆—成都、重庆—昆明、重庆—贵阳、重庆—南昌、重庆—西安等8条空中航线通向外地。为了适应日益繁忙的民航运输，国家在1953年投资修建了客机坪、候机楼、发报台、导航台、市内营业处等，进一步改善了西南的交通条件。②

在西南局的领导下，西南地区在三年的时间里，恢复38条公路，约8088公里；改善41条公路，约6071公里；新建36条公里，约2653公里；勘测21条线路，约3338公里；另外还修筑了不少驿道。③

西南地区铁路、水上航运、航空运输条件的改善，一方面带动了钢铁工业、船舶制造业以及建材产业的发展，从而带动了相关产业群的发展，另一方面拉动了内需，增加了就业。同时，交通运输的改善，为城乡物资交流、西南地区与全国物资交流发展创造了条件，从而成为西南局应对解放初期西南地区严重的经济困难的大手笔，具有重要的历史意义。

二 公共设施建设

在公共事业方面，尽管解放初期百废待举、百业待兴，财政经济状况十分恶劣，然而，西南局及重庆市委、市政府却能从战略上着眼于城市发展，着眼于人民群众的文化需求，对市政设施的建设和规划，给予极大关注和大量投入，西南军政委员会大礼堂（现重庆市人民大礼堂）、贵州省军区礼堂、省府礼堂、省委办公楼、省保育院、劳动人民文化宫、工人医院、川北军区礼堂、南充市人民电影院、大田湾体育广场工程、重庆市劳动人民文化宫等一批市政设施相继落成。

---

① 参见重庆市人民政府办公厅等编《重庆发展六十年（1949—2009）》，重庆出版社2009年版，第144—146页。
② 同上。
③ 参见陈希云《西南区三年来财政经济工作的成就》，《新华日报》1952年9月29日。

西南军政委员会大礼堂（今重庆市人民大礼堂）的修建，是新中国成立初期重庆市政建设的经典之作。

西南军政委员会大礼堂（今重庆市人民大礼堂）工程于1951年4月开始筹备，当时由于西南军政委员会建筑工程局尚未成立，各建筑公司无力承包和估价较高，因而决定自建。除原设计人张家德担任总工程师外，并请来重庆大学、西南高等工业学校刚毕业的学生及西南建筑公司技术人员十多人成立了设计组，1951年5月开始具体设计工作；后来逐步扩大为工程处，由段云兼任处长，张一粟任副处长，张家德任副处长兼总工程师，领导工程的进行。①

修建地址确定在重庆市人民路西南军政委员会对面马鞍山，1951年6月开始平基，后来即边设计边施工。② 工程平山建堂，依山建楼，填沟为场，围泉为湖，踞山面学田湾，丁字路处为大门，入大门绕湖穿林而至阅兵场，全建筑在阅兵台后，以中苏楼为重心，会堂顶为冠冕，左右会议厅、舞厅、宿舍为两翼，建筑前为三级台阶花园，正中为喷泉。③

7月从5个设计初稿中，选定了西南军政委员会工程处总工程师张家德的设计方案。整个礼堂大院占地面积5.77万平方米，其中大礼堂和南北两翼配楼最初设计为2.5万平方米，后因资金紧张，实际建筑面积1.85万平方米。④ 大礼堂建筑设计采取了中国的民族形式，结构设计采取了钢、钢筋混凝土、砖木等联合结构，招待所为3楼1底，大礼堂为46公尺直径、高50公尺的圆形大厅，周围有4层楼座，屋顶为半球形钢架，完全置于钢筋混凝土的4层楼座上，使全厅没有一根柱子，钢屋架上再附加木屋架做成天坛式屋面，这样稀有的设计是不容易的。1951年6月开始平基，土石方工程在西南军区工兵营的协助下采用机械进行。⑤

由西南财委于1953年11月重新核定全部工程预算款为400亿元；1954年3月，经西南财委核准追加大礼堂玻璃窗、扩音设备、八角亭屋

---

① 参见《西南军政委员会大礼堂工程决算表》，全宗名：西南军政委员会，J001－01－0544。

② 同上。

③ 参见《大礼堂工程说明书》，全宗名：西南军政委员会，全宗号：建大1，目录号：2案卷号：0369，档号：J001－01－0369。

④ 参见张仲《重庆市人民大礼堂寻踪》，《重庆与世界》2012年第2期。

⑤ 参见《西南军政委员会大礼堂工程决算表》，全宗名：西南军政委员会，J001－01－0544。

顶、窗帘等9项工程款19亿元；1954年经中财委核准追加大礼堂基建资金20亿元。① 整个工程耗资约600亿元（解放初期币值），其中建筑工程花费320余亿元，余外为固定资产和其他杂支。②

重庆市劳动人民文化宫始建于1951年7月，1952年落成。20世纪50年代初，重庆市劳动人民文化宫与重庆人民大礼堂、大田湾体育馆是重庆市三大标志性建筑。

在西南军政委员会的一次会议上，邓小平亲自提出了修建重庆市劳动人民文化宫的建议。重庆市委、市政府立即遵照邓小平的设想，着手实施修建。邓小平亲自点将，让重庆市长曹荻秋担任修建委员会的主任。曹荻秋欣然受命，并在关于修建文化宫的文件上批示指出，文化宫的修建，是全市劳动人民的一件大喜事，是全市工人阶级在共产党领导下的胜利成果。市政府在财力相当紧张的情况下，拨出130万元资金，并从全市抽调了两千多名能工巧匠和工程技术人员参加建设。

邓小平对文化宫的修建自始至终都十分关心，连选址、设计、施工等各个环节都细致过问。文化宫地处城市中心地带，占地120多亩，园内各项活动设施的具体分布、道路连接、各区域的功能等，无不倾注着邓小平的心血。他在建园期间，好几次亲临工地视察，了解整个工程的进展情况。他还指示整个工程的修建要注意倾听群众的意见，要走群众路线，集思广益，仔细考虑群众的各项合理建议，并大力发挥工人阶级的积极性与创造力。修建委员会根据邓小平同志的指示精神，分别邀请工人、工程技术人员、各界人士和工会工作者召开了15次座谈会，这对文化宫的修建起到了良好的促进作用。

1952年5月1日，邓小平又一次亲临文化宫了解工程进展情况时，陪同的曹荻秋市长邀请他为文化宫题写宫名，邓小平愉快地答应了。他回到驻地后，反反复复地书写宫名字样，总共写了36个字，派人给修建委员会送去。1952年8月5日，文化宫举行了隆重的竣工典礼，邓小平精心书写的"重庆市劳动人民文化宫"10个金光闪闪的大字，呈现在文化

---

① 参见《西南军政委员会大礼堂工程决算表》，全宗名：西南军政委员会，J001－01－0544。
② 这在20世纪50年代，是一笔数目不小的开支。在当时全国性的反对基本建设浪费的情况下，1955年5月9日，《人民日报》发表了一篇题为"豪华的大礼堂，花钱的无底洞"的文章，对此工程进行了指责和批评。参见张仲《重庆市人民大礼堂寻踪》，《重庆与世界》2012年第2期。

宫雄伟的弧形大门的上部,异常光彩夺目。①

1951年4月底,开工仅半年时间,能够容纳20万人的大田湾体育广场工程落成,使之成为当时重庆和西南地区大型集会或活动的主要场所,它也是新中国成立后重庆第一座城市标志性建筑。

此外,为缓解居民住宅严重短缺的问题,1952年市政府拨付400万元巨款先后在大溪沟、小龙坎等处着手修建7万平方米的工人集体住宅,使2300余户工人及其眷属有了新的居所。②

除了重庆市外,贵阳、南充等大中城市也先后修建了一批公共设施。贵阳市接管后的第一项大工程是修建贵州省军区礼堂,西南区投资24亿元(旧币,即今24万元)。在各方面的支持下,终于在1951年竣工。

随着国民经济开始好转,国家建设投资不断增加,贵阳市又陆续修建了省府礼堂、省委办公楼、省保育院、劳动人民文化宫、工人医院等单位的楼房。到1952年上半年,已建成公共建筑19处,面积14965平方米。③

1952年,川北军区礼堂、南充市人民电影院等一批标志性建筑在南充市区相继落成。④

城市建设的发展和进步,是新中国成立初期西南人民在种种艰难困苦条件下取得的巨大成就之一。由于一开始就贯彻执行了城市建设为生产、为劳动人民服务的正确方针,使得西南地区的各项城市建设和公用设施在国民经济的恢复和发展中发挥了巨大的促进作用,整个西南城市的面貌也有相当改观。这些努力,在为日后西南城市建设进一步发展夯实基础的同时,也让西南人民至今仍享受着当时建设的恩惠。直到今天,大田湾广场、重庆市劳动人民文化宫以及重庆人民大礼堂,仍是西南地区的重要标志性建筑并仍然发挥着休闲、集会的重要功能。而当时城市建设中注重整体规划和超前意识的做法,也为我们今天大规模城市建设提供了宝贵的经验。

---

① 参见中共重庆市委党史研究室等编《邓小平与大西南》(1949—1952),中央文献出版社2000年版,第413—414页。

② 参见重庆市人民政府办公厅等编《重庆发展六十年(1949—2009)》,重庆出版社2009年版,第146—147页。

③ 参见中国贵州省委党史研究室编《贵州城市的接管与社会改造》,贵州地图印制厂2000年版,第170—171页。

④ 参见中共南充市委党史研究室编著《中国共产党川北区历史(1949—1952)》,中共党史出版社2007年版,第86—87页。

三 城市公用事业建设

城市公用事业是社会经济发展和市民生活的基本保障。从表3—3可以看到，整个西南地区城市公用事业建设方面的投资数量大，城市公用事业建设投资项目包括住宅、旅馆、招待所、道路、桥梁、轮渡、绿化、电车事业、无轨电车、公共汽车、自来水、下水道、公用澡堂、消防、瓦斯等。

表3—3　1952年城市公用事业建设投资及新增固定资产情况统计

事业种类	1952年投资额（单位：百万元）（按计划价格计算）				新增固定资产的价值①	新增固定资产的能力或效益（按实物量计算）	
	市政府投资		其他投资				
	计划	实际完成	计划	实际完成		计量单位	数量
甲	1	2	3	4	5	6	7
总计	141594	123355	317316	268494	372591	—	—
住宅	52686	43334	236761	206376	241563	平方公尺	98839
旅馆	—	—	3941	3923	1530	平方公尺	2480
招待所	642	321	7697	7749	7590	平方公尺	11292
道路	45748	41626	39510	29186	65994	公里	53
桥梁	—	—	5290	900	790	公尺/座	127/1
轮渡	5130	4582	2020	1645	260		2
绿化	10576	9290	3396	3252	12192	平方公尺	5060
电车事业	—	—	—	—	—	—	—
无轨电车	1900	888	—	—	—	—	—
公共汽车	8201	8111	1758	1388	9035	平方公尺	90
自来水	2055	1631	8333	5172	11568	公尺/座	8932/26
下水道	11172	10088	6454	6561	16622	公尺	33929
公用澡堂	170	170	314	314	535	大池/盆塘	2/20
消防	3313	3313	1841	1949	4912	辆	10/5979
瓦斯	—	—	—	—	—	—	—

资料来源：《1952城市公用事业调查表（重点城市）》，全宗名：西南军政委员会，全宗号：建大16，目录号：20，案卷号：187。

说明：表中数字保留小数点后两位，为统计方便，按四舍五入合为整数。

---

① 按实际价格计算，单位：百万元。

下面以重庆、南充、贵阳等城市为例,对新中国成立初期西南地区城市公用事业建设情况作一概览。

重庆特殊的地理位置和地形特征,使重庆市政建设成本高、难度大,加之自1929年建市以来重庆一直处于战乱之中,国民党政府不可能也无力投入更多的时间和金钱来建设重庆。因此,解放初期,城市建设"没有总体规划,各种建筑都漫无系统、凌乱不堪",整个城市日渐破旧,道路凸凹不平,交通运输拥塞不便,污水、粪便、垃圾随处可见。同时,无可容纳较多群众集会的广场,码头没有整齐的石阶梯道,能够经常行驶的公共汽车仅有11辆。为改变这种落后的城市面貌,市政府提出"为工业,为生产,为劳动人民服务"的市政建设方针,开始拟定市政建设初步规划。同时,在资金十分短缺的情况下,投入大量资金用于市政设施的恢复和建设。1950—1952年,重庆基本建设投资总额为12035万元,城市交通运输及邮电、城市公用和文教卫生及科学研究,分别为247万元、2021万元和1485万元,占全市基建投资总额的比例为2.05%、16.71%、12.33%。若将三者相加,则占全市基建投资总额的比例超过30%。这种注重城市建设的投资结构,是改革开放前30年,重庆城市建设史上不多见的时期之一,也正是由于市委、市政府的高度重视和资金的有力保障,使重庆在短短二三年内,道路等市政设施建设发生了一系列重要变化。

道路建设方面。为适应新区的兴起,以两江半岛为中心,开始着手修建沟通工厂、矿山、学校、城镇的城市道路系统及衔接成渝铁路、汉渝公路、成渝公路和水运码头的对外道路。1950年新辟了北区干路、捍卫支路、杨(家坪)石(桥铺)公路,中二路及嘉陵新村公路,全长计8367米;拓宽和翻新了西部地区交通的主干线两(路口)九(龙坡)路(今为长江路和杨九路)、中区干线以及牛角沱至小龙坎公路一段,全长计16671米。1952年,相继完成了江北公路、人和路、大河顺城街、杨(家坪)石(桥铺)公路等七条道路的修建并开始通车,工程施工达52.64公里。从而初步改变了重庆道路断头路多,交通十分不便的状况,如北区干路的通车,缩短了北区与中心区的交通一倍有余,减少了中区干路的拥挤,提高了沿线土地的利用价值;"两九"路的拓宽与翻修,为成渝铁路的运输吐纳起了极大的配合作用。1953年投资337.52万元,新建改建公路13条,长79.7公里。较重要的道路有渝碚路(市中区到北碚区),石桥辅至小龙坎,海棠溪至铜元局,界石南泉公路,缙云山公路等。将大坪至杨家坪段的路幅由6—9米拓宽为33米。1954年投资281.85万元,主要新建了两路口到肖家湾的公路,路宽22米。翻新了新华路和陕西路,改变了朝天门的面貌。①

路灯方面。解放前市区共有路灯1008盏,但其中只有831盏可供照明,而且灯光极其灰暗微弱,流于形式,并且许多道路街巷无路灯。但凡夜幕降临,整个山城便笼罩在一片黑暗之中。因此,增加路灯设置,恢复路灯照明成为恢复和发展公用事业的重要任务之一。到1952年,路灯已增至7891盏,市区照明有了很大改进。

自来水方面。1949年重庆自来水管道仅有170多公里,远远不能满足市民的需要。尤其长江、嘉陵江两江沿江一带,由于没有铺设自来水管网,沿江约2万户、10万人长年累月直接饮用污秽的江水,因而经常导致霍乱、伤寒、痢疾等疾病的大面积流行。为逐步改善这一状况,市人民政府在原有4个水厂的基础上,新建立1家水厂;新增自来水管道30多公里,总长度达到200多公里;日产水量从2万吨增加到3万吨;自来水饮水人口从1950年的约25万人,增加到1952年的近50万人。同时,由于各自来水厂通过民主改革和技术革新,降低了成本。以至三年中,重庆自来水公司先后调整水价11次,使水价调整到0.44元/吨,与1950年2月每吨售价0.92元/吨相比,下降了1倍多。

轮运方面。1951年恢复了渝李(家沱)、渝唐(家沱)两条航线,使整个航线达到12条。1952年,航线增加至15条。两江轮渡,1949年只有6艘,1952年增加到15艘。望龙门缆车公司经过精简组织,裁减冗员后,由于开支减少,工作效率明显提高,耗电量降低,从1950年起,该公司业务逐步盈余。这些新增的路灯、水管、水站及公共汽车的线路等大都重于僻静小巷和居民聚居地区,这无疑为改善广大人民群众生活工作环境创造了条件,也有利于市政建设的协调发展。②

卫生建设是市政诸多项目中最为紧迫、难度最大的问题,重庆市在这方面倾注了很大的精力。解放之初,重庆下水道有些沟渠还是乾隆年间的

---

① 参见重庆市人民政府办公厅编《重庆发展六十年(1949—2009)》,重庆出版社2009年版,第146—147页。

② 同上。

遗物，战时又多被轰炸、破坏或阻塞，诸如当年的黄家垭口、安乐洞、响水桥各区低洼地方，每年污水泛滥成灾，天旱则又秽气熏人，流为疫痢。自1947年至解放前为止，虽然找了些美国专家如毛理尔等设计兴建，可是迄解放前，只完成沟道55.665公里，不及预定计划的65%，尤其对旧沟改善更为紊乱，诸如沟墙不齐、坡度不一以致坍塌淤塞、极其肮脏。而市郊像牛角沱、大溪沟、菜园坝各区，脏水更未设法排除，恶臭如昔，这样对市民的卫生影响很大。

垃圾问题也颇严重，按重庆人口120多万，估计每天所产垃圾多达120吨，在城区者也占40多吨，未集中处理，且随处乱倒。解放前只雇用清道夫不过五六百人（最高曾达2000多人），破烂的垃圾车也只有4部（事实上能用的不过2部），垃圾就是运往江边的也未设法再加清除，即金紫门外一处就堆积如山，蛆蝇丛生，恶臭冲天。

公厕粪坑，过去也没有及时处理。公厕不过45所，加上半公私的厕所，粪坑估计也不到900个左右，这样少的数目，自然难以满足市民要求，所以小街陋巷码头各地，粪便随处可见，并且各厕所粪坑，更少管理和打扫，就公厕来说，通下水道的也只有27所，其他各处都是粪便浸溢，蛆蝇四处飞爬，秽臭冲天。关于粪便的输送方面，通常是由粪商包运的，因为工具缺乏，运送不及，在夏季，粪便因四乡需要的减少，又多倾注江中，这样对于饮用江水，自然又有威胁。

因为重庆市自然环境的恶劣，疾病最易发生，唯历年患病及死亡人数从无正确统计，根据1939年至1947年统计本市霍乱、疟疾、伤寒、天花、流行性脑脊髓膜炎、白喉、猩红热、斑疹、斑疹伤寒、回归热等传染病。以上各种疾病，尤以疟疾流行最凶，估计全市每年患疟疾人数不下八九万人，特别在郊区工厂、学校及贫民市民及劳苦大众集中的住区，更显得猖獗。[①]

1950年11月30日曹荻秋指出，重庆市政卫生建设是较其他大城市为差的，而病疫之流行亦较重。故一年来，我们特别注意在这方面改善，经过一年的努力，已完成下水道16公里强，公共厕所22座，疏浚沟道40.36公尺，建立了垃圾站13个。由于以上工程的完成，使山城的雨水和污水得有出路，粪便得以排泄。这为全市人民卫生环境的改善上准备了

---

① 参见中共重庆市委会政策研究室编印：《重庆概况》，第167—176页。

条件。为改善全市的清洁卫生,曾发动两次大规模的清洁大扫除运动,清除了多年积累的垃圾,初步建立了卫生秩序,引起了广大人民对环境卫生的重视;更装备了垃圾车,平均每月能运出垃圾2080吨,减少了乱倒垃圾的现象。①

经过三年的努力,重庆市的公用事业不仅全面恢复,而且已经初步走向发展。仅以公共汽车公司、自来水公司和轮渡公司三个单位的资产总值为例,1952年比1950年增加了91.52%,人民政府每年均投入巨资以改善发展城市公用事业,使之逐渐满足人民的需要。公共汽车由1949年的11辆,猛增到1952年的168辆;载客人次从每月6.2万多人次,增加到每月85.5万多人次,分别为1949年的15倍和13.5倍;公共汽车运营里程也从1950年的161公里增加到1952年的348公里。同时,从1952年7月份起,市区全部改为苏式客车,使公交车的车况进一步得到改善,公共汽车业务也从过去一向亏损,开始走向盈余。②

解放之初,南充城市破败情况与重庆市差不多。旧城街道狭窄,房屋低矮,由于屡经战火,天灾毁损,城市面貌旧陋不堪。城区道路不仅大坑小凼,坎坷不平,而且无正规排水系统,一遇大雨,污水四处横流。

在经济极端困难的情况下,川北行署先后拨款400余亿元用于城市基础设施建设。采取以工代赈的办法修建了从南充经蓬安到营山、阆中至苍溪、巴中到南江的沙河寺3条公路168公里,修建桥梁41座,这对于恢复行北区经济起了重要的促进作用。新修南充经武胜到合川的公路,打通南充经重庆出川的通道。全区翻新和新修的公路总计达1600余公里。

川北区内嘉陵江、涪江、渠江的航道近2000公里,经多处疏浚,畅通无阻,促进了航运业的发展。此外,还利用乡镇财力架设电话线1万多公里,极大地推动了通信业的发展。

1950年南充市民响应政府号召,主动参加整修旧城道路的义务劳动,筹资、投劳铺修完成禹王后街、果山街、二府街、奎星街的石灰三合土路面和公园路、东学院街等的黄泥灌浆碎石路面。6月,又组织600多人,

---

① 参见曹荻秋《解放一年来的重庆》(1950年11月30日),载中共重庆市委党史研究室、重庆市档案馆编《重庆解放:1949.11.30》,中国档案出版社2009年版,第395页。
② 参见《重庆政报》第1卷第4期,第23页。

参加莲池的挖掘工程，按计划建设莲池公园。①

国民党溃逃时，严重破坏交通，破坏桥梁25座，大小桥涵50余座，路基难以计数。解放后，支前司令部成立抢修委员会，组织领导铁路员工、工兵部队，发动民工，于1949年12月下旬至1950年5月，全部修复通车，计用工料折大米1500万余斤。又以养路费的90%，翻修路面9万余平方公尺，并恢复了公路的养护工作。②

贵阳接管后，市政建设局首先抓住整修道路桥梁，改变市区面貌。在道路工程方面，整修、扩建、新建了市区主要干线和一般街道共70余条。同时拆除军阀周西成的铜像台，修成喷水池街心花园。在桥梁工程方面，整修、新建了主要桥梁12座、长209米。疏浚与新建沟渠共137.6万米，整修城区下水道，于1950年开工，1952年全部竣工，改变了市区污水横溢的状况。在短短的时间里，增装路灯264盏，增设了干线10多公里，添置了郊区马鞍山、油榨街、新市北路等处的路灯。此外还装配公共汽车、扩大供水渠道。③

可以看到，重庆、南充、贵阳等城市接管以后，人民政府即开始城市公用事业建设，在城市道路、桥梁建设、公共汽车建设、路灯照明建设、供水设施建设方面取得了显著成绩。特别是在城市公共卫生建设方面，从垃圾处理、疫病防治、公共厕所、污水排放方面的努力，使人民直接感受到了新生人民政权与旧政权有着本质的区别。城市公用事业建设许多措施本身兼具当时严重的经济困难和改善破坏的社会状况的性质，因而具有重要的意义。

第三节　工商业政策与措施

新中国成立初期，西南地区面临着严重的经济困难。困难产生的原因包括国民党军队在溃退时对若干重要生产部门的破坏得难以恢复；劳资双方对劳资两利政策认识不足所产生的劳资关系的不正常；若干工商业者对

---

① 参见中共南充市委党史研究室编著《中国共产党川北区历史（1949—1952）》，中共党史出版社2007年版，第86—87页。

② 参见中国贵州省委党史研究室编《贵州城市的接管与社会改造》，贵州地图印制厂2000年版，第139页。

③ 同上书，第170—171页。

劳资两利、公私兼顾政策的怀疑、顾虑所产生的不愿放手投资经营；城乡阻隔、物资交流不畅；1950年3月以后物价趋向稳定所产生的生产停滞、产品滞销、市场萧条；旧的经济机构的臃肿，经济管理方式的不合理，需要重新改组。这一切都成了恢复生产的阻力。[1] 针对这一情况，1950年1月23日刘伯承号召"建设人民的生产的重庆"，从困难、方针、具体任务等方面指出了克服经济困难的道路。[2] 西南局贯彻执行"为建设人民的生产的新重庆而奋斗"的总方针，本劳资两利政策，坚决调整了劳资关系；本着公私兼顾政策，对批发与零售差价、地区差价进行了合理的调整；本量销为产的方针，对某些行业进行了调整，达到产销平衡。[3] 西南地区工商业经历了一个从困难到复苏，以至普遍的好转的变化，生产也在稳步的恢复。

一　建立新政权经济基础

没收官僚资本的一切工厂、矿山、铁路、轮船、银行和其他事业，并把它们改造成为居于国民经济领导地位的社会主义国营企业，为社会主义制度的建立创造条件，是新中国在经济上向社会主义过渡的开始。

作为抗战大后方的西南地区，中国东部、中部地区大量工厂一度内迁至此。据吴景超论述，迁入内地厂矿，不下448家，其中分布川境的254家，湘境的121家，陕境的27家，其他各地尚有23家。[4] 抗战时期，作为国民政府经济基础的官僚资本，在国民经济构成中占有很大比重。日本投降以后，较大工厂纷纷他迁，商业纷纷关门。国民党发动全面战争，交通断绝，工商业亦陷于瘫痪、麻痹状态。解放前几天，蒋匪运走一部分重要档案，并对工厂大肆破坏。职员工人中，派系矛盾很多，帮会组织普

---

[1] 参见曹荻秋《解放一年来的重庆》（1950年11月30日），载中共重庆市委党史研究室、重庆市档案馆编《重庆解放：1949.11.30》，中国档案出版社2009年版，第392—393页。

[2] 参见刘伯承《为建设人民的生产的重庆而斗争》（1950年1月23日），载中共重庆市委党史研究室、重庆市档案馆编《重庆解放：1949.11.30》，中国档案出版社2009年版，第217页。

[3] 参见曹荻秋《解放一年来的重庆》（1950年11月30日），载中共重庆市委党史研究室、重庆市档案馆编《重庆解放：1949.11.30》，中国档案出版社2009年版，第392—393页。

[4] 参见吴景超《六十年来的中国经济》，载《第四种国家的出路——吴景超文集》，商务印书馆2008年版，第157页。

遍，特务活动亦较京、沪工人为甚。特别是在兵工系统，从兵工署到各厂，均设有稽查组织（特务），监视员工活动。各部门职员工人政治觉悟亦较京、沪差。冗员过多，组织庞大。在经济方面贪污浪费，没有成本计算制度，根本谈不到企业化。各机关只有少数高级职员逃走，中下级人员未动。①

为了建立新中国的经济基础，自进入西南集中军队主力与敌军决战之时起，解放军即"首先集中力量于城市的接管"②。

1949年12月5日，重庆市军管会开始向原国民党政府所属各官僚企事业单位派出军代表，并召开员工大会，阐明接管方针，宣讲《接管约法八章》。在各单位广大群众的支持、协助下，1950年1月5日前后，接管委员会分别完成了对财经、交通、后勤官僚资本的接管工作。重庆市共没收官僚资本企业80个，固定资产1000.27亿元（旧币），占全市工业总产值的79%。与此同时，重庆市还将179户企业由官僚资本与民族工商业资本合办的5726亿元（旧币）官僚资本股金全部没收，并转为国家股金；把28家敌伪逆产、公股公厂、私营企业转化为公私合营。重庆市没收的官僚资本企业、官僚资本与民族工商业合办企业中的官僚资本股金成分，以及敌伪逆产等，转为公私合营企业，从而奠定了重庆市的国家资本主义经济的基础。③

1949年12月14日重庆市委指示，当前工人工作的主要任务是发动与组织工人群众协助接管，保护工厂，努力恢复生产，在重要工业企业中，立即动手组织工厂工人代表会。到25日，重庆市有40个重点工厂建立了工人代表会。1950年1月5日，军管会财经接管委员会工业部召开各国营工厂军代表会议，积极筹备复工生产。1月21日，重庆市工商局首次召开工商界座谈会，会中由供给部向有关企业订购了大批军需，尽快恢复交通运输。1949年12月上旬，市内轮渡各线先行恢复，下旬整个长

---

① 参见《重庆市军管会财经接管委员会接管工作总结报告》（1950年1月21日），载中共重庆市委党史研究室、重庆市档案馆编《重庆解放：1949.11.30》，中国档案出版社2009年版，第217页。

② 参见《邓小平在中共中央西南局委员会第一次会议上的报告提纲》（1950年2月6日），载中共重庆市委党史研究室、重庆市档案馆编《重庆解放：1949.11.30》，中国档案出版社2009年版，第412页。

③ 参见中共重庆市委党史研究室等编《邓小平与大西南》（1949—1952），中央文献出版社2000年版，第157—159页。

江航运恢复。成都解放后,成渝、川黔公路相继通车。通过这些措施,部分公私工商业陆续恢复生产和开业。①

1950年2月27日军管会规定,公股在60%以上者,应派员接管,但有关国计民生之大规模企业,公股虽少于60%,亦应派人接管,如天府煤矿。规模较小,公股在60%以下者,可派联络员监理官股权益,并交企业局领导。工业部下设公私合营企业管理处,专司清查并监理各公私合营企业。②

云南省对工矿企业的接管情况与重庆大致相似。云南省先后没收国民党政府云南锡业公司和云南省机械工业管理局、电力管理局、轻工业管理局等所属的31个官僚买办资本工业企业归国家所有。③

抗美援朝战争发生后,中国对外资企业的政策有一个转变。解放初期,中央人民政府曾允许外资在遵守中国法令的条件下,继续经营原有企业。但是,由于外资向来是倚仗帝国主义的特权而发展起来的,随着这种特权的取消,外资因经营腐败而导致大部分难以维持,有的宣布歇业,有的则请求转让。朝鲜战争爆发后,1950年12月16日,美帝国主义悍然宣布冻结中国在美国的公私财产,对中国实行封锁禁运。为了维护国家的尊严和民族利益,中国政府于28日发布《关于管制美国在华财产、冻结美国在华存款的命令》,针锋相对地宣布管制和清理美国政府、企业在华的一切财产,冻结美国在华的一切公私存款。在这种形势下,其他外资企业也因美国的封锁禁运政策而遇到更大的经营困难,大都摇摇欲坠。于是,1951年1月31日,市军管会宣布管制在渝美商财产。此后,重庆市采取接管、征用、代管或其他方式,陆续将在渝的外国大使馆、领事馆、企业、银行、教会医院和公私房地产业收归国有,原接受外国津贴和外资经营的文化教育、救济机关及宗教团体,也纷纷到军管会重新登记,从而割断了与各帝国主义国家的联系。这些被改造的企事业单位成为新中国成立后重庆国营经济的主体,国营经济的比重也随之不断扩大,这为计划经

---

① 参见重庆市人民政府办公厅等编《重庆发展六十年(1949—2009)》,重庆出版社2009年版。第131—132页。

② 参见1950年2月27日《重庆市公私合营概况》,全宗名:西南军政委员会工业部,全宗号:建大18,目录号:01,案卷号:051。

③ 参见中共重庆市委党史研究室等编《邓小平与大西南》(1949—1952),中央文献出版社2000年版,第157—159页。

此外，在合理调整工商业的工作中，人民政府合理引导民族工商业使之走向国营。在邓小平亲自关怀下，具有很大影响力的胡子昂将自己全部产业及房屋交给了国家，在全国开了先例。随后，宝元通也走上国营道路。

宝元通由萧则可在1920年开办于四川省宜宾市，后来发展到重庆。萧则可靠经商起家，逐步发展。宝元通也逐渐从宜宾发展到重庆等大城市，并从国内发展到国外，从经营商业发展到经营工业，在成都、泸州、宜宾、重庆、上海、南京等大中城市设立了8个贸易机构，在印度加尔各答、卡拉奇也分设了贸易机构，在下关办茶厂，在重庆办印染厂，在成都、香港办纱厂，还投资于航运、银行、纺织、粮食加工业，成为工贸结合、内外贸结合、产运销结合，具有相当基础的大型民营企业。1950年1月，宝元通在渝、蓉、叙、泸的贸易机构改变为国营百货公司，沪、宁两地的贸易机构，交给了华东区百货公司，改为国营。香港、印度的贸易机构，交给国家。经营的纱厂和投资等，分别情况作了适宜的处理。[2]

人民政府虽然没收了官僚垄断资本，建立了国营经济，但旧社会遗留下来的各种管理制度还原封不动，一些国营企业领导人还未从思想上真正树立起依靠工人阶级办企业的信念。企业虽已陆续建立工会组织，但职工民主管理制度还远未建立。特别是在搬运、建筑等分散行业中，封建把头和封建剥削制度基本上未触动。[3] 所以，人民政府接受官僚资本之后，随即在这些企业推行民主改革，废除不合理的经营机构和经营管理方式，成立了工厂管理委员会；建立合理的工资制度和生产责任制；规定生产定额、技术标准；严格核算成本，裁汰冗员，并对旧的技术人员进行思想改造，使他们自觉地为人民服务。[4]

1950年12月21日，邓小平在其主持召开的西南局城市工作会议上指出，我们提出的"依靠工人，团结职员，搞好生产"的口号，对于搞

---

[1] 参见重庆市人民政府办公厅等编《重庆发展六十年（1949—2009）》，重庆出版社2009年版，第135页。

[2] 参见艾新全、林明远《邓小平在西南的理论与实践》，重庆出版社2010年版，第165—166页。

[3] 同上书，第143—144页。

[4] 参见重庆市人民政府办公厅等编《重庆发展六十年（1949—2009）》，重庆出版社2009年版，第135页。

好工厂，是一个很关键的问题。中央指示我们，要管好厂矿，必须实行"管理民主化"和"经营企业化"。为了管好现有的厂矿，还必须："第一，尽可能地从机关中抽出一些得力干部放到厂矿中去。第二，领导上注意选择几个点，进行典型试验，积累经验，指导其他。西南较重要的公私厂矿只有一百九十二个，用这个方法一定可以做出成绩来。第三，在地委、县委集中力量于农村斗争，而且能力不够的情况下，较重要的厂矿不能委托他们去管理，而应由省委、区党委、市委直接管理。"① 抽调得力干部，典型试验，以及省委、区党委、市委直接管理重要企业，成为管理好企业的重要措施。

1951年12月邓小平主持召开了西南局第三次城市工作会议，会议决定，1952年四川各地城市工矿企业的民主改革应当以建筑、搬运和水上运输为重点，组织工矿企业中的职工群众进行民主改革。② 民主改革的前提是首先清除企业中的反动会道门头子、恶霸分子、特务分子、暗藏的土匪头子、封建把头，少数罪行严重又拒不坦白的人受到人民政权法办。

据天府煤矿③等21个单位统计，在民主斗争中经群众揭发检举，查出特务、恶霸、匪首、反动会道门头子等227人，反革命组织6个，较大的封建把头440人，并按党的政策分别作了处理。天府煤矿就有800多名工人在大小会上诉了阶级苦。复兴煤矿工会领导成员中有9名是把头，华一砖厂的工会主席是特务分子。整顿后，将他们清理出工会组织。继后，又废除了对工人实行人身压迫和封建剥削的规章制度，在此基础上进行生产改革，掀起增产节约运动。据统计，四川搬运业取缔了30多种封建行规、220多个封建行帮组织；水上运输业取缔了勒索船工的"神佛费"等30多种剥削项目。重庆市的民主改革在四川各城市中开展最早，历时较

---

① 《邓小平西南工作文集》，中央文献出版社、重庆出版社2006年版，第291—292页。
② 参见艾新全、林明远《邓小平在西南的理论与实践》，重庆出版社2010年版，第143—144页。
③ 天府煤矿股份有限公司成立于1934年。1927年卢作孚等为开矿创立北川民业铁路公司，聘丹麦人寿乐慈为铁路工程师，修筑自嘉陵江岸之白庙子、经水岚垭到戴家沟一带铁路。1930年竣工。1933年3月底组合同兴厂、福利厂、又新厂、天泰厂、和泰厂、公和厂的资产为股份，并邀集民生公司及北川铁路公司投资，于1934年6月24日组成天府煤矿股份有限公司，推举卢作孚为董事长。后几经重组合并。1949年重庆解放后，该公司由川东工商厅于1950年接管，名为公私合营天府煤矿股份有限公司。

长，从 1950 年 3 月到 1953 年结束，从国营厂矿企业、私营厂矿企业和搬运建筑等分散行业三个方面逐步展开。重庆的民主改革运动收到了较好的效果。①

二　工商业政策导向

西南有较大的国营、私营企业 192 家，大小企业数千家。② 这说明西南工业确有相当基础，这是建设西南的良好条件。但是，西南地区原有公、私厂矿企业已陷于支离破碎、奄奄一息的局面，有的厂靠卖房子维持职工伙食，有的厂卖工作母机和原料来维持日常开支。解放后，接管的国营工业只有纺织、电业继续开工，煤矿开工仅一小部分，其他大部分停工或半停工。动力的缺乏更加重了工业恢复的困难，因而公私企业都感到苦闷。③ 因此，恢复与发展工商业是财经工作的重头戏。邓小平在这方面倾注了极大的精力，其中也不乏独创性的努力。

1950 年 1 月 29 日，邓小平在重庆市第一届各界人民代表会议上作《团结起来，战胜困难》的讲话指出，"我们到重庆后，工商界说出了自己的困难，大约不外有：（一）资金问题，要求政府给以贷款；（二）原料问题，要求政府给想办法；（三）产品推销问题，要求政府予以收购；（四）劳资问题，要求政府予以调整；（五）动力问题，要求政府予以解决等，这些困难是真实的"④。但这些工业在国民党时代大都服务于战争，其原料多来自外国，现在要把它改变为和平工业，并非易事。私营企业也有不少困难，普遍要求政府在贷款、解决原料、收购产品等方面予以帮助。我们首先正在为国营企业寻找出路，力求尽早开工。在国营企业逐渐恢复生产的情况下，私营工厂的困难亦可逐步地获得解决。⑤ 因此，我们必须遵循《共同纲领》制定的"以公私兼顾、劳资两利、城乡互助、内外交流的政策，达到发展生产、繁荣经济之目的"⑥。

---

① 参见艾新全、林明远《邓小平在西南的理论与实践》，重庆出版社 2010 年版，第 143—144 页。

② 同上书，第 160 页。

③ 参见杨世宁《西南军政委员会与建国初期西南区的政权接管》，四川大学博士论文，完成日期：2005 年 9 月 30 日，第 98 页。

④ 《邓小平西南工作文集》，中央文献出版社、重庆出版社 2006 年版，第 77 页。

⑤ 同上书，第 125 页。

⑥ 同上书，第 79 页。

1950年5月14日,邓小平致毛主席并中央、各省区市党委的报告指出,西南工商业的困难,除与全国相同的一般原因外,还有一个特殊原因,即因土匪而来的城乡隔离和交通死滞。加之西南各地工业管理之差,冗员之多,成本之高,为全国其他各地所少见。例如天津1吨铁成本1400斤米(9石多),重庆1吨铁成本要3750斤(25石米)。如不改善,是扶植不起来的。所以,我们一面从公私、劳资两方面做适当的调整,一面强调私资必须改善管理,减低成本。最近我们正解决重庆几个主要行业的困难,如航运、燃料业等,已予初步解决,纱厂正在解决中,机器业则比较难以解决。在修建铁路计划中,拟向它们订一批货,但质量太差,价格太高,正研究中。各个城市普遍困难,而一时难以解决的问题,是小工厂、作坊的倒闭(如重庆一百几十家烟厂只剩几家),许多奢侈、迷信品等类商店的转业,码头、黄包车、建筑等业工人的失业,等等。重庆失业工人估计约有5万(全市工人25万),贵阳失业工人约1万(占1/3),成都估计有一两万,主要也在这些行业。估计剿匪胜利、交通恢复后,情况会好一些,但还必须从指导转业与另谋出路中加以解决。[1]

1950年5月16日,邓小平《在西南区新闻工作会议上的报告》指出,"西南区今天的中心任务是什么?从全区说,一是剿匪,二是完成征粮、税收、公债任务,三是领导生产(主要是农业生产),四是调整工商业、救济失业人员……下一步是今冬明春的减租,也是全西南提出的"[2]。

重庆市工商业的恢复与发展成为西南地区工商业恢复与发展的突破点,还在城市与企业接管阶段,西南局即已开始注意此问题。

重庆市的工商业在抗战期间获得较快发展,但解放前夕已趋于严重萧条。1949年6月,全市1000余家大小工厂中停业关闭者已达80%。国民党政权溃败前夕,又对若干重要生产部门进行了破坏,如第10兵工厂、第20兵工厂、第21兵工厂、第22兵工厂、第29兵工厂、长寿电厂、桃花溪电站等都遭到严重破坏,动力被破坏1.4万余千瓦。工商业资金短缺,原料缺乏、工厂停工、商店滞销成为普遍现象,全市从事工商业、交通运输业的工人减为11.2万余人,歇业和被解雇者达12万余人,停产等待复工的达10余万人。即使这样,全市仍有工业企业3137家、轮船公司

---

[1] 参见《邓小平西南工作文集》,中央文献出版社、重庆出版社2006年版,第149页。
[2] 同上书,第153页。

27家，银行和钱庄110家，商业企业2.73万家，居全国七大工商业城市之列。因此，全市生产的恢复和发展问题，在接管中就已受到党和政府的高度重视。①

在采取各种措施恢复农业生产的同时，重庆市人民政府采取有效措施，千方百计恢复重庆工商业。1950年5月25日，张霖之在报告中即指出，"重庆解放已半年之久，过去工作，主要忙于接管和恢复工商业等工作，工作重点是放在工人工作上面"②。

1950年5月13日，重庆市委关于私营工商业的方针指示，六个月来，重庆的工作，在恢复与发展生产中，一般私营工商企业遇到很多困难，大部处于萧条的状态中，近来虽有好转，但基本困难仍未解决。原因是其困难有些是属于历史性的，有些是在解放之后产生的；有些是由于主观的原因，有些是客观存在的。诸如：（1）长期从事投机生意及在生产中由于管理上的极端腐化，机构的不合理，冗员太多，开支浪费，以致成本过高，销路困难等。（2）最重要的困难是工商资本家对我们的政策了解不够，在困难中采取消极怠工，加上公债税收的催征，公营商店的设立（涉及公私关系）及劳资关系的纠纷（资方前一时期一般地仍以旧的态度与办法对待工人，我们干部以生产为中心及对"劳资两利"政策的教育与掌握，也不够明确）等，一般的在经营上只求维持不倒，有些甚至力图抽脱资金，缩小经营等。（3）财经统一后，收支平衡，物价平衡，过去的"保值"物品，大批地涌入市场（全国性的）。加上无政府的生产状态，货品销路迟滞，更由于土匪的扰乱，交通不便，使城乡互助与内外交流，受到阻碍。③

目前情况在变化中，重庆公私工商企业在今天已存在着足以渡过困难、逐步走上恢复与发展的有利条件，如，（1）国家工业在重庆占着领导地位。最近中央人民政府已批准了修筑成渝铁路及工业投资、订货、收购等款项，约计7亿斤粮食。这一批款项逐步投入生产企业中，公营工厂

---

① 参见重庆市人民政府办公厅等编《重庆发展六十年（1949—2009）》，重庆出版社2009年版，第131页。

② 《张霖之同志在重庆市第一届农民代表会议上关于郊区农民工作的报告》（1950年5月25日），载中共重庆市委党史研究室、重庆市档案馆编《重庆解放：1949.11.30》，中国档案出版社2009年版，第349页。

③ 参见《中共重庆市委关于私营工商业的方针指示》（1950年5月13日），载中共重庆市委政策研究室编《工作通讯》第9期，1950年6月30日出版。

可逐渐开工（二十九厂已经开工），并将带动一批私营工商企业，推动各方面逐渐活动起来。（2）军需品的收购，在重庆市场上占有相当的数量，对调剂活跃工商业有相当的力量，但因过去无计划的自流收购，未与市的生产计划结合，未起到应有的作用。现决定统一收购，这对调剂与活跃工商业，可起到一定作用。（3）公私关系及劳资关系问题，已由极度紧张的情况逐渐趋向缓和、趋向正常的状态。这是由于我们在公私关系上除坚持说服资方正确了解公私兼顾政策，要求他们对政府，遇事应该坦白，一改过去的虚伪态度外，还对私人企业实行了贷款（如航运、纱厂、煤矿等）、收购订货，说明了公营商店业务，只为平稳物价，并未排挤私商等事实，因而逐渐消除了资本家的怀疑，看到有前途了。在劳资纠纷问题上，除对工人进行说服教育、不要有过高要求外，对资方，坚持要他们必须以平等态度对待工人，经不断地教育说服，及某些工厂企业经过协商，解决了一些纠纷，关系逐渐趋向正常（如大明、沙市、天府等），目前一般工商业资本家，在态度上已开始有转变，行动上开始积极起来，对人民政府与工人阶级，亦渐趋坦白。总之，目前公私关系可逐渐解决，而劳资关系虽有好转，但仍是生产中的重大问题。以上是六个月来一般情况与转向有利的变化。[①]

重庆市委关于私营工商业的方针指示，由于广大新区的土地改革尚未实行，农民购买力低下，故目前工商业的恢复与发展仍不能基本解决，但一般的可以维持下去（真正好转靠土地改革的完成）。我们必须明确指出解决困难的道路是：

（1）主要是资本家自己积极起来，改变过去那种消极态度，积极地拿出资金，改善经营，下决心改变过去一套旧的腐朽的管理制度和管理方法，实行生产的计划性，减少浪费，减低成本，提高质量。同时，在"劳资两利"的基础上，与工人协商，共同渡过困难，改变过去一味欺压与剥削工人的态度。在某些行业中（如纺织业）所存在着的工薪不合理的情况，应予以适当的调整（首先是调整那些高级职员过高的薪给）。许多与生产无直接关系的人员，在有办法安置、经工人同意的情况下，可以减少。以上是克服困难、恢复生产的关键。

[①] 参见《中共重庆市委关于私营工商业的方针指示》（1950年5月13日），载中共重庆市委会政策研究室编《工作通讯》第9期，1950年6月30日出版。

（2）工人阶级必须认识今天国家财政经济的困难，必须主动地与资方协商，渡过困难。今天的重要问题是把工厂先维持起来，继续下去。因此，一般的不能提出增资与过高的福利要求。一切福利与改善生活的要求，必须是根据现有的基础，在可能与可行的范围内求得解决。必须认真地贯彻"劳资两利"的政策，鼓励资本家的生产积极性——这就是让资本家有钱可赚。为了使工厂维持起来，必要时应说服工人采取上海的经验——"三个人的饭匀给五个人吃"的办法，主动地减低工资，渡过难关。今天我们提出的低工资政策把工商业尽力地维持下来，这固然于资本家有利，但更主要的是于国家、于工人有利，多维持一家就会减少一批失业工人及国家的负担。所以减低工资，把工厂维持下来，是符合工人目前利益与未来利益的，挤坍资产阶级的思想是错误的，对工人阶级及国家都是不利的。

（3）政府方面对私营工商业，应予以可能的与适当的协助，如贷款、订货、收购成品及劳动局对劳资关系的调整。

（4）把正当的工商业维持下来及调整公私关系、劳资关系，劳资双方及政府，都必须以贯彻生产为主。因此要分别哪是有前途的，哪是没前途的；哪些是积极的，哪些是消极的；哪些是真正有困难的，哪些是乱叫的；哪些是自己还有办法的，哪些是自己没有办法的；哪些是一时困难的，哪些是长期困难的；哪些是能够挽救的，哪些是不能够挽救的。分别之后，首先由劳资双方协商，开诚布公地将问题摆在桌面上，商谈如何克服困难。其次，政府对于暂时困难的，在可能的范围内，应尽量给予帮助，共同渡过困难。对于无前途的，亦应指导其转业（应看成这是政府的任务，拖下去对劳资不利，同时增加政府的负担）或停业，并帮助解决转业中的若干困难。

关于调整公私关系的具体计划与办法，由市财委会负责搜集具体材料，并制定具体执行办法。

（5）为了稳定物价，调整公私关系及劳资关系，决定各机关一切成批的收购与订货，一律经过市财委，不得私自直接向商店、工厂收购与订货。[①]

[①] 参见《中共重庆市委关于私营工商业的方针指示》（1950年5月13日），载中共重庆市委政策研究室编《工作通讯》第9期，1950年6月30日出版。

全国财经统一收支平衡、物价稳定情况好转（困难是暂时的），而重庆的具体情况虽仍有困难，但总的方面已在逐渐好转。而争取继续好转渡过困难的关键之一，是我们干部思想与工作作风的问题。首先，"在干部中，必须明确我们对于私营工商企业的方针，不是挤垮资本家，而是认真地从公私关系和劳资关系上进行合理的调整，并鼓励资方积极起来，改善管理与减低成本，以指导与帮助工商资本家渡过难关，发展生产"①。

1950年5月13日《中共重庆市委关于私营工商业的方针指示》指出，在现有情况下，有一部分工商业是无前途的，我们的责任是使凡能维持的尽量地维持下去，破坏的愈少愈好。对于不能维持下去的，也应研究和指导他们转业，使之波动愈少愈好。这样对资方有利，但对国家和工人阶级尤其有利。坚决地、认真地研究并执行政协共同纲领第26条，即是"中华人民共和国经济建设的根本方针，是以公私兼顾，劳资两利，城乡互助，内外交流的政策，达到发展生产，繁荣经济之目的。国家在经营范围内，原料供给，销售市场，劳动条件，技术设备，财政政策，金融政策等方面，调剂国营经济、合作社经济、农民和手工业者的个体经济、私人资本主义经济和国家资本主义经济，使各种社会经济成分在国营经济领导之下，分工合作，各得其所，以促进整个社会经济的发展"②。

《指示》指出，现在，必须防止对私人资本家任何"左"的行动与倾向，必须改善工作作风。目前在作风上最严重的问题是官僚主义和命令主义以及无政府、无纪律的现象（事前不请示，事后不报告，或报喜不报忧）。但在国营工厂企业与私营的工厂企业有不同的表现，在私营工厂企业中，在劳资纠纷上，我们的干部不注意算账，不注意调查研究对劳资纠纷有关的一些具体问题，只盲目地同情、支持工人的要求，不算成本，不管营业盈亏情况与前途后果，因而工作陷于被动，也就难免发生"左"的要求，影响生产（天府、大明都有此现象）。在国营工厂企业中，比较普遍的是官僚主义与命令主义作祟，具体表现在坐办公室，忙于事务，很

---

① 《中共重庆市委关于私营工商业的方针指示》（1950年5月13日），载中共重庆市委政策研究室编《工作通讯》第9期，1950年6月30日出版。

② 同上。

少接近群众。一般地对工人福利问题关心不够，能办的未认真去办，不能办的也未向群众耐心地解释教育。在工作作风上不走群众路线，遇事与工人商议不够，常是依靠个人决定、下命令去推动工作，完成任务，结果引起群众不满，脱离群众。豫丰纱厂事件，就是这种作风的具体说明。不管公营或私营，以上的作风均须改善，必须展开反官僚主义及命令主义的斗争，必须明确依靠工人的观念，坚决执行群众路线。码头工会的工作可作为借鉴。码头工作本是很棘手的，由于码头工会的同志，能充分走群众路线，一些有关群众的事情，都拿到群众中去讨论，教育了群众，团结了群众，工作就收到比较良好的成绩。[①]

加强国营工厂企业中的安全与保卫工作。国营企业占领导地位，必须搞好国营企业，才能带动私人工商业，才能发展生产、繁荣经济。我们的干部，对安全保卫工作一般地疏忽麻痹，因而不断发生不幸事件，如煤矿爆炸工人不断死伤，兵工业工人亦因安全设备不好，注意不够，发生伤亡；尤其普遍的是卫生工作太差，对工人健康、对于生产都是严重的危害。我们必须严重注意，并设法克服。各工厂的保卫工作，除组织不健全外，更重要的是对工人群众在这方面的教育组织不够，故潜伏的特务得以乘机破坏（如豫丰一连破坏十几台机器），给国家以莫大的损失。我们除应加强保卫干部外，更重要的是在工人中展开防特教育与组织工作，应成为保卫工作的主要工作。[②]

通过这些措施，到1950年9月底，西南区工商业恢复调整取得初步成效。工业、交通、纺织、航运等行业已恢复到解放前的90%以上。面粉、卷烟、火柴等行业已逐步恢复开工。重庆市2000多家工厂作坊。有80%复工生产，川南自贡的盐业，云南个旧的锡业，川西的丝绸业都已逐步恢复起来。商贸方面，猪鬃、生丝、桐油等6种主要出口产品，8月输出总值为134亿元，较7月增加31%。棉纱已达产销平衡，其他工业用品的成交量也有显著增加。

在公私企业复工复业的基础上，又经过民主改革、生产改革、增产节约运动等阶段，从而使西南工业面貌完全改观，不仅做到了恢复而且有了

[①] 参见《中共重庆市委关于私营工商业的方针指示》（1950年5月13日），载中共重庆市委政策研究室编《工作通讯》第9期，1950年6月30日出版。

[②] 同上。

很大发展。电力、煤、生铁、钢、钢材、铜、锡、烧碱、氯酸钾、水泥、棉纱、棉布、纸、糖、盐、卷烟等16种主要产品在1952年的产量均已超过1949年的生产水平,并且除了煤、烧碱、盐三种产品外,其余亦均超过解放前最高年产量。[①]

三 恢复工商业的措施

西南局工商业恢复工作首先从重庆开始。1950年1月23日刘伯承发出"建设人民的生产的新重庆"号召,1950年6月7日邓小平致刘岱峰的信说,"调整工商业问题,重庆已略有眉目,望将注意力转向其他重要城市"。可以看到,这一阶段西南局调整恢复工商业的工作主要集中在重庆市。1950年7月15日曹荻秋《重庆市四个月来的政府工作与今后工作中心任务报告》加强了我们对这一问题的看法。

接管工作告一段落之后,1950年1月23日,刘伯承在第一届各界人民代表大会上,提出了"建设人民的生产的新重庆"方针,要求在重庆进一步建立革命秩序,保卫治安、恢复生产、展开文化教育运动。以渐次恢复起来的人民的重庆,来支援即将完成的解放战争,协助农村改革,发展农业生产;然后在农村土改的完成与农业发展的基础上,进一步发展重庆市的生产建设,使之稳定地繁荣起来。此后,市委、市府把迅速恢复生产列为重庆市的中心工作。[②]

针对当时"大行业困难较大,小行业困难较小"的情况,重庆市政府决定按照"重点恢复"的原则,分不同情况,通过各级机关的指导和大力扶持,运用收购、订货、加工、贷款等种种形式,来逐步解决工商业的困难,恢复正常的社会经济活动。

《重庆发展六十年》对解放初期重庆市恢复工商业的措施和进程有专门论述。为了配合社会经济活动的正常开展,1950年3月1日中共重庆市委提出了有计划恢复和发展生产的方针,紧接着成立重庆市人民政府财政经济委员会,统一管理全市的经济工作。在组织恢复工农业生产中重庆

---

① 参见杨世宁《西南军政委员会与建国初期西南区的政权接管》,四川大学博士论文,完成日期:2005年9月30日,第99页。
② 参见刘伯承《为建设人民的生产的重庆而斗争》(1950年1月23日),载中共重庆市委党史研究室、重庆市档案馆编《重庆解放:1949.11.30》,中国档案出版社2009年版,第217页。

市人民政府采取了以下措施：

1. 制订全市公营和私营生产与贸易的大体计划，改变无政府状态，有组织、有步骤地恢复生产。市政府组织编制了1951年生产计划，1952年国民经济计划，指导恢复生产。

2. 利用有限的财政、信贷资金，支持与国防建设和国计民生密切相关的兵工厂、粮食加工厂、日用品加工厂首先复工或部分复工。

3. 本着公私兼顾的原则，对私营企业采取合同加工、订货、收购、贷款等方式，扶持私营企业尽快复工，仅1950年对私营企业有组织的加工、订货、收购共计达4660多万元，银行贷款1000多万元，扶持了50多个行业的恢复生产。

4. 积极协调劳资关系。1950年就调解处理劳资纠纷2180多件，订立劳资协议和契约共670多件，组织建立90多个劳资协商会，使劳资纠纷逐步下降，劳资关系日趋正常。

5. 改革企业经营管理机构，包括清除反动官吏，精简臃肿机构，建立八小时工作制等一系列制度。

6. 积极组织联营社，集中资金，有计划地恢复生产。仅1950年就组织联营社70多个，参加厂商达1400户。[①]

这些措施使重庆工商业普遍复苏。据有关统计资料，1950年2月至12月底工业开业1290多户，停业170多户，实际增加开业1120户，商业开业4000多户，歇业1500多户，实际增加开业2430多户；开业的工商业职工人数达16600人。[②]

工商业的复苏给金融业带来生机，1950年4月，在市人民银行领导下，成立了市金融联合贷款团。5月底止，人民银行重庆分行共贷出款项474万元，其中90%以上是贷给私营厂商的。除此之外，汇兑业务日益开展，票据交换逐月增加。1950年12月人民银行重庆分行汇出款额比1月增加78倍。通汇地点由1月的20多处增加到12月的520处；通汇入款额比1月增加82倍。私营行庄同期汇出款额增加37倍；汇入款额增加36.2倍。

[①] 参见重庆市人民政府办公厅等编《重庆发展六十年（1949—2009）》，重庆出版社2009年版，第132页。

[②] 同上。

随着工商业的复苏和金融业的发展，重庆市的经济得到多方位的发展。1950年5月，西南军政委员会贸易部为复苏重庆市航运业，耗资60万元人民币，替各私营轮船公司储备煤炭16000吨，以保证在长江洪水期到来时不致发生煤荒。人民政府还向重庆各轮船公司贷款93.8万元，5月底基本上恢复了船运业。同时，人民政府又以贷款、订购方式，大力扶助煤矿业生产。1950年2—5月，人民银行重庆分行及交通银行贷给煤矿业共31.07万元。政府还订购8.6万余吨煤，协助各矿克服产品滞销困难。为扶持钢铁机械业生产，成渝铁路开工后，所需的第一批器材分配给私营机械工厂承制的共500余吨，使重庆停工已久的将近30家大中小型钢铁、机械厂，于6月重新开工，从而带动400余家小型工厂也恢复了生产。此外，军需部门还自行向私营厂商订购了大批军需品。粮食公司先后供给40多家碾米厂加工米7.8万担，花纱公司在3个月内，供给棉纺织业棉花7.1万担，使拥有12万锭的重庆棉纱工业得以迅速恢复。[①]

1950年企业局在三四月份工作总结报告中指出，我们三四月份的工作是以有重点地恢复公营工厂的生产、调查公私合营工厂、登记私营工厂为中心。公营工厂除电工度量衡两厂早已恢复生产外，3月初恢复了耐火材料厂生产，3月11日造纸厂正式开工。皮革厂、化学药品厂、化工厂则维持半开工状态。机械厂、油脂厂由于市场销路困难，成品低劣，复工条件不够，尚未开工。3月下旬由财委会划归企业局领导的骨粉厂经过整理后，于4月初即行开工。为了便于领导并节约开支决定将油脂厂、骨粉厂合并于化学工厂。机械厂与度量衡厂合并，已着手进行。直至目前为止，直接为我们领导的公营工厂共10个。

公私合营工厂经财委会划归企业局共15家。其中华盛机器厂、允利实业公司、中国呢帽厂，已于抗战胜利后结束。华源纺织厂已由贸易部接管。中国药品提炼厂为军医系统接管。面粉公司不承认有官股正在调查中。渝鑫铜铁厂有金城银行、民生公司、大兴等间接官股，必须待前述3处的官股成分决定后，才能确定它的性质。大公铁工厂因是大公职校的附属实验工厂，是伪教育部在该校设土木机械科而创设的，仅有破烂机器4

[①] 参见重庆市人民政府办公厅等编《重庆发展六十年（1949—2009）》，重庆出版社2009年版，第132页。

部。中国国货实验工厂、集成公司、华新电气冶金公司、庆华颜料厂、华侨企业公司、火柴原料厂，已派人去了解情况进行工作。中国毛纺织厂已奉令派人进行代管。

3月份起会同工商局开始办理全市私营工商业登记，至4月底止已办理登记之私营工业共12业。主要之工业均已登记。手工业拟于5月份办理登记。①

根据了解，重庆市公营、公私合营及私营工厂数、职工人数和开工情况见表3—4。

表3—4　　　　　重庆市公营、私营及公私合营工厂概况

类别		重工	纺织	食品	化学	印刷	建筑	猪鬃	其他	总计
职工人数		55551	22453	3973	6282	不详	不详	不详	966	89225
工厂数		332	320	309	345	35	21	28	77	1467
性质	公营	25	6	1	5	5			2	44
	私营	301	313	307	338	30	21	28	63	1401
	公私合营	6	1	1	2				12	22
现况	开工	-190	240	185	136	24	6	10	27	818
	停工	97	72	28	163	2	4	-9	24	399
	不详	45	8	96	46	9	11	9	26	250
附注		职工人数如包括市政、码头工人、海员、店员在，约总人数则为126308人。								

资料来源：《企业局三四月份工作总结报告》（1950年5月15日），载重庆市人民政府秘书处研究室编《重庆政报》第1卷第3期。

1950年企业局三四月份另一份工作总结报告指出，在本局已经接管而复工的各工厂中，三四月份的生产状况已逐步恢复。大部分是达到原定生产计划标准，电工厂一部分已超过计划。但也有部分工厂，因原料、资金或销路等困难，未能照预定计划进行。在已复工工厂中，如重庆电工厂3月份计划生产灯泡7万只，小电珠1万只，单电池3000打，甲电池1500只，极片1万片，蓄电池20只，马达发电机64台。结果3月份的生

---

① 参见《企业局三四月份工作总结报告》，载重庆市人民政府秘书处研究室编《重庆政报》第1卷第3期。

产超过计划，灯泡超过4%，单电池超过21%，甲电池超过45%，极片超过20%，蓄电池超过50%，马达发电机超过70%。4月份灯泡产量达到3月份标准，蓄电池超过上月标准，极片产量则较3月份增加1倍，较原计划增加140%。重庆造纸厂三四月份计划每月造纸750令，3月份开工半月，即完成403令，4月份至26日止完成600令，至月底可完成计划。但也有距计划甚远如化工厂三四月份计划出产代汽油7000加仑，柴油2万加仑，因滞销，汽油仅出1500加仑，柴油仅产5300加仑，距离计划甚远。耐火砖厂3月份完成1万块订货后，4月份未接受订货。度量衡厂则因为大量修理工作，未能大量制造。皮革厂也仅部分开工，按照设备每月可制390担，三四月份每月仅计划65担，但结果3月份仅完成20担。4月份更差。化学药品厂仅部分复工，产量甚少。此外，机械厂及骨粉厂则尚未开工。营业处成立后，3月份营业情况较2月份营业总额仅约3亿元，4月份因地址迁移关系营业较差，仅达2亿元左右。自2月初营业处成立至4月底止，营业收入减去销货成本及其他营业支出，按账面数字计算，可盈余5644万元。大部分为电工厂售货之收益，此项盈余已弥补其他各厂之亏损。现在除营业处尽力向各方接洽开拓销路外，各厂亦个别向各方推销，下月份营业情况将较有希望。[①]

1950年7月15日，重庆市副市长曹荻秋在《重庆市四个月来的政府工作与今后工作中心任务》报告中指出，从这四个多月来看，本市工商业的情况是开始有了变化，最主要的是开始并逐步地转变了一般的停滞现象。在开工上，据第一期工业登记的材料，煤矿、纺织、火柴、土布、毛巾、针织、制革、橡胶、碾米、机器、电工、纸烟等各业，计2918家，已开工了2655家，占91%。在产销量上，有许多行业较解放前三个月的产销量还有了增加，如煤矿业中的洗焦、烟煤，橡胶业中的力士鞋，针织业中的袜子、毛巾，制革业中的面里皮、皮带、底皮，电工器材业中的灯泡、电池、纱包线，机器业中的面机、车床、碾米机、水轮机、铸铜、生铁铸件、元钉、绒棍、其他工作机等。目前月产量与解放前三个月的平均月产量的对比，为109%至265%，其中铸铜为986%，车床为200%，皮带为1402%。又如毛巾、袜子、皮带、灯泡、纱包线等目前的月销量与

---

① 参见《企业局三四月份工作总结报告》，载重庆市人民政府秘书处研究室编《重庆政报》第1卷第3期。

解放前三个月的平均月销量的对比，则为100%至250%。还有石棉线、石棉呢达到1098%，铸铜为1126%，绒棍为2650%。当然，目前的产销量从总的来说都还是很微弱，不过与解放之前三个月的情况对比起来是可以看到恢复生产的一般动态的。在与全国各地汇兑上，汇款数量也有所增加，如汇出方面，1月份272亿4千元，2月份572亿元，3月份898亿元，4月份1140亿3千元，5月份2791亿6千元。汇入方面，1月份285亿元，2月份474亿5千元，3月份1184亿9千元，4月份2200亿元，5月份4212亿元。其中工商业汇款所占的比例是1月汇入占97.54%，汇出占97.06%；2月份汇入占97.86%，汇出占90.03%；3月份汇入占79.81%，汇出占71.6%；4月份汇入占96.14%，汇出占84.99%；5月份汇入占61.37%，汇出占60.52%。[1]

上述事实说明，从1950年6月起，全市工商业运营状况渐趋正常，全市商品交易量大量增加，银行放贷和汇兑业务骤增。这些状况有力地鼓舞了工商业者的信心和积极性，进一步促进了城乡交通的畅通和市场的活跃，重庆市的工商业终于摆脱了困境，开始稳步恢复。[2]

1950年6月7日，邓小平在致西南军政委员会财政经济委员会副主任、编制委员会副主任刘岱峰的信中说，"调整工商业问题，重庆已略有眉目，望将注意力转向其他重要城市，务求解决问题。川南问题是严重的，应作专门研究，并将解决办法告各地参考"[3]。1950年7月22日邓小平在中共中央西南局委员会第三次会议上作《半年来的工作成绩使我们开始摆脱被动状态》的报告指出，"调整工商业工作从五月开始，在主要城市已获显著成绩，工商界已经不大叫了，顾虑也减少了，市场较前活跃了。但在其他城市，这项工作才开始，问题还很多"[4]。

这一时期，工商业情况之所以有此转变，是由于中央和西南刘贺邓诸首长的领导和必要措施的正确，由于全国财经工作的统一和金融物价的稳定；由于工人阶级觉悟提高，在克己精神下努力维持和恢复生产；由于工

---

[1] 参见曹荻秋《重庆市四个月来的政府工作与今后工作中心任务》，载重庆市人民政府研究室编《重庆政报》第1卷第4期（1950年7月15日）。

[2] 参见重庆市人民政府办公厅等编《重庆发展六十年（1949—2009）》，重庆出版社2009年版，第132页。

[3] 《邓小平西南工作文集》，中央文献出版社、重庆出版社2006年版，第173页。

[4] 同上书，第208页。

商业者对政府的财经政策有了初步的认识,有的已认真负责生产,其中还有的改变旧日不平等对待工人的态度,部分地改善不合理的机构制度和管理,成本也稍减低了一些;又由于公营企业起领导推动作用,与政府采取有计划的重点扶助,曾召开 6 个行业的十余次专业会议,研究解决具体问题,并以加工、订货、收购、贷款等办法,在公私兼顾原则下扶助私营厂商克服生产中的困难,收得一定成效。①

工商企业从政府承包工程,对于企业缓解经营困难、恢复正常生产十分关键。这从 1950 年 5 月 30 日渝鑫钢铁厂李志亲给段部长的信可以看出。信件原文为:我厂于解放前备受反动统治无限的压榨与剥削,以致处境万分困难。临解放时,匪军又大量破坏,重庆工业更受影响,因之社会经济短期难以复元,故我厂近数月来,业务毫无,只靠贱价变卖时销机器与原料,勉强维持员工生活。前获你部供销公司介绍公路局承制桥梁两座,以救燃眉,但收入有限,仅足够五六十人之工作及生活,其余大部员工 200 余人已濒于饥饿边缘,厂中器材实属无法再变卖,即能变卖已无人接手。前以政府接管伊始,开支浩繁,财经困难,故未敢请你部救济,自行多方设法克服暂时拮据,乃目前处境更艰,迫不得已,用特专函请你部正视我厂困难,乞于近期内分配一批工作给我厂承做,以维生存,而利生产。②

为了促进工商业经营状况根本好转,西南局和各级政府从加工、订货、收购、贷款等几个方面着力解决工商企业面对的困难。

在收购方面。至 5 月 20 日为止,国营贸易公司向私营厂商收购各种货品,所投放现金的总数达 1284 亿。花纱布公司收购 20 支棉纱 1658 件,各种布 51313 匹,付出人民币计 210 亿元,其中用作向私营厂商收购占 70%,公营仅占 30%,并收购了新亚热水瓶厂全部的存货及永新肥皂厂 1000 余箱肥皂(约合三个月的产量),这使两家已全部停工的工厂能重新筹备全部开工;土产公司通过收购猪鬃、羊皮等物资,共放出现金 362 亿,使在解放前全部停工的洗鬃厂及大部停业的土产贩运商、出口商,纷纷恢复活力,现复工(有固定厂址者)的洗鬃厂达 80 余家;油脂公司在

---

① 参见曹荻秋《重庆市四个月来的政府工作与今后工作中心任务》,载重庆市人民政府研究室编《重庆政报》第 1 卷第 4 期(1950 年 7 月 15 日)。
② 参见 1950 年 5 月 30 日《本部关于渝鑫钢铁厂的调查材料》,全宗名:西南军政委员会工业部,全宗号:建大 8,目录号:01,卷号 0147。

收购中共投出578亿,至4月底止计收购桐油1079吨,大大鼓舞了桐农的生产情绪,并使贩运商的资金得以灵活周转。①

在委托加工方面。如粮食公司先后供给40多家碾米厂加工米78000余担;3月、4月、5月三个月内,花纱布公司供给棉纺织业原棉加工为纱布,共付出棉花71000余担,其中仅申新、渝新两厂即获得10100多担,解决了他们全部的需要,使机器得以全部开运,并且目前还在源源供应中。②

根据西南工业的这一状况,西南财委提出举办交通建设、以交通养活工业、以国营带动私营的计划。"中央在万分的财政困难下,批准了西南这个计划,投资西南公路建设7600万斤(米),铁路18000万斤(钢轨在外)。"③从五六月份开始,公路建设及成渝铁路的相继开工,国营、私营工业开始接到订货,生产情况逐步好转。尤其是成渝铁路的开工,不仅使国营钢铁机械制造业生产得以恢复发展,也使私营钢铁机器业逐渐从停顿关闭状态中复活了过来。从1950年5月到12月底的半年时间里,分配给私营钢铁机器业的订货,计成渝路签订合同27批约900多吨,钢铁局签订合同88份约780多吨,使428家私营机器厂全部获得订货而恢复生产,铁作业中的185家大型铁铺也都接到订货。④

在订货方面。对私营企业如酒精、橡胶、毛巾、针织、皮革、土布、煤矿等业,也起了不小的扶助作用,如对酒精业的订货使一部分业已完全停止的酒精厂复工了;到5月为止,还先后订购毛巾3万打,帐子布1200万方市尺,煤67000吨;这些订货不但解决了一部分工厂无活可做和销路呆滞的困难,而且还指导私营企业克服生产的盲目性,如煤矿业接受订货知道每月用煤量后,即可量销为产,同时由于订货时要商定规格,

---

① 参见曹荻秋《重庆市四个月来的政府工作与今后工作中心任务》,载重庆市人民政府研究室编《重庆政报》第1卷第4期(1950年7月15日)。

② 同上。

③ 刘岱峰:《关于西南区财经工作的报告》(1950年7月在西南军政委员会第一次全体委员会议上),载川西行政公署秘书处编印《西南军政委员会第一次全体委员会议文件汇集》(1950年8月),四川省档案馆藏《建国后资料》,案卷号1—2/4。

④ 参见西南军政委员会工业部《一九五零年工作综合报告》,载《西南区一九五零年工作总结报告》,四川省档案馆存档,全宗号:建大5,案卷号:1129。

这就提高了产品的质量。①

在贷款方面。人民银行重庆分行自开业到 5 月底，贷出款项共 474 亿元，其中 90% 以上是贷给私营厂商的。从贷款类别中，可以看出有重点地扶助了下面这些行业：贸易事业 160 亿，占贷款总额 33.85%；交通事业 142 亿，占 30.01%；工矿事业 72 亿，占 15.36%；进出口业 48 亿，占 10.12%；公用事业 20 亿，占 4.12%；合作事业 17.7 亿，占 3.73%；其他 12 亿，占 2.73%。这些贷款用途，一般讲来都是正当的，以本市航运业民生公司为例，它所以能够渡过恢复生产中的困难，银行给以多次的贷款是一个主要原因，又如电力公司第三厂的修复，丝业公司收购蚕茧，各盐号到自流井运销盐斤，各土产公司运输土产出口，各煤矿公司恢复生产等，都因获得贷款而解决了困难；这是很显然，贷款对这些重点行业的恢复与发展起了重大的作用。②

《1950 年投资预算说明书》很清晰地表达了贷款对于工商企业恢复和发展生产的极端重要性。《预算说明书》的内容如下：

> 西南工业中心为昆明与重庆，但重要的与较大型的则集中在重庆市郊。工业部现直接领导的有如下各厂：钢铁第 29 兵工厂，第 24 兵工厂，电化冶炼厂，兴业公司；机械第 10、20、21、31、50 兵工厂；502 及 503 汽车修配厂，豫丰纱锭厂；煤铁矿南桐煤矿、和平煤矿、綦江铁矿；重庆造纸厂及泸州 23 兵工厂（化学）；长寿水力发电及 23 分厂；豫丰纱厂。以上各厂矿，除豫丰纱厂、纸厂、汽车修配厂外，均须给予资金方能进行生产。复因各单位散布于交通不便之区，各厂设备零散，管理制度紊乱，职工数目冗多，如欲生产成本低廉之商品，势必投入较大资金以解决这些不合理的问题。③

此外，随着物价平衡下跌的趋势，银行各项存款放款的利息作了适当

---

① 参见曹荻秋《重庆市四个月来的政府工作与今后工作中心任务》，载重庆市人民政府研究室编《重庆政报》一卷四期（1950 年 7 月 15 日）。

② 参见曹荻秋《重庆市四个月来的政府工作与今后工作中心任务》，载重庆市人民政府研究室编《重庆政报》第 1 卷第 4 期（1950 年 7 月 15 日）。

③ 参见文件名《1950 年投资预算说明书》，全宗名：西南军政委员会工业部，全宗号：建大 18，目录号：01，案卷号：011。

的调整，从4月1日到5月25日止，计降低存放利率9次。至1950年7月已降到定期存款月息1分4，放款3分，降低幅度为77%，同一时期物价下跌为25%，这样适应物价情况及参酌工商业一般利润稳步降低利息，使生产降低成本，工商业家不致受高利侵蚀，这对克服当时生产的困难是有利的。[①]

这一时期虽然在扶持工商业之恢复方面曾作了若干努力，但检查起来还有许多方面做得异常不够，还有不少的缺点存在。1950年7月15日，曹荻秋在报告中指出，如对某些工商业的困难主动解决不够，有的时间稍迟缓了，还一方面是由于市府对工商业的真实情况不了解，无法判断谁是真困难，谁是假困难；而另一方面是若干工商业者还不愿将他的真实情况反映给政府，还保持了对国民党反动政府时代的老态度，这对我们工商业的恢复已产生了若干影响，值得作为我们今后的教训。[②]

第四节 合理调整工商业

在通过采取加工、订货、贷款、救济失业工人、以重点建设带动生产恢复等措施恢复与发展工商业的同时，西南军政委员会工业部和贸易部还执行了中央调整工商业的方针，通过调整劳资关系、公私关系、产销关系，对工商业进行了调整。

一 调整产销关系

西南军政委员会工业部1950年综合报告指出，调整工商业的具体措施，一是本劳资两利原则调整劳资关系，建立劳资协商委员会并订立劳资协议和契约，使劳资纠纷减少，劳资关系趋于正常。二是本公私兼顾原则调整公私关系，在物价改革上，合理地调整了批发与零售、地区与地区之间的差价，使私人资本有利可图；在经营范围上，大体作了划分；在加工、订货、收购、贷款、救济失业等方面，均予私营企业以扶持。三是本以销定产原则调整产销关系，召开一系列专业性会议，公私代表一起参

---

① 参见曹荻秋《重庆市四个月来的政府工作与今后工作中心任务》，载重庆市人民政府研究室编《重庆政报》第1卷第4期（1950年7月15日）。

② 同上。

加,具体制订各行业的生产计划,合理分配生产任务,克服生产中的无政府状态。如6月在重庆召开了28个行业的百货产销会议,9月又召开了山货、药材、榨菜等业务座谈会。①

当时,重庆私营工商企业的数量大于公营和公私合营的工商企业,一些民族工商业者处于观望状态,缺乏生产积极性。一些民族工商业者觉得那些先解放的大城市会对重庆有很大的支援,认为重庆的经济会比上海、汉口等城市恢复得快些。他们甚至把修建成渝铁路、建设大型港口码头、修建长江和嘉陵江铁桥都当作了指日可待的事情。他们对重庆周边交通的制约,对城乡商品流通受到阻碍,对工商业的生产、销售、原材料采购等各个环节的具体困难等,都缺乏全面了解与认识。1950年3月,西南区实行财政统一,加紧了推销政府公债、抓紧税收、同时收紧银根控制贷款后,工商界才对具体困难有了切身体会,但如何克服这些困难缺乏足够的思想准备。②

困难要客观看待,切实加以解决。邓小平在1950年5月16日明确指出:"我们的政策是调节劳资、两利兼顾,否则对整个国民经济不利。我们要扶助有益于国计民生的私营工商业,鼓励私人生产的积极性。资方要改善管理,降低成本。"③重庆市政府根据邓小平的指示精神,对于工商业进行了必要的调整,对于银钱业及其他销售奢侈品的商店等不利于国计民生的私营企业,则是积极帮助其转业。对于粮食店、煤店、铁木厂、五金业、交通运输业等有益于国计民生的企业则是给予大力的支持。针对私营工商企业资金困难的问题,政府指示人民银行向私营企业投放贷款。1950年1月至9月,人民银行重庆分行向私营工商业投放贷款2244.5亿元(旧币),人民银行贵州分行向企业贷款2269.7亿元,其中私营企业占51.51%,国营企业占41.88%,其他占6.61%。④

重庆市政府还通过贷款、救济失业、订货、加工、收购等办法,促使私营企业生产的恢复。通过加工订货,部分私营工商企业逐渐恢复正常,

---

① 参见西南军政委员会工业部《一九五零年工作综合报告》,载《西南区一九五零年工作总结报告》,四川省档案馆存档,全宗号:建大5,案卷号:1129。
② 参见中共重庆市委党史研究室等编《邓小平与大西南》(1949—1952),中央文献出版社2000年版,第157—159页。
③ 《邓小平文选》第一卷,人民出版社1994年版,第148页。
④ 参见中共重庆市委党史研究室等编《邓小平与大西南》(1949—1952),中央文献出版社2000年版,第157—159页。

例如在修建成渝铁路中，政府通过加工订货，使重庆市428家私营机器厂家恢复生产，依靠修建成渝铁路的加工订货，带动了五金、木材等工商企业恢复生产。在抗美援朝战争、中国人民解放军进军西藏的过程中，橡胶、被服、毛巾针织品、罐头食品等军需物资的大批加工订货，也带动了相关生产企业的恢复生产。除此之外，国营公司对于私营棉纺织企业生产的布匹、棉纱等新产品进行收购。通过采取上述种种措施，重庆市私营工商企业得到恢复。在企业改革中，政府又引导私营工商企业联合经营，截至1951年底，重庆市已有2296户工商户、1984户工厂作坊、314户商号实行私私联营。[1]

在公私关系和供求关系上，一定要公私兼顾，共渡难关。比如军事订货就是一项很大的生意，胶鞋、马鞍、被服、药品等可向私营企业倾斜，枪支弹药主要是面向国营兵工厂。邓小平规定，"加工订货一定要经过工商局，大的要经过财经委员会"[2]。

1950年6月，为贯彻中共七届三中全会精神和西南局确定的合理调整工商业的任务，西南区工商厅局长会议在重庆召开，着力解决市场萧条、生产经营困难、私营工商业纷纷关厂歇店、新的失业现象增加等问题。紧接着，西南贸易部和工业部按照不同的行业，召开山货、药材、干菜、煤炭、木材等行业的私商座谈会，各省区亦召开了同样的会议，各地大中城市工商厅局都建立了包括国营、私营在内的各业调整委员会。在这些会议上，根据照顾生产、消费、运销三方面利益的原则，订立了零售与批发、产地与销地之间的合理差价，使经过改善经营的厂商均可维持，并有适当利润。关于经营范围、加工标准、税收制度等，也都在这些会议上求得比较共同的认识。在调查研究、了解各业情况、宣传政策的基础上，通过订货、收购、加工、贷款给私营工商业以帮助。截至1950年10月，全区共支出资金收购商品114亿元（土产占70%），订货1.3亿元，加工费（粮食、棉纱）15.7亿元，共132亿元，贷款19亿元。重要的工厂、手工业和不少农村土产都因得到扶助，产销情况开始好转。工会、劳动局也配合进行调整劳资关系，在工人中进行教育，主动克服困难，团结并推

---

[1] 参见中共重庆市委党史研究室等编《邓小平与大西南》（1949—1952），中央文献出版社2000年版，第157—159页。
[2] 艾新全、林明远：《邓小平在西南的理论与实践》，重庆出版社2010年版，第162页。

动资方兼顾两利，生产效率因之提高。工商业者的疑虑开始逐渐消除，并在得到直接扶助后，感觉有利可图，开始积极经营，设法克服困难。①

西南区川东盐业分公司1951年上半年度工作总结，1950年12月底重庆存放解放前旧盐6000担，1950年6月以前旧盐29000担，7—12月份旧盐58000担，共93000担（内有炭盐40000担）。这些盐大部分是川南旧存盐，质劣色坏，为了完成推陈任务，各处专修了盐池，将好坏盐倾入混合，提高了盐质，团结挑贩零担放售，仍以好色好盐整包放售，维持销市。这样就把旧存盐销清。目前存盐情况，仅解放前旧盐3000担（存黄桷渡盐仓，因该仓领导关系，我们尚未处理），1950年旧炭盐17000担，其余均是1951年4、5月份运到的盐斤。②

1954年5月份中财委提出以大力调整工商业之后，重庆市第二次人民代表会议根据重庆市情况作了详尽的研究，并组织了工商业调委会。3个月来，工商局协同调委会及有关部门分清轻重缓急，先后调整了煤矿、面粉、棉纱、卷烟、火柴、橡胶、被服、绸布、钢铁、机器、五金、木商业等12个行业，召开30次以上的大小调整会议，取得了一定的成绩，同时也发现了若干问题。下面对各行业调整具体情况进行介绍。

煤矿业。解放后一向滞销，平均每月产6万余吨，销量每月平均为35000吨，到7月底止，各矿存煤约16万吨，足够4个月销售，调整委员会根据量销为产的原则，经与工业部、煤管局，以及各煤矿协议，从8月份起，确定月产数字为37000吨，8月份各矿开始减产，总产量已退到40000吨以下，逐渐使产销趋于平衡。在推动厂方改善经营、减低成本、提高质量上也初步取得了成绩，解放初期锅炉煤每吨40个折实单位，规格为灰粉32%，经过逐步改造，目前每吨为33个折实单位，灰粉减低为20%—25%，这些成绩主要是由于工人阶级觉悟的提高、发动生产节约取得的，但资本家积极经营，也起了一定的作用，最近由于煤矿减产，煤业工人还乡生产与转业的在4000人左右，政府又照顾了煤业的困难，从贷款与收购存煤方面协助煤矿业解决了不少困难，从10月份起，煤矿业基本上可以达到产销平衡和收支平衡。

---

① 艾新全、林明远：《邓小平在西南的理论与实践》，重庆出版社2010年版，第162—163页。

② 参见《西南区川东盐业分公司1951年上半年度工作总结》，全宗号：建大26，案卷号：493。

棉纺业。花纱布公司曾以加工代纺方式，解决了本市私营纱厂的原料资金困难，数月来，由于工人的努力与政府的推动，资本家树立了经营的信心，与厂方逐渐地具有了改革的决心，在改革工作上，各厂均获得成绩，特别是沙市纱厂在减高薪、反浪费、裁冗员等不合理改革之后，每月节省80000个单位，逐渐做到了自给。解放初期每件纱缴费用平均要380个折实单位，6月花纱布公司规定的加工工缴费为280个折实单位，9月份为270个折实单位，解放初期每件纱需要原棉470斤，花纱布公司规定的加工原棉量6月份为425斤，9月份为420斤，各纺织厂虽然还不能够全部达到这个标准，但起码也接近了这个标准。最近新棉上市，公私厂商又在花纱布公司与本局共同协助之下，组织了公私纱厂联合购棉处，联合到陕鄂以及西南等地采购原棉。防止盲目抢购现象发生，保证棉价政策的稳定。

面粉业。7月份起接受粮管局直接加工委托，7月份加工小麦300万斤，8月份增到780万斤，9月份增到799万斤，加工厂家从7月份的6家增到9月份19家，按9月份加工数量合八一粉约14万5000余袋，占本市面粉业生产能力60%以上，由于加工数量大，9月份流入市场的八一粉售价低至24000元1袋，仅及成本2/3，同时市场上花色粉随时波动，价格较高，形成面粉厂大批出售预贷。而粮管局在本市加工小麦，到1955年2月份全部完毕，届时加工数量骤减，粉厂将面临很大困难，在工商局与有关部门，如粮管局与粮食公司几度商议，照顾面粉业长期利益，做到有计划地生产，提出了新的方案，撤销了旧的办法与合同，从10月份起，将每月加工数减少一半，以各厂加工成绩，逐月作适当分配。如此有计划的调整，使得加工期限能维持到明年6月新麦登市，减少了盲目性的生产。

卷烟业。随着工商业好转与梅雨季节过后，纸烟销路逐月好转，7月份产2745箱，销2766箱；8月份产3158箱，销2828箱，但部分卷烟厂存在着盲目乐观情绪，提出不恰当的增加生产的要求，工商局根据中央及西南工业部半年18000箱的生产量的决定，为使产销做到平衡，召集有关部门与厂方作出具体的生产量的分配计划，纠正了盲目乐观的情绪，决定了9月份总生产量为3341箱，伸缩性在5%之内，今后每月按产销实际情况，逐月调整增减。

火柴业。全国火柴业会议决定，每月西南产量为4400箱，西南分配川东与重庆区每月1800箱，在这1800箱的数字内工商局川东工商厅与火柴业又作分配，重庆市内每月分配为302箱，除丰裕外（分配123箱，8月产109.5箱，销122箱；9月产165箱，销76箱）。其他如华业、西南、涪都等厂由于原料资金缺乏以及存货较多等原因，各厂时开时停，尚未产到此数。

橡胶业。本年元月份起，接受军需部订货及盲目增产，从解放前每月5万双到4月份增到20万双左右，但从6月份起，军需部停止订货，6、7、8三个月在市场上售出总数仅有1000余双，产销失调，增加困难，9月份虽遣散工人、减低产量，但仍不能维持。经与军需部研究，订立从1954年9月至1955年1月的较长期的订货，共为60万双，从9月到11月为263000双，11月到1月为337000双，相当程度上解决了橡胶业的产销问题。

被服厂。过去加工订货，没有统一的组织领导，使得带有投机性的分子挤垮了正式工厂，增加了新的劳资纠纷，工商局协同军需部共同整理，按地区分小组，互相保证检举，发动正当的工厂对不履行合同、有欺骗行为、不够格的工厂进行了一次群众性审查、检举，结果使原有64家2743架机车减为有信誉、有成绩的工厂39家，有机车1954架，分成11个小组，接受加工订货的委托，工商局根据每次成绩信用，决定下一次的分配数量。自整理之后，已接受17亿元的加工任务。

绸布业。这个行业的基本问题是公私关系中批发与零售的差价问题，绸布业开始困难，以营业清淡的2月、3月、4月份的收支对照作依据计算成本，希望差价最少到14.7%，百货公司没有具体材料，一时未能求得比较合理的差价，经几次调查、试算、协商，随着绸布业务逐渐好转，最后协商决定，批发与零售平均的差价为12%，最高为15%，最低为8%，先行试办一个月，以后视情况再行调整，每码按2尺7寸计算，扣除2%的折耗，这样解决了余尺的问题。

钢铁机器业。成渝路与西南铁路局大批订货，使得钢铁机器业90%以上得以恢复，有的还有发展，然而在订货中存在不少问题，本局邀同有关双方进行检查，发现不少工厂不能按时按量按质交货，有的被路局验收不上，反说路局没有遵守合同，由于路局交款较迟，更使工厂推卸责任，我们表扬了好的，批评了坏的，今后公私双方严格执行合同，决定公私双方由有关各方成立价格、分配、规格小组，三个小组在工商局领导下，接受过去经验,解决上述三方面的具体问题。

五金业。七八月份,五金业曾一度波动,经过西南财委决定统一加工订货收购以后,工商局先检查了本市的五金存量,再决定购买数量。向确有存货的工商户直接购买,防止套购加价、转买等手法,五金的市价立刻逐渐合理地下降,如铁板每吨 8 月尾为 1800 万,统一采购后下落到 1400 万,跌价 20% 以上,工商局为了照顾地区差价,使来货源源供应,同意将每吨价提高 50 万—80 万元,又对本市缺少的货品(如铅丝),将买卖双方组织起来,订立订购合同,预付资金到外区采购,在不影响市价的原则下,既可使私商获得相当利润,又可解决原料供求问题。

木商业。过去曾一度涨价,基本原因是供求关系,由于巨量的建筑器材的需要,而该业存底贫乏,求过于供,工商局与有关方面成立了有关木料采购的分配指导小组,由小组向买方统一进购,将本市现存的木料作了适当的分配,并组织需要大批木料各方抽调干部人员分偕木商到各厂区督促赶运,解决木荒问题。

其他各土产药材出口等,由贸易部航运局分别召开若干会议,认识接近于统一,具体问题,正在次第加以解决。

由于以上行业的初步调整,在公私关系上,有了较明确的分工,已初步实现了统筹兼顾,使公私双方在生产的道路上开始各得其所,公私关系逐渐趋于正常。在产销关系上根据全国性一系列的专业会议以及量销定产的原则,在以上行业的产销中,逐渐地加强了计划性,开始接近于产销平衡,防止了盲目生产而发生的过分膨胀与过分萎缩现象,为计划经济打下了初步的基础,同时由于初步实行了调整,使得公私双方对政策的了解,渐趋于一致,再加上劳资关系日趋正常,开始推动了工商业者在经营上的改善,提高了工商业者对经营的信心,这是几个月来调整工商业主要的成就。

但不可否认的是,在调整工商业工作中,还存在着不少甚至严重的问题,如不加以克服,我们的调整工作将无法深入与提高。调整工商业中普遍存在的比较严重的问题,是对公私关系的认识与实践问题。几个月来产销关系曾有初步解决,但在部分厂商中并未彻底解决。我们有关部门在调整工商业工作上认识未尽统一,行动上也未能一致。[1]

---

[1] 参见《重庆市工商局关于七、八、九三个月来调整工商业报告》,全宗名:西南军政委员会财政经济委员会,全宗号:建大 13、案卷号:589。

二 理顺劳资关系

解放初期，重庆市的劳资关系一度紧张。特别是1950年3月以后，因解雇工人而引起的劳资纠纷发展到十分尖锐的程度。据西南劳动部统计，从1950年1月至6月20日，重庆、成都、贵阳三地共发生劳资纠纷1008件，其中重庆占824件，成都97件，贵阳87件。在这些案件中，纠纷最多的是商店，尤以过去服务于官僚资产阶级的西服、皮鞋、呢帽、银钱等业最多。纠纷以解雇、欠薪的为最多，两者占总数的64%。在这些纠纷案件中，又以中小型企业为最多，原因是过去工资低，资方资金薄弱，计较小利，营业稍有不振，便停工歇业。这些企业由于分散，工人没有很好地组织起来，不能给资方有力的推动，也不能自行协商，往往产生劳资纠纷。[1]

（一）劳资关系状况及形成原因

劳资纠纷的产生有其深刻的历史根源和现实复杂原因。一方面，随着新的经济秩序的建立，私营企业过去那套投机性经营完全不能适应新经济秩序的发展要求，加之交通不畅，原材料供应不足，产品滞销，亏损严重，即使国家采取贷款、订货、委托加工等措施进行扶持，仍有2000多家企业一时被迫停工。而不少工商业主由于对政策不够了解，顾虑重重，消极等待，有困难不设法克服，想"拖垮"了事；或者依赖银行贷款，把困难转嫁给政府和工会，挑起工人对党和政府的不满；有的则偷偷转移资金，缩减生产，动辄以欠薪、停伙、解雇对工人进行威胁。另一方面，解放后工人阶级当家做了主人，情绪高涨，但对政府"公私兼顾，劳资两利"的政策不理解，片面认为翻了身，就不能再受资本家剥削了，甚至不遵守劳动纪律，采用解放前的一套斗争方式对待资方，过高要求减少工时，增加工资，同资方发生正面冲突，酿成全市性的劳资争端，以致使市委、市人民政府一度将大量的精力置于解决劳资纠纷上，由此也对国家经济的恢复造成严重影响。

1950年9月5日，李大章、彭涛、郭影秋等人报告指出，自贡市及五通桥的劳资关系是不正常的，表现在劳资双方思想对立、工作关系不够融洽。除历史问题外，目前争执的症结在欠资问题、福利问题、器材供应

---

[1] 参见《西南劳动部五个月来的工作报告》（1950年7月12日）。

问题、红奖问题,其基本关节则在于资本家对生产采取消极态度,对工人生活不关心,营业不好时,他就躲起来,将井灶丢给工人;一旦有利可图,他又回来赚钱;对工人生产好的不表扬,对器材供应与工厂设备不处理,工人请他协商不参加,欠资不还(欠工资的商人占90%以上,最少的井灶,也欠一万八九千斤),对工人的生活与健康不管(如安全卫生设备很差,工时有的长达16到18小时)等,这些都是搞好劳资关系的障碍。这是一方面,另一方面是我们的工人工作在执行政策上有毛病,主要表现在下列各点。

第一,我们做工人工作还存在着某些单纯经济观点,对工人的经济要求有些迁就,从政治上提高工人不够;因此形成资本家怕工人,只要工人提出要求,不论合理不合理,能否办到,资方都满口答应。如在旧历年时,自贡三区工人要求发半月双薪(阳历年已发年终双薪),得到之后又要求发半月伙食,资方有的不给,闹到劳动局,劳动局对此种不合理的要求不批评,反予支持,大坟堡的裕隆井,1950年没赚钱,工人还要资方拿出1200余万元分红,每一职工分红20万元;对于各种封建陋规,过去多的占工资与伙食费的114%,少的只占14%。解放后工会规定取消,但资方还是秘密地支付工人。现在陋规还保存十五六种,多的占工资伙食费55%,少的竟占22%(比过去增加了)。

第二,在对多余工人的看法与处理上,盐局与工会各有偏见。盐务局为了减低成本,在去年川南二届盐务会议上,即一再提出"减少多余职工";今年2月行署委员会扩大会议上,盐局又提出"为了减低盐产成本,必须裁减工人",这种只顾自己不顾整体的看法是错误的;另一方面工会对流动工人的处理,也缺乏积极全面的态度。流动工人与零工的大量存在,必然形成1个人可以做完的工要分给3个人做。

第三,关于工人福利与超额奖金的处理上,也缺乏实事求是的态度。

第四,在工人对资方的态度上,有些把农民斗争地主的做法带到盐场中来。[①]

1950年7月15日曹荻秋在报告中指出,这些纠纷的产生是有多种原因的。有些是在旧经济的改造与转向新民主主义经济过程中所必然产生的

---

① 参见《关于检查自贡市、五通桥盐业生产中有关公私关系、劳资关系问题的专题报告》,全宗名:西南财经委员会,全宗号:建大13,案卷号:634。

歇业而带来的劳资纠纷，如投机与经营奢侈品的行业；有的则是资方对目前生产暂时性的困难，不是采取积极的态度去克服，而是观望、消极，存在顾虑，以致演变成某些可避免的劳资纠纷；有的则是在解放前夕资方大批遣散工人，停工停业，不发遣散费，拖欠工资；有的则是由于工人提出过高要求或过多的遣散费而引起的。①

（二）西南局及各地政府对形势的估计

事实上，对于劳资矛盾的复杂性，西南局和市委早有估计。1950年1月23日，在重庆市第一届各代会上，西南军政委员会主席刘伯承指出，"恢复生产必须适当解决劳资问题，在工人职员方面应积极工作，照顾到资方有利可图，以获得自己生活所必要的工资，不可过高要求；在资方，则应在正当途径上获得利润，不可过低发给或施以不合理的待遇，尤其要改变过去压迫工人的观点。现在应该双方协商，合理解决，订立合同以实现劳资两利"，"私营经济事业凡有益于国计民生者，人民政府应鼓励其经营的积极性，并辅助其发展。这些企业应在公私兼顾的原则之下分工合作。这就是要在重庆具体条件之下，在原料收购与制造成本与成品推销上，如何能公私兼顾的问题。私营经济事业者，应相信共同纲领的经济政策，必须认真实施，消除一切不必要的顾虑，挺身出来经营，而与国营企业共同克服困难，完成国民经济建设光荣的任务"②。

西南局第一书记邓小平希望广大工人职员注意把眼前利益与长远利益结合起来，"并把它体现在劳资两利的政策中"；对资方，则要求他们"以正当途径获得利润"，必须给工人以必要的工资，"尤其是要改变过去压迫工人的观点"，"改变自己的不良作风"。刘、邓讲话体现了《共同纲领》中的"公私兼顾，劳资两利"原则，成为解决重庆劳资纠纷的指导方针。在此指导方针的指引下，1950年1月29日，重庆成立了有政府和资方代表参加的劳资研究会，围绕"支援人民解放战争；进一步建立革命秩序，保卫治安；恢复生产；发展文教事业"四大任务，开始谨慎稳

---

① 参见曹荻秋《重庆市四个月来的政府工作与今后工作中心任务》，载重庆市人民政府研究室编《重庆政报》一卷四期（1950年7月15日）。

② 刘伯承：《为建设人民的生产的重庆而斗争》（1950年1月23日），载中共重庆市委党史研究室、重庆市档案馆编《重庆解放：1949.11.30》，中国档案出版社2009年版，第338页。

重地处理劳资纠纷。①

(三) 劳资关系发展可分为三个阶段

第一阶段：解放初期（1949.12—1950.3）劳资关系处于严重混乱状态。

西南解放较晚，由于国民党长期反动的统治及失败前有计划地布置了大批特务土匪，造谣惑众，破坏生产，阻碍交通，影响城乡交流，给工商业带来莫大困难。这是西南解放后劳资关系特别混乱的一个主要原因。因此，解放初期，关厂、解雇、欠薪、复工等纠纷，即接踵而起，形成劳资关系的严重混乱状态。另一些原因则为：（1）有些资方不愿改变旧的压迫工人的特权，对两利政策不了解，心存顾虑，故意叫苦，拖欠工资，图谋大量解雇，解雇不成，便抱定吃光拖垮的软抵抗办法，不积极开工复业。（2）由于工人长期处于被压迫、剥削地位，解放后，情绪表现有些过左，如干涉厂内营业行政，纪律松弛，要求工资、福利、待遇过高等。（3）劳动行政工作，还没有起到有效的作用。对宣传政策教育劳资双方做得不够，干部业务生疏，缺乏经验，处理问题时，小手小脚，方式也比较生硬，不能正确掌握两利原则，或怕立场不稳，有"宁左勿右"的偏差，也有个别完全站在资本家方面的。②

第二阶段：1950年3月、4月间，劳资关系更加混乱。

此期，全国财政经济统一，物价稳定，市场虚假购买力消失，一时产销失调，工商业处于困难关头，因此，劳资关系更加混乱起来，如关厂、停伙、解雇、复工等纠纷均接踵而起。但这时劳动部门的工作，在政策方面因接受了全国劳动局长会议的精神，明确了"保护劳动、发展生产"的任务和"发展生产、劳资两利"的原则；在工作方式方面，也随着干部业务经验的提高，能主动积极地利用各种不同的方式，召开资本家座谈会，通过工商联合会组织资方学习，宣传新民主主义扶植发展私人资本的经济政策，解释目前困难原因及克服办法，消除顾虑安定经营信心，争取团结资方。工会也通过给工人上大课、开职工代表会及座谈会等，说服工人，为长远利益打算，必须从发展生产着眼，忍受目前的困难。对争取资

---

① 参见重庆市人民政府办公厅等编《重庆发展六十年（1949—2009）》，重庆出版社2009年版，第135—136页。

② 参见《西南军政委员会劳动部关于1950年劳资关系的总结》，全宗名：西南军政委员会，卷号：J001-01-0090，西南军政委员会办公厅印编《西南资料》第3期（1951年4月30日）。

方积极生产，工人阶级这时起了很大作用，如成都丝织业，原有织机1900余台，4月份以前开工的只有30台，经过劳动局、工会的积极动员说服以及工人自动减低工资50％，至5月份织机已增至570余台。贵阳卷烟、印刷等6个行业，当营业最困难的时候，工人为了维持生产，都自动减低工资40％—50％，使生产能够维持下来。自从中央劳动部发布"关于在私营企业中设立劳资协商会议的指示"后，劳动局便结合各个行业厂店的实际困难，协助劳资双方在平等自愿的原则下成立劳资协商会议，并指导以民主的、平等的、两利的方式，自行协商需要解决的问题，最后用契约形式规定下来，共同遵守，这对维持恢复当时的工商业，起了很大作用。如重庆沙市纱厂，是从旧经济下孕育发展起来的，机构臃肿，浪费严重，一向无成本计算，全凭投机居奇，全国财经统一，市场虚假购买力消失，因投机不成，便陷于瘫痪。劳资协商会议成立后，劳方了解了工厂的实际困难，自动放弃眷属米、煤、油、盐等福利待遇，每月给资方节省米13369斤、煤40余吨、油375斤、盐323斤，约合1万多折实单位；同时，也教育与鼓励了资方裁冗员、减高薪（职员）、改善管理方法的决心，使该厂得以克服当时困难，逐渐由亏本、保本达到盈余，并为后来开展生产竞赛打下良好基础。随着劳资协商会议的成立，劳资纠纷也相对减少，如成都汽车业2至4月份三个月中发生纠纷19件，成立劳资协商会议后，5月、6月两个月只有3件。

　　签订集体合同、集体协议，也是当时调整劳资关系继续发展生产的有力保证。解放初期，一般资本家还以压迫观点、以利思想对待工人，随便解雇工人，虐待、打骂学徒，对工人的福利待遇，更不照顾。同时，工人认为解放了，要求过高，有一下翻身的思想，如成都华盛鞋厂学徒，迫使老板轮流做饭；重庆庆记百货店，劳方直接管理货物的出售、账目、现金，不准资方过问，店员业工会端阳节不与资方协商，自动放假一天。待通过签订集体合同与协议、明确规定了劳资双方的权利和义务以后，资方敢于经营了，劳方也因工作有了保障，生产特别积极。如重庆江北区土布业签订集体协议，废除月终解雇的陋习，裕安布厂由平均日织37码增至41码；成都宝星纱厂因订立劳资集体合同，生产率由70％增加到90％。

　　这一时期，也有个别顽固资方钻两利政策的空子，不以老实态度与工人协商解决问题，随便答应工人过高要求，推给政府负责人说："只要劳动局批准，我不成问题"，造成工人对政府的不满。但总的来讲，对一般的比较正常营业的资方,消除顾虑,改变生产态度上是收到很大成效的。①

1950年3月10日,重庆市委发布《关于订立劳资集体合同的指示》,嗣后市军管会公布了全国总工会发出的《关于劳资关系暂行处理办法》等文件,市政府也成立了重庆市劳动争议仲裁委员会,专门调解劳资纷争。6月以后,在订立劳资集体合同的基础上,市委及市总工会筹委会又广泛号召各单位建立劳资协商会议。到11月底,全市建立了劳资协商会议48个。协商会作为劳资双方讨论、商议、决定企业生产、生活和其他重大问题的机构,遵循着"发展生产、繁荣经济、平等协商、劳资两利"的原则,使劳资双方经常见面,互相了解,及时协商,适当解决劳资双方发生的纠纷,消除了过去不信任的局面。到1950年10月止,全市调处劳资纠纷共1862件。在处理中,工人阶级在工会的领导下,照顾生产的实际困难,主动减低工资和待遇,以团结资方合力争取生产的维持和恢复。经过各个协商会的努力,全市劳资矛盾得以缓和,也促进了生产发展和职工生活的改善。同时,在这一过程中,促进了工人阶级的自身改造,有力地贯彻了党的统一战线政策,团结教育了资方,促使其自觉接受工人阶级的领导,初步建立起平等、民主、两利的劳资关系,使处于瘫痪的国民经济在较短的时间内恢复了元气,战争的创伤逐步得到修复。②

第三阶段:1950年7月以后,劳资关系由维持恢复而趋向发展。

1950年7月以后,由于土匪已基本肃清,城乡物资较能正常交流,以及人民政府合理地调整了公私关系,使4月、5月间困难很大的工商业,已由维持恢复而趋向发展,加以工人在最困难的关头,以伟大的实际行动,教育了资本家。同时,跟着生产情况好转,某些企业提高了工人的物质待遇,又教育了工人,使工人在生产上更加发挥了积极性,因而劳资纠纷遂逐月减少。如重庆市6月份受理劳资纠纷案件为338起,7月份为315起,8月份为233起,至12月份仅152起。

自1950年上半年以来,因劳资纠纷逐渐减少,各厂店行业也大都成立了劳资协商会议,并订立了集体合同或集体协议,适应新的劳资关系的

---

① 参见《西南军政委员会劳动部关于1950年劳资关系的总结》,全宗名:西南军政委员会,西南军政委员会办公厅印编《西南资料》第3期(1951年4月30日),卷号:J001-01-0090。

② 参见重庆市人民政府办公厅等编《重庆发展六十年(1949—2009)》,重庆出版社2009年版,第135—136页。

要求，进一步搞好生产，有重点地开展爱国主义生产竞赛运动。[①]

1950年7月15日，重庆市副市长曹荻秋在《重庆市四个月来的政府工作与今后工作中心任务》中指出，1月下旬起至5月20日止，共受理劳资纠纷586件，已解决472件，其中包括劳资协商的143件，调解的275件，经劝说自行撤销的17件，转入人民法院及其他有关机关的37件，现尚待调处的96件，这些纠纷以中小型的各行各业为最多；从纠纷的行业类别说，则店员业227件，手工业102件，这两项占总数的70%，其余为机器工业88件，交通运输业50件，其他20多种小行业101件；按纠纷的性质说，计要求复工的144件，解雇的205件，属于工资及待遇问题的213件（其中欠资纠纷169件），其他如押金、违反合同等36件。[②]

1950年10月4日，中共重庆市委关于重庆市十个月来的工人工作向西南局并转中央的综合报告指出，"重庆市10个月来工人工作和生产工作，已逐渐走向正轨。重庆的工业中，国营（主要是重工业）超过私营（主要是纺织业与煤炭业）。国营重工业的工厂自接管时起，一般是维持的状态，迄今除二十九、五十等厂全部开工外，其他仍在未开工或半开工状态中"[③]。

1951年4月30日西南军政委员会劳动部关于1950年劳资关系的总结，西南区的劳资关系，按重庆、成都、贵阳等几个大城市来讲，已基本走向正常，表现在主要的产业和行业，都已成立了劳资协商会议并签订了劳资集体合同或集体协议。纠纷问题，大体能经过协商、调解、仲裁等程序来解决。根据不完全的统计，一年来已成立劳资协商会议344个，包括生产单位的239个，行业的97个，区域性的8个。签订劳资集体合同47个，包括生产单位的1个，行业的13个，生产单位和行业不分的33个。集体协议180个，包括生产单位的41个，行业的41个，生产单位和行业

---

① 参见《西南军政委员会劳动部关于1950年劳资关系的总结》，全宗名：西南军政委员会，西南军政委员会办公厅印编：《西南资料》第3期（1951年4月30日），卷号：J001-01-0090。

② 参见曹荻秋《重庆市四个月来的政府工作与今后工作中心任务》，载重庆市人民政府研究室编《重庆政报》第1卷第4期（1950年7月15日）。

③ 《中共重庆市委关于重庆市十个月来的工人工作向西南局并转中央的综合报告》（1950年10月4日），载中共重庆市委党史研究室、重庆市档案馆编《重庆解放：1949.11.30》，中国档案出版社2009年版，第385—387页。

不分的98个。向劳动局备案的各种契约1332件。重庆市成立的生产单位和行业的93个劳资协商会议，关系工人职员66400余人，这说明占全市工人职员总数（公营企业在内）1/4以上的人，已能以平等的地位和资方协商问题，同时证明工人在政治地位上的提高（见表3—5）。①

表3—5　　　　　　　1950年全区受理劳资争议案统计

地区			调处方式			争议性质		
地区	数量	比例	调处方式	数量	比例	争议性质	数量	比例
重庆市	2208	55.17%	自行协商	1421	35.76%	复工	423	10.64%
成都市	559	14.07%	调解	1292	32.51%	解雇	1337	30.36%
贵阳市	421	10.58%	仲裁	64	1.61%	欠薪	1080	27.18%
昆明市	173	4.33%	送法院	146	3.67%	工资	581	14.62%
西康	1	0.03%	移他处	160	4.02%	福利	73	1.83%
川东（含万县市）	197	4.5%	撤销	738	18.57%	遣散	18	0.45%
川南（含泸州自贡）	417	10.49%	其他	9	1.98%	其他	463	11.63%
川北	17	0.43%	尚未结案	75	1.88%			
受理总数	2208	100%	受理总数	2208	100%	受理总数	2208	100%

资料来源：《西南军政委员会劳动部关于1950年劳资关系的总结》，全宗名：西南军政委员会，西南军政委员会办公厅印编：《西南资料》第3期（1951年4月30日），卷号：J001-01-0090。

处理劳资关系的经验

劳资两利原则。对已发生的劳资纠纷，西南局采取的调处原则是根据劳资两利原则与全国总工会所颁布的《关于处理劳资关系问题》的三个文件。在具体处理某一行业的纠纷时，对有利于国计民生而目前继续营业且因过去待遇确属低于最低生活标准者，则予以适当调整（个别的）；对于有利国计民生而目前确有困难者，则根据困难的实际情况，或采取改善经营管理以维持现状，或缩小生产降低待遇予以调处。对不利于国际民生

---

① 参见《西南军政委员会劳动部关于1950年劳资关系的总结》，全宗名：西南军政委员会，西南军政委员会办公厅印编：《西南资料》第3期（1951年4月30日），卷号：J001-01-0090。

的或目前确实难以继续经营者,其歇业解雇欠资和解雇费,则依据上述三个文件的规定与资方的确实负担能力进行调处。但是我们的干部,一部分是由农村调来的,一部分是初次参加工作的学生,特别在开始的一个时期,对于生产情况不够了解,在掌握政策上也有些不够确切,在调处纠纷上还有些不够及时,在处理问题的方式上还多简单生硬,并且不善于从发生纠纷中研究其一般性而谋求集体解决的办法,因此零星处理问题,费力不小,所收效果范围不够大。

目前劳资关系还没有完全正常,各行各业还没有普遍成立切合当前恢复生产的劳资契约关系,这对生产的恢复已产生若干影响。根据解决劳资纠纷的经验,只要资方真诚地将困难的所在摆出,不是虚假地叫困难,工人阶级是识大体顾大局的,是能自动提出减低工资和待遇等来维持生产的,如永丰机器翻砂厂技工自动将薪资由大米3石3斗减为2石,学徒由1石5斗减为7斗;天府味精厂的工人们将工资减低60%后,在最困难的3月份将维持费再减低6%,因而大大鼓励了资方维持生产的信心;六同百货公司的工人主动地减低工资40%,将伙食由5菜1汤改为2菜1汤,并从3月份起放弃营业奖金;西大公司和大运烟厂等的工人,或自动降低工资50%以上并将两月工资延期发给,或将伙食4菜减为2菜。此外,工人自动节约原料、减低成本、求得维持的事实有不少。但也有少数的工人,有些过高的要求,不过只要把问题说清以后他们是会放弃过高要求的,如王治平皮鞋作坊30余工人,工作时间不到3个月,要求发给3个月的解雇费,约人民币80余万元,经我们解释和工会教育后,自动放弃要求,同意每人领补助费1万元。

同样,只要资方遇事公开,以较平等的态度对待工人,劳资关系也就比较正常,如大明纺织厂,利华橡胶厂。否则劳资关系反而会复杂起来,如有些发生纠纷的行业,不采取认真解决劳资问题的态度,而采取欺骗、分化、收买、停伙、分散资金、假造账目、推诿责任等不妥当的办法,甚至把纠纷责任推到政府和工会身上去,这样便把问题弄得更不好解决,其结果是拖延时日,两败俱伤。这两种态度所产生的好坏两种不同的结果,是值得我们某些工商业者作为教训的。[①]

[①] 参见曹荻秋《重庆市四个月来的政府工作与今后工作中心任务》,载重庆市人民政府研究室编《重庆政报》第1卷第4期(1950年7月15日)。

抓住问题的关键。"在劳资问题上，主要纠纷是工资问题"①。1949年11月3日张霖之在《关于接管城市的报告》中指出，"对私营企业的工资福利，应在劳资两利、公私两利、发展生产、繁荣经济的大前提下，劳资双方谈判解决。我们只保证双方不打架、厂方不能随意开除工人、工人不能罢工的原则"②。

在干部及工人中进行低工资制的教育。恢复生产与建设的艰巨繁重的任务，我们不可能实行高工资，相反地，我们暂时还只能实行低工资制，就是要使工资服从于生产。各产业部门的工资，如仍有不合理者，应进行合理的调整，使不合理的过低的工资适当提高；而不合理的，或者合理但目前不能实行的过高工资，应适当地降低。我们当前紧迫的任务是：使生产恢复起来，并能继续维持下去。在生产恢复了，并有某些发展之后，也要照顾到积累资本与扩展生产。③"节约原料、器材与节衣缩食来积累资本，以发展生产"④。

一般国营工厂在解放时，工人情绪很高，热烈欢迎共产党，希望也很高。可是，由于国家困难，紧接着是压低工资，发维持费。在私营企业中，工人曾希望共产党给他们做主去"斗争资本家"，提高工资，减少工作时间，而我们一见面就是"劳资两利，共同克服困难"。总之，一开始我们就坚持执行低工资政策。在2月、3月份中是最紧张的时期，当时工作组及工筹会都感到困难重重，束手无策，大都为工人所不谅解，纵然是工人中有威信的领袖，一旦当选工筹会主任，就被工人所远离了（这种情况一直到6月才开始好转）。干部对工会工作大都无经验，国营工厂行政上又配合得不好（对工人的困难可以解决的未认真解决，不能解决的亦未认真加以说明，领导上官僚主义是很严重的），这就是上级任务要完成，工人要求又不能答复，形成几头受气的苦恼。现在，这许多困难，无论在国营或私营（全市劳资纠纷问题到6月间已基本上解决）企业中，

---

① 张霖之：《关于中共重庆市委一月来接管工作的初步总结》，载中共重庆市委党史研究室、重庆市档案馆编《重庆解放：1949.11.30》，中国档案出版社2009年版，第217页。

② 张霖之：1949年11月3日《关于接管城市的报告》，载中共重庆市委党史研究室、重庆市档案馆编《重庆解放：1949.11.30》，中国档案出版社2009年版，第217页。

③ 参见《中共重庆市委关于重庆市今后工作方针及几个具体问题的决定》（1950年3月1日），载中共重庆市委党史研究室、重庆市档案馆编《重庆解放：1949.11.30》，中国档案出版社2009年版，第341—342页。

④ 同上。

都已逐渐克服。

国营工厂由于再次调整工资（增加工资），逐步开工，以及随着全国情况的好转而来的市面好转，特别是5月间经过豫丰纱厂事件，具体地进行了反对官僚主义和命令主义的斗争，以及在群众路线方面的进步等因素，许多问题获得解决。工作组、工筹会脱离群众的现象及工作中的困难亦逐渐好转，加上公开党的工作，工作组、工筹会和工人群众之间的隔阂渐行弥补。如豫丰纱厂、二十一和二十四等厂的工作，都有了进步。

在国营工厂中，自中央6月颁布工会法，提出工会独立性的问题，很多军事代表思想不通，认为工会不受军事代表管辖，是工会故意与行政为难，在思想上对工会或明或暗地采取对立态度，以致故意与工会为难，打击工会干部，造成行政与工会对立的现象。此问题直到9月军事代表到市委整风中才得到解决，这是工作中一个很大的损失。整风之前，私营纺织厂中的工作很困难，主要是干部脱离群众，资方对生产抱消极态度，工人情绪低落。重庆纺织业在旧存原棉用尽后，必须从事加工，花纱布公司规定每件纱原棉425斤，工缴费280个折实单位，而各纱厂一般是每件纱原棉在440斤以上，工缴费在330个折实单位以上。这就必须进行改革，裁冗员、减高薪（职员及杂务人员）、反浪费和提高劳动生产力，力求减低成本。于是提出了纺织业改革。这对于工作组和工筹会的工作是一个很大的考验，关键在于能不能实现广泛的群众路线的问题。第二次纺织业代表会议之后，市委采取了重点突破的方法，派几个较有能力的干部分别到沙市、裕华、渝新、申新等纱厂，经过整风学习及实际工作中群众路线的进步，纺织业改革问题已基本上解决了，至10月份可全部完成。这一工作的最大收获，是工作组、工筹会和工人之间的隔阂逐渐弥补，旧的企业机构与制度得到初步改革。工作组、工筹会——也就是共产党，在工人中间取得了威信，工人知道了共产党、工作组和工筹会是真正代表工人利益的。值得注意的是：这并不是在增加工资而恰恰在裁冗员、减工资的情况下，联系了群众和建立了威信。[①]

在纺织业改革中，我们提出之裁冗员、减高薪、减工资，曾遭到资方

---

① 参见《中共重庆市委关于重庆市十个月来的工人工作向西南局并转中央的综合报告》（1950年10月4日），载中共重庆市委党史研究室、重庆市档案馆编《重庆解放：1949.11.30》，中国档案出版社2009年版，第385—387页。

的反对和破坏,因为这正打在资本家不合理制度之上。如裕华纱厂经理不仅抱消极态度,甚至进行破坏,如一再向工人讲:"裕华没有困难"(意思是不需要改革);沙市纱厂经理更是滑头,对工人讲:"沙市没有困难";对我们讲:"就是要垮,沙市也是最后垮"。尽管资方是消极的甚至阻碍改革,但是由于我们在工作中认真地走了群众路线,团结了工人,就击破了资本家的反对和破坏。工人相信了共产党、工筹会和工作组,并且认识到如何使目前的利益和将来的利益结合起来。沙市纱厂裁冗员128人,这些人都是自动报名的。这是由于工作组和工筹会切实走了群众路线,经过大会小会,采取各种方式主动地和工人商谈(各支会都开过4次到5次的会员大会,各小组也召开了7次到8次的小组会,同时召开了技工、职员、书记工和工人小组长的座谈会),真正做到了"苦口婆心"。当开始动员时,许多冗员公开讲:"谁要裁我,我和谁拼命。"但在工人积极起来后,主动地照顾被裁人员,冗员就自动报名了,并且要求发给工会证、工作证、介绍信。在欢送他们的大会上,他们对留厂工人说:"我们走了,请你们好好工作,把沙市搞好,将来生产发展了,我们仍然愿意回厂来,改造我自己。"这种令人感动的场面,给留厂工人以很大的鼓舞。同时,对被裁人员的负责的关心的态度,不仅感动了被裁人员,同时也教育了在厂工人,使工人群众认识到工会是真正代表工人的自己的工会。[①]

从重点突破的工作方法中,我们取得了经验,对工会工作增添了信心。但是,我们未能及时迅速地把纺织业改革中的经验传达到煤矿业的改革中,致煤矿业改革中曾发生被减工人包围厂方事件,使工作走了弯路。

私营工厂中的工作经验是想要把工厂办好,真正实行劳资两利,发展生产,基本的一条经验是把工人阶级团结起来,紧紧地依靠工人阶级并开好劳资协商会议,实现工人阶级实际的领导作用,克服资本家在改革中的消极心理,这样才能搞好生产。而团结工人,必须是充分走群众路线,坚决反对官僚主义和命令主义。

在公营工厂中的工作经验主要是行政上与工会工作必须密切配合,组

---

① 《中共重庆市委关于重庆市十个月来的工人工作向西南局并转中央的综合报告》(1950年10月4日),中共重庆市委党史研究室、重庆市档案馆编:《重庆解放:1949.11.30》,中国档案出版社2009年版,第385—387页。

织这种配合与统一行动唯一的依靠是支部。军事代表或厂长，必须注意或亲自参加帮助工人运动，并经过工会发动和组织工人。这一问题如不解决，国营工厂的工会工作和生产工作，是不可能搞好的。

到目前为止，已组织起的工人共 77929 人，占全市工人的 30.9%（内包括已组织的产业工人 64542 人，占产业工人的 69%）。[①]

实行工厂管理的民主化。"在公营工厂企业中，在军代表或工厂厂长领导下，建立与健全工厂管理委员会（工人代表应占半数），在民主的基础上，建立集中的工厂管理，废除旧的一套依靠强制和压迫的管理制度，启发和依靠工人群众的主人翁感觉，发挥工人群众的生产积极性和创造性，以便工人群众能够自觉地进行劳动。同时，有计划、有步骤地裁并一切与生产无关的官僚机构和冗员，以减低成本费，便于产品推销。在私营企业方面，应纠正过去对待工人的不合理制度，如抄身等侮辱工人人格的管理制度。目前应努力促成资本家与工人间订立集体合同，贯彻实行劳资两利政策，调整与稳定劳资关系，提高双方的生产积极性"[②]。

三 增产节约运动

1951 年 6 月 1 日，中国人民抗美援朝总会开展了捐献飞机、大炮、坦克运动，号召全国人民踊跃捐献，以更多的武器供给前线，彻底消灭敌人。邓小平在西南局委员会第七次会议上的报告要点中指出："捐献飞机、坦克、大炮的运动必须大力推行。西南应以捐献 3 千亿为目标（每人 58 斤米）。这样一个大数目，没有深入的爱国主义的教育是办不到的。"朝鲜战争还没有停止，必须"增加生产，厉行节约，以支持中国人民志愿军。财政情况向我们提出了从精简节约中来保证物价稳定的责任。""各级党委必须认真地领导这个运动，每个部门和单位要订出计划，……贯彻执行。"在这里，邓小平适时提出将捐献运动引导到"一切

[①] 参见《中共重庆市委关于重庆市十个月来的工人工作向西南局并转中央的综合报告》（1950 年 10 月 4 日），载中共重庆市委党史研究室、重庆市档案馆编《重庆解放：1949.11.30》，中国档案出版社 2009 年版，第 385—387 页。

[②] 参见《中共重庆市委关于重庆市今后工作方针及几个具体问题的决定》（1950 年 3 月 1 日），载中共重庆市委党史研究室、重庆市档案馆编《重庆解放：1949.11.30》，中国档案出版社 2009 年版，第 341—342 页。

都要发展生产力"的决策。①

在中共中央西南局强有力的领导下,整个大西南的人民把爱国热情倾注在抗美援朝的实际行动中。西南工商界发起了订立爱国公约的活动,主动完成纳税任务,以支援抗美援朝,活动规模仅次于长沙和北京。在工厂中,开展以"提高产量,反对浪费,进行合理化建议和减少废品"为主要内容的劳动竞赛。在郊区农村,农民提出"抓紧减租、退押、土改、多产粮食支援志愿军"口号。②

1951年,一个有组织的生产竞赛、捐款捐物和订立爱国公约的活动在大西南迅速掀起。截至1951年5月,重庆市就已有78.39万人参加订立爱国公约活动。到10月以后,四川全省有681个厂矿企业的职工参加了劳动竞赛。重庆的8个兵工厂开展学习先进经验,合理化生产活动,充分发挥机器设备的使用效率,调动职工群众的生产积极性,使生产产量平均提高50%以上。③许多工厂提出加紧生产,"把工厂当作战场"的口号,通过技术革新、科学管理、节约原料、增加产量、提高质量等途径展开生产竞赛,还专门规定了每个月的"爱国增产捐献日"。重庆101轧钢厂打破每班轧钢114根的最高纪录,全厂职工用增产所得奖金捐献了一架"钢铁101号"飞机。

在抗美援朝的推动和鼓舞下,贵州的增产节约运动也取得较为显著的成绩。贵州机械厂1952年秋提前3个月完成全年并条机的加工任务,节约工时32263小时,生产效率提高36.2%。私营红光机器厂试制高速"多刀双刀架"成功,一年增产节约122.70多万元。广大农民也订立了爱国丰产计划,仅石阡县园茶乡楼上村就增产小麦12.07万斤,获得丰收。④

第五节 农业政策和措施

农业是国民经济的基础,在复苏西南经济的千头万绪的工作中,西南

---

① 参见《邓小平在西南局委员会第七次会议上的报告要点》(中共中央西南局委员会第七次会议通过,1951年11月9日),载《西南工作》,重庆市档案馆藏卷17号。
② 参见中共重庆市委党史研究室等编《邓小平与大西南》(1949—1952),中央文献出版社2000年版,第289—295页。
③ 同上书,第289—295页。
④ 同上书,第289—295页。

局采取了积极有效的措施,扶助农业恢复生产。西南局"在集中力量于城市接管的同时,农村工作即开始铺摊子和布置征粮"①。1950年发放了相当数量的各种农业贷款,组织生产互助组,对贫穷地区减免公粮,对困难户实行救济,1951年重庆市颁布了《农业税征收实施办法》,对免纳农业税作了具体规定。1952年先后实行了西南局颁布的《关于发放1952年春季农业贷款的指示》和《西南区1952年农业税减免实施办法》。农民在土地改革中分到土地后,在这些政策的扶助下积极进行农业生产。从1950年至1952年,西南局紧紧围绕稳定农业生产的恢复这个中心任务采取了各种有力措施,促进了国民经济的恢复和发展。

一 西南局对农村工作的部署

1950年1月23日,刘伯承在《为建设人民的生产的重庆而斗争》讲话中指出,"重庆市恢复生产必须面向农村与必须面向全国。面向农村就是帮助其发展农业生产,就是在生产上实行城乡互助,而首先就从帮助近郊农业发展做起,使之成为城乡互助的桥梁"②。

1950年2月6日,邓小平在中共中央西南局委员会第一次会议上指出,农村阵地全部还在封建阶级的掌握中,而当前的征粮、剿匪、春耕三大工作尤为迫切。各级党委必须以充分的注意力,加强对于农村工作的指导。在完成征粮之后,农村工作在一个阶段内,即应以剿匪反霸为中心。同时在屯粮和剿匪反霸的斗争中,组织强有力的农民协会。各地应尽速地准备成立农协筹委会,党委指定负责干部担任农会主席,党对农运的指导,完全由农会去做。由农会开办大量的训练班,培养农民干部,挑选其中最好的当农会组织员,派他们下乡去开展乡村农会的组织工作,首先扎正农村基层的根子。县、区、乡的农民代表会议,亦应有计划地加以召开,并且要使农民代表会议实际起到乡村政权的作用。正规军须以足够兵力化作县、区干队,以保卫政权,奠定农村革命秩序。③

---

① 《邓小平在中共中央西南局委员会第一次会议上的报告提纲》(1950年2月6日),载中共重庆市委党史研究室、重庆市档案馆编《重庆解放:1949.11.30》,中国档案出版社2009年版,第412页。

② 刘伯承:《为建设人民的生产的重庆而斗争》(1950年1月23日),载中共重庆市委党史研究室、重庆市档案馆编《重庆解放:1949.11.30》,中国档案出版社2009年版,第338页。

③ 参见《邓小平西南工作文集》,中央文献出版社、重庆出版社2006年版,第93—95页。

邓小平继续指出，农村中另一极端重要的任务，是立即布置春耕。应研究农业生产中的有关问题，用最大力量予以解决。减租条例需要早点公布，重庆代表会议上，农民就提出了此项要求，到1950年夏秋时可能成为较普遍的要求，故应早点公布，使农民、地主均有所准备，以免被动，对生产亦有好处。准备明冬后春开始土改，如果工作做得好，是可能的。[①]

反霸阶段是农村斗争必经的过程，但因为解放初期，新生的人民政权还不可能对所有西南地区实施有效的掌握控制，还有90余万国民党军队仍然需要改造，而且西南地区是反动统治阶级长期盘踞的地方，封建势力十分强大。在这种情况下，如果解放之初马上就提出反霸，封建势力很可能立刻团结起来，与新生的人民政权公开斗争，这会给立足未稳的人民政权在工作上造成很大的被动局面。有鉴于此，西南局主要领导人邓小平指出，农村的口号应是"剿匪生产"、"完成征粮"。人民政权首先打击的对象只能是那些明目张胆拿起武器、反对新生的人民政权、坚决抵抗人民政府法令、破坏经济建设的敌对势力。当然，这股敌对势力也必然包括恶霸势力。邓小平指出，"要使同志懂得，农村斗争的策略，在任何时候都要注意到把打击面缩得很小，树敌要少。对于过去作恶的分子，着重采取教育改造，给以立功赎罪、改过自新之路。这个政策已经见效，务必贯彻下去。土匪，特别是政治性的反动武装正在繁殖，剿匪工作必须全盘计划，严密布置，认真进行。仍然采取以政治为主、军事为辅的方针，采取首恶必办、胁从不问、立功受奖的政策。对首恶不办是不对的"[②]。

邓小平指出，财经状况是极端困难的。我们作了一个1950年全年的收支概算，人民负担很重，但赤字还有18.5亿斤大米，等于人民币10000亿，必须想办法予以补救。第一，必须完成公粮的实际收入（即除去耗损及不能完成的部分）40亿斤，税收25亿斤，而且在税收方面要力求超过，以使城乡负担合理。第二，采取有效办法，核实部队机关的人数，并在可能的基础上逐渐减少吃饭人数。第一批3个月内从地方游杂中减少15万人，可减少三季开支；第二批6个月内减少15万人，可减少两季开支。严禁滥招学生，只按规定数目办学校，以免增加开支。第三，在

---

① 参见《邓小平西南工作文集》，中央文献出版社、重庆出版社2006年版，第93—95页。
② 同上书，第93—95页。

军队、地方提倡节约。军队逐渐投入生产（禁止做生意），至少做到自己解决一部分困难，不要追加。第四，注意春耕领导，组织与鼓励生产整修与保护灌溉设备，以保持原有生产水平，勿使降低。第五，推销公债，必须按分配数字完成。第六，尽可能地抽调一批骨干干部到财经部门，这是完成财经任务的关键。①

极端严重的财政困难说到底就是吃饭问题，而这要靠农业生产的恢复与发展来解决，所以，邓小平特别强调要注意春耕领导，采取措施"保持原有生产水平"。

1950年3月1日，中共重庆市委关于重庆市今后工作方针及几个具体问题的决定进一步强调，重庆市恢复与发展生产，必须面向农村与必须面向全国。面向农村，就是帮助其发展农业生产，在生产上实行城乡互助，根据农民所急需的与购买力可能的情况，供给农民以工业产品，并收购农民的农业产品；面向全国，必须适应其一定的需要，以取得内外交流。因此，必须订出指导本市公私生产与贸易的大体计划，减少生产与贸易方面的盲目性与无政府状态。同时，各公私生产单位，都应该根据已有的生产条件、所需原料和预定的产量、销路、成本费与工人待遇，订出自己的生产计划。②

但是，1950年上半年，主要忙于接管和恢复工商业等工作，工作重点是放在工人工作上面。同时，由于当时任务特别繁重，而且干部又异常缺乏，所以对郊区农民工作的注意是不够的。1950年5月25日，张霖之在重庆市第一届农民代表会议上关于郊区农民工作的报告指出，"今天，接管工作基本已告结束，工作也由忙乱逐渐步入正轨；郊区的农民工作，也就极（急）需根据重庆市第一届各界人民代表会议上刘司令员提出的'为建设人民的生产的新重庆而斗争'的方针和目前郊区的具体情况，确定出郊区农民工作的方针和具体任务，有计划、有步骤地逐步展开"③。

重庆市郊区农业概况及郊区特点。

---

① 参见《邓小平西南工作文集》，中央文献出版社、重庆出版社2006年版，第93—95页。
② 参见《中共重庆市委关于重庆市今后工作方针及几个具体问题的决定》（1950年3月1日），载中共重庆市委党史研究室、重庆市档案馆编《重庆解放：1949.11.30》，中国档案出版社2009年版，第341页。
③ 《张霖之同志在重庆市第一届农民代表会议上关于郊区农民工作的报告》（1950年5月25日），载中共重庆市委党史研究室、重庆市档案馆编《重庆解放：1949.11.30》，中国档案出版社2009年版，第349页。

1950年5月25日，张霖之在重庆市第一届农民代表会议上关于郊区农民工作的报告中指出，重庆在国民党政权长期统治下，人民受尽了残酷的压榨，而我们郊区的农民，除了遭受国民党政权各种敲诈勒索外，同时遭受着地主、封建势力的欺压和剥削，使我们劳碌终日不得温饱，过着牛马一样的生活。解放后，又由于国民党军队、政府人员临逃时的破坏，以及特务匪徒的潜伏活动，使郊区的社会秩序暂时不宁，农民的生产情绪也动荡不安。但是，这些都是可以克服的，海南岛与舟山群岛已经解放，蒋匪帮的最后巢穴台湾和西藏，不久亦将归于人民。战争完全结束后，即可走上全面建设的阶段。①

　　关于重庆郊区的农业概况，据初步统计，原8区至18区加上北碚区，农民共约21000户、145000余人，田、土近40万市石。虽然重庆市是一个工商业的城市，但农业经济亦占有一定的数量，同时在征粮、推销公债等工作中，郊区农民弟兄通过这些工作，提高了政治觉悟，涌现了不少积极分子，并组织了一些零星的农民团体，这对今后开展郊区工作准备了有利条件。

　　至于郊区的特点，首先，它在经济上是与市内有着密切联系的，商品经济较为发达，对市区的依赖性很大，这与一般乡村是不同的。其次，重庆市郊区的田、土，大部分是属于地主的，根据5个保的统计，地主土地约占70%，而且土地关系与租佃关系较为复杂，地主剥削手段又极其刻毒，也是与一般乡村不同的。根据中央人民政府政务院《关于处理老解放区市郊农业土地问题的指示》的规定，城市郊区土地改革中没收地主的土地，一律归国家所有，农民只有使用权。这是为了城市建设与工业发展的需要，因为我们的国家，要从农业国变成工业国，增加工业比重，减少农业比重。郊区的农民弟兄的幸福生活，将随着城市工业的发展而改善。②

　　重庆市郊区农民在建设中的任务及目前的具体工作。

　　1950年5月25日，张霖之在重庆市第一届农民代表会议上部署了郊区农村工作。他指出，郊区农民在建设中的首要任务是组织起来，执行政府各项有关郊区政策法令。其次，肃清匪特，安定社会秩序，恢复与发展生产；反对封建恶霸，争取农民政治上翻身；实行减租减息，分配土地；

---

　　① 参见《张霖之同志在重庆市第一届农民代表会议上关于郊区农民工作的报告》（1950年5月25日），载中共重庆市委党史研究室、重庆市档案馆编《重庆解放：1949.11.30》，中国档案出版社2009年版，第349—352页。

　　② 同上。

努力学习，提高农民的政治文化水平。①

根据西南的具体情况，是1950年冬减租，1951年冬、1952年春实行分配土地。依重庆郊区具体情况，具体工作是农民自己组织起来，协助政府，肃清匪特，恢复与发展农业生产，有重点、有准备地进行反霸，1950年冬减租、1951年冬分配土地。

张霖之强调，目前郊区的工作，应明确以肃清匪特、安定社会秩序、保护农业生产及搞好农业生产为中心。农民弟兄必须组织起来，协助政府与警备部队进行防匪反特及侦察匪特情况等工作，并检举潜伏的匪特分子。只有把郊区治安工作做好以后，才能谈到搞好农业生产的问题，否则生产是没有保障的。②

生产要搞好，除了治安必须巩固外，还决定于群众的生产情绪，在这方面，由于政府的宣传教育工作做得不够，因而顾虑还很多，有的认为"种得好坏都是给政府干的"，这主要是不了解人民政府奖励劳动的政策和搞好生产的意义。有的富农怕斗争，即随意解雇雇工，荒废土地，屠杀耕牛，破坏农具等。根据中央最近指示，今后在土地改革中是不动富农财产的。这一新的决定，对于打消富农的顾虑和发展生产，是有极大作用的。至于地主出卖土地，或以典当、抵押、赠送等方式分散土地，以及夺佃和破坏生产资料等有碍生产的行为，应当适当地进行斗争。

由于重庆郊区农民长时期受国民党政府的搜刮及封建地主的剥削，在农业生产中一定有一些实际的困难（如肥料、农具等），而目前国家财政又相当困难，政府不可能拿出大量的贷款来扶助，只能发出一部分农业贷款，扶助最贫苦的农民解决肥料与农具等困难。主要还是依靠大家想办法和互相帮助，如积肥（并要组织起来斗争把持肥料的封建势力）、劳动互助、畜力变工等。③

农民协会组织问题

农民协会的任务是团结组织全体劳动农民，彻底实行人民政府的各项

---

① 参见《张霖之同志在重庆市第一届农民代表会议上关于郊区农民工作的报告》（1950年5月25日），载中共重庆市委党史研究室、重庆市档案馆编《重庆解放：1949.11.30》，中国档案出版社2009年版，第349—352页。
② 同上。
③ 同上。

郊区社会改革政策，肃清特务，反对恶霸，减租减息，分配土地，实行耕者有其田。领导农民发展农业生产，改善农民生活和领导农民学习，提高农民政治地位与文化水平，保护农民利益，以达到农民彻底解放。

张霖之指出，怎样组织农民协会呢？主要是自上而下地搭架子与自下而上地发动组织相结合，就是召开今天这样的农民代表会议，成立市与区的农协筹委会，领导各区、各村组织自己的团体，各区下有村者以村为单位，无村者按公安局划分的段，成立代表会议，下分小组。①

工作作风问题

张霖之强调，要想把工作做好，完成各种任务，达到彻底解放农民，就必须学会遇事与大家商量的民主作风。……千万不要自以为是，独断专行，包办代替，强迫命令，不要急性子，事情办不通的时候要向大家请教，虚心地听取大家的意见。②

1950年9月18日，张霖之在重庆市第三次党代会上传达中共重庆市委关于郊区工作的指示时指出，郊区工作会议（9月11日至14日）对郊区秋后工作——征粮、减租、退押、反霸、组织与整顿农会及发动农民等工作，进行了讨论和具体布置，并确定为今后一个时期内的中心工作。郊区秋后工作，是直接关系着明冬后春的土地改革运动——关系着国家财政经济能否好转，人民民主专政能否巩固。因此，要求全党同志高度紧张起来，从思想上和组织上进行充分的具体的准备，以迎接斗争。③

张霖之强调，"征粮、减租、退押、反霸，尤其是减租、退押、反霸，是土地改革中的一个重要的、具有决定意义的部分，特别是退押，其在土地改革中是一个决定的关键"。"减租、退押、反霸直至土地改革，是一系列的激烈的艰苦的斗争。我们全体同志，必须充分认识这一斗争的激烈性和艰苦性"④。"征粮、减租、退押、反霸等工作，必须建筑在发动群众的基础上。工作步骤：现在一切准备是为完成秋征（细目由市财政

---

① 参见张霖之同志在重庆市第一届农民代表会议上《关于郊区农民工作的报告》（1950年5月25日），载中共重庆市委党史研究室、重庆市档案馆编《重庆解放：1949.11.30》，中国档案出版社2009年版，第349—352页。
② 同上。
③ 参见《中共重庆市委关于郊区工作的指示》（1950年9月18日），载中共重庆市委政策研究室编印《工作通讯》第15期，1950年10月5日出版。
④ 同上。

局通知并在 9 月底前将所需各种表册发至各区），各郊区必须在 10 月 20 日以前作完各种调查，分配数字，三榜定案；在 10 月底全部完成征粮工作，于明年 1 月求得基本上完成减租、退押工作。这样，就便于明年的春耕工作"。

农会是执行土地改革（目前是减租、退押、反霸）的执行机关，农村中一切工作经过农会。因此，取消"保甲"，建立乡村政权，应是有步骤、有计划地进行。现在的乡村农民代表会议或农民大会，应作为目前政权的主要形式。以便把土地改革的权力集中到农会，避免多头领导、互相抵触的问题发生。……根据重庆郊区的具体情况，如何整顿农会组织，尤其是如何调整农会的领导成分，应该列为当前首要的和迫切的工作。①

解放初期严重经济困难时期，在西南局领导下，农村进行了清匪、反霸、减租、退押以及土地改革等一系列的社会改革运动，改变了农村的生产关系，解放了农业生产力，以及实行扶助、奖励生产的政策，使农业生产迅速地获得恢复与发展，农业产量逐年增加。1952 年全区的粮食生产，除恢复并超过抗日战争以前最高年产量的水平外，较 1950 年年产量超过 13.95%；其中水稻、玉米、薯类产量增加较快，其中，水稻较 1950 年增加 17.16%，薯类产量较 1950 年增加 56.6%。棉花产量比解放前增加 2.7 倍；其他工业原料作物与 1950 年比较，烤烟产量增加 1.8 倍，甘蔗增加 3 倍，蚕茧增加 1.65 倍。牲畜数量的增加尤其显著，1952 年牛、羊的产量比 1950 年年产量提高 10% 到 20%，猪的产量增加更快，达到 1950 年的 212%。②

二 剿匪、春耕与救灾

如前所述，1950 年初邓小平在中共中央西南局委员会第一次会议上强调征粮、剿匪、春耕是当前农村三大要务。在完成征粮之后，即应以剿匪反霸为中心。邓小平特别强调要注意春耕领导，采取措施"保持原有生产水平"。1950 年 9 月，中共重庆市委对郊区秋后工作——征粮、减租、退押、反霸、组织与整顿农会及发动农民等，进行了讨论和具体布

---

① 参见《中共重庆市委关于郊区工作的指示》（1950 年 9 月 18 日），原载中共重庆市委政策研究室编印《工作通讯》第 15 期，1950 年 10 月 5 日出版。
② 参见陈希云《西南区三年来财政经济工作的成就》，《新华日报》1952 年 9 月 29 日。

置。此后一阶段，剿匪、救灾、春耕等成为农村的中心工作。

（一）剿匪

西南地区陆续解放后，土匪暴乱就一直未停。1950年1月开始，贵州匪势迅速蔓延，2月下旬，形成全省匪乱。到1950年三四月，西南全区土匪已发展到28万人，百人以上股匪有1100股，而且匪势仍在发展之中。

严重的匪乱给解放才一两个月的西南各方面的工作带来阻碍。城市接管与改造等工作刚刚铺开，匪乱又使新建立的社会秩序呈现混乱状况。分散下去的农村干部经常遭到土匪骚扰，下乡征粮的干部不断被杀害。一些起义部队在国民党特务和残余势力的教唆下发动叛乱，杀害派往部队的解放军代表。本该1950年1月份进藏的第十八军，由于土匪破坏了道路桥梁，只好延期进藏，留下来一边剿匪，一边打通进藏的道路。各地水陆交通受阻，影响城乡物资交流和正常的贸易秩序。特别是长江、嘉陵江的运粮船只多次被土匪抢劫，以致重庆、成都等大城市粮食供应紧张，粮价飞涨。[1]

面对严重的形势，西南局高瞻远瞩，洞若观火，指挥若定。1950年2月6日，西南局召开第一次全体会议，专门研究对策。

1950年5月14日，邓小平致毛主席并中央、各省区市党委关于剿匪和征粮情况的报告指出，"三四月份西南全区主要集中于剿匪与征粮，在城市则是学习管理，并逐步解决城市中一系列的困难问题"[2]。

邓小平在报告中对西南剿匪总体情况作了汇报。报告说，西南土匪以3月底达到最高峰，贵州发展到11万人，共计277000余人（2月底为20万人）。4月底减到24万余人（实际不到此数）。我们剿匪工作已见成效，计2月份消灭29000人，3月份消灭49000余人，4月份消灭78000余人，3个月共计156000余人。除贵州仍很严重，云南正在发展外，四川、西康大部地区，500人以上的股匪已经不多。主要交通线业已打通，城乡开始交流，货币开始下乡。部队剿匪思路和战术3月份纳入正轨，4月份收效良好。[3]

---

[1] 参见《邓小平西南工作文集》，中央文献出版社、重庆出版社2006年版，第208页。
[2] 同上书，第146—147页。
[3] 同上。

西南地区的剿匪过程，大体分为三个阶段。第一阶段（1950年2—8月），集中兵力，进剿腹心地区和交通要道股匪。经过7个月作战，共歼匪480000人。第二阶段（1950年9月—1951年6月），会剿各省边沿地区股匪、清剿腹心地区残匪。通过9个月会剿省界地区股匪和残匪，共歼匪550000人，全部收复了土匪控制地区，保证了各省以土改为中心的反封建斗争的全面展开。第三阶段（1951年7月—1953年12月），进剿黑水地区和中越、中缅边境股匪，追捕匪首，净化西南全区。在此阶段6个月的作战中，共歼匪33000人。剩下残匪近2000人，已成惊弓之鸟，依据中央指示，这些匪特均交由当地公安机关捕捉。至此，剿匪任务胜利完成，全区共歼匪1050000万人，地区股匪已基本肃清，重要匪首大部分被捕或击毙。在剿匪过程中建立了地方武装自卫队，革命秩序建立起来了。[1]

（二）春耕

在严重经济困难面前，首先是解决几百万军队与旧人员，以及西南地区广大老百姓的吃饭穿衣问题。因此，农业生产是解决所有困难的基础性工作。中央及西南局领导十分关心西南地区的小春作物和春耕情况。

1950年5月11日，邓小平给毛主席并中央汇报说，今年各地小春不坏，四川总在7成左右，仅川北几个县只有5成，川南为20多年来收成最好者。四川小春约占总收获的3成，贵州、西康种鸦片烟很多，小春收入很少。但贵州及西康之西昌专区存粮尚多，仅孟安、康定两区食粮甚感困难。四川仅巫山一县发生严重灾荒。[2]

继而，邓小平汇报了1950年春耕情形较好，但我们对此也很担心，恐怕因土匪、征粮影响到人民的生产情绪，据各地反映，现在各区农民生产情绪一般不坏（据说川北有部分地区不好），川东城镇肥料价格较往年为高，亦可证明。其原因，一是公粮负担70%落在地主头上，60%—70%的佃农，即农业的直接生产者，负担不重。二是3月间公布了减租条例，宣布了保障佃权、今冬减租、明冬组织分配土地，农民很

---

[1] 参见艾新全、林明远《邓小平在西南的理论与实践》，重庆出版社2010年版，第140页。

[2] 参见《邓小平西南工作文集》，中央文献出版社、重庆出版社2006年版，第141—142页。

高兴。三是没有灾荒,小春好,雨水及时。四是各地解决了一些种子之类的困难,发放了一部分农业生产贷款,川北特别是川西修堰灌溉影响甚好,贵州正值土匪高潮,可能受到一些影响,云南、西康情况不详。三省雨水及时,估计布置下去是无问题的。我们已规定凡属已达到公粮70%以上的县、区、乡,即将工作重点转到生产;凡属征粮较差地区,一面继续加紧征粮,一面注意生产领导。凡属土匪严重地区,应使剿匪与生产结合起来。①

1951年春耕季节,正值土改高潮,为了不贻误农时,保证农业生产的正常进行,西南局发出指示,号召各级人民政府抓紧时机,集中全力做好一切具体准备工作,及时领导群众进行春耕。指示指出,"解放以来,西南广大农民经过减租、退押、清匪、反霸等一系列反封建斗争的胜利之后,生产积极性空前提高,加以全区土地改革即将基本完成,使农林生产的发展具备了充分有利的条件,已经有必要与可能来开展一个农村大生产运动,特别是在当前全国'努力增产,厉行节约'的总方针下,也必须要求在农林生产方面达到与超过预定的增产目标,而今年的农村大生产运动是否可以搞好,增产任务能否完成,其最重要且带决定性关键就在春耕"。搞好春耕是完成"今年农林生产上的第一个紧急任务"②。

3月20日,川北行署发出大力领导春耕生产的十项命令,主要内容包括春耕一到,一切工作都必须围绕春耕生产进行;正实行土改的6县1市4区,务于春耕前把土地分配完毕,将可以推后解决的问题留在春耕后去解决。③

1951年5月10日,西南军政委员会关于继续贯彻城乡交流、加强领导春耕生产的工作综合报告指出,3、4月份的工作是在继续贯彻城乡交流、加强领导春耕生产的任务下进行的。这两个月是农村春耕的季节,全区有领导地从减租退押和土地改革等工作中,逐渐将重点转移到春耕生

---

① 参见《邓小平西南工作文集》,中央文献出版社、重庆出版社2006年版,第141—142页。
② 《检关〈关于春耕生产的指示〉及〈积极动员群众加紧春耕准备〉稿由》,全宗名:西南军政委员会,档号:J001-01-0483。
③ 参见中共南充市委党史研究室编著《中国共产党川北区历史(1949—1952)》,中共党史出版社2007年版,第90页。

产。结合抗美援朝运动和签订爱国公约，农民觉悟提高，从减租退押及土地改革中得来的胜利果实，大部分投入了生产。在土地改革完成地区，普遍推行了"劳动生产、发家致富"的宣传教育；在土地改革尚未进行的地区，交代了"谁种谁收"、"合理负担"与"奖励生产"的政策。农民生产热情高涨。各级政府和农林部门组织的检查团，由负责同志亲自领导，下乡深入检查，亦有助于及时纠正偏向，推进工作。①

西南军政委员会财政经济委员会1951年3、4月份工作综合报告从肥料、耕牛、农具、农贷等方面分析了当时农业生产正常进行的有利和不利条件。

报告指出，目前农村最感严重的问题是肥料缺乏，特别是土地改革完成的地区，农民生产情绪极为高涨，据川南内江、川西温江等地典型材料统计，一般土地施肥量增加1倍多，蔗田增加三四倍，农村肥料奇缺，农民叫苦。特别是贫、雇农更感问题严重。西南农村肥料主要是油脂、猪肥和水粪。今年市场油枯供不应求，价涨七八倍之多。猪肥是农民最主要的肥料，每只猪能解决1亩至2亩田的肥料，农民减租退押果实用于买猪的占开支第1位。为了鼓励农民养猪，以解决农村肥料及城市肉荒起见，我们已决定取消了20市斤以下的猪崽交易税，固定工商业税减为3%，停征屠宰税的一切附加，取缔牙纪的非法剥削，改善牲畜交易，提倡猪皮制革，办理猪贷，鼓励猪的繁殖。此外，由国营贸易部门有计划地向友区购买一批肥田粉，有重点地供给农民作追肥，试验推广。在城市，拟逐步废除封建把持的"粪脑壳"，组织粪便下乡，以解决农村缺肥问题，重庆市已筹组肥料公司。②

耕牛与农具在农村亦感缺乏。1951年西南全区死亡的耕牛约3万余头，其中百分之六七十是老牛。这是由于国民党长期统治中，农民一直穷困，抗战时期所饲养的耕牛，至今仍未更新，老牛抵抗力弱，而去年雨水多，草料发霉，牛蹄中毒而死得较多。前一时期，市场牛皮价格混乱，发生"死牛价比活牛贵"的现象，也助长了宰杀耕牛。但估计经过调剂，今后问题还不太大。现在必须组织贩牛商，贷款给他们到产牛区贩运耕

---

① 参见西南军政委员会财政经济委员会《1951年3、4月份工作综合报告——继续贯彻城乡交流、加强领导春耕生产》，载西南军政委员会办公厅编印《西南资料》第5期（1951年6月25日），四川省档案馆存档，全宗号：建大1，案卷号：90。全宗号：J001-01-0090。

② 同上。

牛。农具问题主要是土铁的增产与供应问题。最近土铁价格上涨很多,须恢复过去地主富农经营的土铁业,并发展生产。土地改革以后,中农、富农的耕牛农具有余,贫农、雇农则缺乏耕牛与农具,因此组织互助、换工、变工是一个极端重要的工作,必须克服某些地区曾经发生的形式主义与命令主义的偏向,认真实行自愿、等价的原则。[1]

国家银行在农村放出了大量农贷,帮助农民解决了部分种子、肥料的困难,受到农民的欢迎。但由于这些贷款多由业务部门包贷,只有自上而下地布置任务,而很少自下而上地联系群众,根据群众确切需要来拟定计划,因而也产生贷款多停留在县一级,放不下去的现象。农贷中的另一偏向是存在着平均主义、普降小雨的思想,如川南简阳发放肥贷,平均每亩发600—900元。银行机构设在城里,农民借款付息均感不便。因此决定在土地改革完成地区,银行机构要深入到重要市镇和商场,贷款则改为由业务部门与农民协会审查,由银行会同农协组织贷款小组下乡贷款的办法。为了配合农村生产运动,大力收购农民手中的余粮存棉和土产,充分供应农民所需要的肥料、牲畜、农具和日用品,仍旧是国营贸易部门的重大任务。除了组织私商经营外,在西南必须大力开展农村合作社的工作,根据中央最近指示,我们正拟订计划,布置进行;并准备在6月下旬召开全区合作会议,对这个问题作一次认真的讨论和研究。[2]

西南军政委员会指示,做好春耕生产,要掌握以下几个关键。首先,各级政府领导上必须认真重视,将领导生产作为农村压倒一切的中心任务。其次,县以下必须逐级开好农林生产会议。再次,必须广泛进行宣传。最后,必须深入检查。[3] 针对西南一般地区目前情况,应该注意抓紧下列各点:

第一,要及时总结与研究推广群众生产经验,改进生产技术。1951年农林生产的主要努力方向在提高单位面积产额,而要实现此一目的,必

---

[1] 参见西南军政委员会财政经济委员会《1951年3、4月份工作综合报告——继续贯彻城乡交流、加强领导春耕生产》,载西南军政委员会办公厅编印《西南资料》第5期(1951年6月25日),四川省档案馆存档,全宗号:建大1,案卷号:90。全宗号:J001-01-0090。

[2] 同上。

[3] 参见《检关〈关于春耕生产的指示〉及〈积极动员群众加紧春耕准备〉稿由》,全宗名:西南军政委员会,档号:J001-01-0483。

须总结生产经验,改进生产技术,除应尽量把各种适宜的农业科学方法介绍给农民外,目前更重要的是总结群众的丰产经验如川南农民自己创造的"稀秧密植法"、"人造肥料"、"改良土壤"等,加以研究推广,为爱国丰产做好准备。

第二,要充分准备种子、肥料、农具,合理使用耕牛。在春耕生产准备中,首先不仅要根据需要情况,及早准备足够和发芽可靠的种子,而且还应该指导群众尽量选用良种,并做好播种前的各种必要处理。其次,关于肥料问题,根据去年各地农业丰产典型户的经验,不但棉花等工业原料作物需要足够的肥料,即水稻、小麦等粮食作物,也必须充分施肥,才能得到丰收。今年政府虽已调运一部分东北豆饼和化学肥料,准备有重点地推广试用,但数量不多,尚难普及供应,主要仍要依靠群众自己想办法。目前除应抓紧时间,继续采用各种方法大力积肥外,更须发动群众省吃俭用,购买油枯、人粪和多喂猪崽,特别要多养母猪并加强兽疫防治工作。农具方面,除小型农具应由国营贸易机构及合作部门大量准备,并组织与扶助铁木匠铺,力谋充分供应。再次,适当解决耕牛问题,是搞好春耕准备的另一重要工作。

第三,要做好防灾救荒的准备工作。后文将有述。

第四,要注意发展与巩固互助组织。在西南军政委员会有关指示中曾一再指出,适当发展互助组织是今年农村大生产运动中的重要环节。因为组织起来不仅是进一步提高生产技术与劳动效率走向农业集体化的必要道路,在目前尤其是克服各种困难、搞好生产的有效办法。春耕生产中一般劳力均显不足,多数贫雇农耕牛、农具等生产资料与生产技术亦感缺乏,都要依靠组织互助解决,因此春耕期间是发展互助组织最适宜的时期,如去年川东在春耕等农忙期间即曾组成13.2万多个互助组,参加农民达130余万人,其他各省区也都有很大的发展。但不少互助组是干部以强迫命令代替包办的方式组织起来的,没有切实按照自愿两利等价交换与民主管理的原则,因此产生了吃大锅饭、按成分定工资等偏向,不仅没有收到互助的应有效果,甚至影响了群众的生产情绪,有些互助组成立不久就垮了台。

第五,要发动农民订立计划,掀起竞赛热潮广泛开展农村爱国增产运动。应该在农村抗美援朝运动的原有基础上,配合反贪污、反浪费、反官僚主义运动,加强爱国主义教育,以修订爱国公约的方式,普遍发动群众订立户的、组的、村的增产节约计划,并由劳动模范或生产积极分子带领,以挑战、应战方式掀起增产竞赛,鼓励群众努力改进技术,创造丰产纪录,提高单位面积产额。同时要在这一运动中,随时发现和培养劳动模范,及时加以表扬。以期通过他们的带领示范,把群众生产热情引向高潮。①

布置春耕生产后,1951年4月初转入春耕生产的检查,川北行署及农林厅于4月12日分两路赴遂宁及南部各专署重点检查19个县的棉粮生产工作;川东组织了4个春耕检查队及5个棉业检查队,于4月8日陆续分赴涪陵、万县等4个专区,进行检查;川南派3个小组赴简阳、隆昌、泸县分别检查;云南、贵州等省也派了检查组。农林部亦组织8个春耕检查组,于3月下旬开始分两批出发到各省区,推动检查棉烟及粮食等春耕生产。②

（三）救灾

1950年春季,巫山县发生严重灾荒。5月11日邓小平给毛泽东并中央汇报讲述了1950年各地小春作物的收成情况的同时,汇报了巫山县发生严重灾荒的情况。指出灾荒原因除1949年歉收外,主要是1949冬国民党大军云集的兵灾所造成。我们对此发现较迟,据报告已死70人,已拨足够粮食加以救济。③

1950年夏季,西南部分地区出现了严重的夏荒,灾荒肇端于城口地区,然后向川南、西康等地蔓延,7月开始出现饿死人的现象,灾荒造成农副业和手工业大量遭受破坏。6月至7月,邓小平致川东区委、西康区委及西南各地的指示,反复强调救灾和生产的问题。

1950年6月16日,邓小平起草中共中央西南局给中共川东区委并西南各地关于救灾工作的指示要求:"你们必须注意城口灾情,用大力组织与指导该县生产救灾工作,可按该县救灾需要,速拨一批杂粮去兑换或收购茶叶及其他山货,并以一部分施行急赈贷放,总以保证不误农业生产,不饿死一个人为原则。"指示还提出:"近来川南亦有个别地方发生灾情,证明即使在小麦收割之后,也有发生夏荒的可能,各地对此应引起警惕,

---

① 参见《检关〈关于春耕生产的指示〉及〈积极动员群众加紧春耕准备〉稿由》,全宗名:西南军政委员会,档号:J001-01-0483。

② 参见西南军政委员会农林部《1951年3、4月份工作综合报告》,载西南军政委员会办公厅编印《西南资料》第5期(1951年6月25日),四川省档案馆存档,全宗号:建大1,案卷号:90。全宗号:J001-01-0090。

③ 参见《邓小平西南工作文集》,中央文献出版社、重庆出版社2006年版,第141—142页。

一经发现即须进行有效的救济。"①

1950年7月11日，邓小平起草中共中央西南局致中共西康区委关于救灾问题电。电报说："你们救灾办法是对的，一百万斤救济粮已告财委照拨，同时，为了配合救灾，以2斤到4斤（平均3斤）粮食换1两烟土当众烧毁的办法，可在西康灾区先予实行，一则救灾易于见效，二则配合禁烟，三则减少财政开支。"②

1950年7月22日，邓小平在报告中指出，最近出现了严重的夏荒，已经开始饿死人。我们过去对此犯了麻痹的错误，现已采取迅速有效的步骤，进行生产救灾工作。各地必须重视这个问题，保证不再饿死一个人，否则我们就没有对人民负起责任，将使我们丧失人心和社会的支持。目前灾情的特点主要是农村副业和手工业大量遭受破坏，致使约占百分之十的从业人口丧失了原有的生产道路，故必须有计划地挽救农村副业和手工业。要认识到为这百分之十的人寻找生活出路，不是几个月就能办到的事情，必须作为各地政府特别是财经部门今后长期关注的事情。③

针对1950年春夏西南部分地区曾发生灾荒的教训，1952年6月6日，西南军政委员会发出《积极动员起来，加紧准备春耕》的指示，强调要做好防灾救荒的准备工作。各地随时可能发生的各种自然灾害，是完成农林生产任务的主要障碍；而部分地区在小春未收获前由于口粮不足，小春歉收等原因所形成的春荒现象，更往往严重影响春耕的进行。尤其是对于贫瘠山区地带更要注意。因此一方面应了解目前实际情况，采取各种必要办法，特别要注意防救春旱与充分准备药械防治病虫危害，以确保小春收获。群众多种瓜菜类的早熟作物，以防备春荒；一方面要总结过去的经验，根据今年冬春天暖雨水少和当地情况估计可能发生的各种灾害，预先作好防止灾害发生与生产救灾的必要准备，以便万一遇到灾害，能迅速战胜灾害。此外，小型水利工作必须在春耕前搞好。另在粮食不足地区，不但要提高粮食作物单位面积产量，尤应注意节省食粮消耗和多种薯类等产量多的作物。④

---

① 中共中央文献研究室编：《邓小平年谱》，中央文献出版社2004年版，第921页。
② 同上书，第928页。
③ 参见《邓小平西南工作文集》，中央文献出版社、重庆出版社2006年版，第208页。
④ 参见《检关〈关于春耕生产的指示〉及〈积极动员群众加紧春耕准备〉稿由》，全宗名：西南军政委员会，档号：J001-01-0483。

三 土地改革

解放前，西南地区农村土地集中程度为全国之最，占农村人口3%—4%的地主，占有6%—70%的土地，许多农民无房无地。在川西平原及成都、重庆附近，此种情形更为突出。

西南军政委员会《1951年第一季综合报告》指出，重庆市10区18保，地主占有土地总数的95%。成都市附近的华阳县白家乡，97户地主占有土地1.7万亩，每户平均176亩多，而3000户中农、贫农每户平均仅有土地0.4亩，还有143户贫农没有土地。大邑县安仁乡大地主刘文彩占有土地1.2万亩，拥有庄园28所。土地较为分散的川北区，地主占有土地也在总耕地面积的50%以上。据南充等地典型调查，地主、富农共占有土地70%左右，其中地主占50%以上，富农占15%。而地主剥削所得，大多用于挥霍或增置田产，很少转为工商资本。大、中地主进城买房寓居，形成畸形的消费城市，当时成都市此类"客籍"地主即超过1万户。[①]

新民主主义革命的宗旨即是争取民族独立，国家富强。消灭剥削制度，改变土地占有不均状况，实现耕者有其田，是中国共产党人一贯的政治主张。在胜利完成减租、退押、反恶霸运动的基础上，随着农民在农村中取得了政治优势，再也不能容忍剥削制度继续存在，强烈要求重新分配土地，彻底废除封建土地制度和消灭地主阶级。西南地区在完成减租退押、清匪反霸之后，及时转入土地改革。

1951年1月，由刘伯承为主席，贺龙、邓小平为副主席的西南军政委员会作出决定，凡属清匪反霸减租退押告一段落的地区，要及时转入土地改革运动。[②] 邓小平认为，经过各方面的工作准备，西南地区开展土改的时机已经成熟。他在1951年1月25日西南军政委员会第二次全体委员会上指出，"目前，社会秩序已经安定；群众的觉悟程度及组织程度业已提高，并普遍地要求提早分配土地；各地干部对于当地情况已进一步熟悉了解，一年的群众运动里面，也涌现了大批的积极分子和本地干部，我们

---

① 参见《1951年第一季综合报告》，全宗名：西南军政委员会，全宗号：建大1，目录号：1，案卷号：79。

② 参见中共重庆市委党史研究室等编《邓小平与大西南》（1949—1952），中央文献出版社2000年版，第361—373页。

已经具备了实行土地改革的条件"[①]。

张际春在工作报告中指出,当时初步计划是,我们估计在四川省的四个少数的边缘地区即少数民族地区外,凡属群众业已发动的地区,大体上在1951年都可以争取完成。云南、贵州、西康三省,亦可完成四分之一或三分之一。其余地区就可移到明春及其以后来完成。邓小平也同时指出,分配土地的改革,只能在减租退押、反恶霸运动的基础上,即在群众的觉悟程度和组织业已提高的基础上去进行。1951年3月,邓小平多次主持西南军政委员会行政会议,讨论通过了西南各省、区、市制定的《土地改革实施办法(草案)》。

为了加强对土地改革运动的领导,县上各级人民政府依法成立了土改委员会,负责指导和处理有关土改各项事宜。各地普遍召开各界人民代表会议和农民代表会议,广泛学习讨论研究《中华人民共和国土地改革法》等政策法规。城乡抽调干部和农民积极分子组成土改工作队到农村,依靠贫雇农,团结中农,中立富农,斗争锋芒对准地主阶级,彻底消灭封建剥削制度。具体实现步骤,根据农村中群众运动的骨干仍然不足、各地群众发动的程度不平衡等情况,不采取在所有地区内一下子普遍展开,而采取先进行个别试验然后推广,由点到面、点面结合,稳步推进,各省区在进行的步骤上应依据各地区自己的具体条件,分期分区地逐步加以完成。[②]

(一)土地改革第一期于1951年1、2月开始,4、5月初结束

土改第一期在清匪反霸、减租退押运动完成较好的地区开展。西南军政委员会致周恩来并转毛泽东《1951年第一季(1、2、3月份)综合报告》指出,今年年内要基本上完成全区的土地改革。我们计划第一期在春耕前完成全区41个县、3个市郊区和重庆市郊区共约1000万人口的地区。这些地区,包括川北区的6个整县、4个县的各1个区和南充市郊区;川西区10个县;川东区4个整县和万县市郊及4个县的部分地区;川南地区5个县;贵州省5个县的各1个区;西康省3个县的汉人地区50余乡。云南省尚未开始。[③]

西南军政委员会《1951年第二季度(4、5、6月份)综合报告》指

[①] 艾新全、林明远:《邓小平在西南的理论与实践》,重庆出版社2010年版,第185页。
[②] 参见《1951年第一季综合报告》,全宗名:西南军政委员会,全宗号:建大1,目录号:1,案卷号:79。
[③] 同上。

出，1951年1、2月开始，4、5月初结束。第一期土改区共计包括17个整县、又30个县的一部分乡及3个（重庆、万县、南充）市郊区，以乡为单位计算，约有1512个半乡（占全区总乡数11.43%），以人口计1317万人（占全区总人口数15.61%）。计川东298个乡、374万人，川北339个乡、465万人，川南715个乡、305万人，川西51个乡、57万人，西康55个乡、30万人，贵州20个乡又半个乡、236万人，云南9个乡、8.7万人，重庆市郊区25个乡共约5.3万人。参加土改的干部据不完全统计共有6万人，每乡平均约39个干部。在土改过程中共组织了民主党派、民主人士2500人参加土改，支援了农民的反封建斗争，为当年的春耕生产打下了基础。[①]

这一期土地改革运动，由于事先作了比较充分的准备，在运动中能够紧密地依靠贫雇农和群众的组织力量，团结中农，有领导、有步骤、有秩序地进行，所以工作的开展一般说是做得比较踏实和仔细的，同时也做到了稳快和正常，成绩比较显著，一般未发生比较大的偏向。经过土地改革，占农业人口70%左右的农民已经获得了土地和果实；贫雇农的领导优势基本上已经树立，并逐步巩固起来，封建势力和保甲制政权已被彻底摧毁。农民武装及农协组织已大为加强，至1951年4月底止，全区农协会员即达22398000人，占总农业人口的33.31%，与1951年初比较，增加了1倍多。经过土地改革后的地区，各阶层占有土地的情况，已经起了根本变化，封建的与半封建的土地所有制已改变为农民的土地所有制。据川西温江专区7个乡的调查：土地改革前地主占有土地平均39%—71%，富农占7.7%—16.4%，中农占8.3%—30.3%，贫农占4.9%—12.8%，雇农仅占0.01%—6%；土地改革后，情况完全不同了，贫雇农已占有土地36.3%—51.9%，中农占24%—36%，富农占3.9%—7.1%，地主占有4%—6%。[②]

除了土地以外，农民所得其他果实也已基本上解决了贫雇农在生产资料方面的要求，例如川北土地改革后的地区，得地农民有280万人，占总人口的60%，每个贫雇农分得约400斤产量的土地，分得生产资料的有190万人，除了分得房屋、家具、耕牛、农具等外，每人还平均分得

[①] 参见《1951年第二季度综合报告》，全宗名：西南军政委员会，全宗号：建大1，目录号：1，案卷号：79。

[②] 同上。

28000元，折米46斤，以一家4口计，每家即得米184斤，生产资料方面，已无多大问题了。又由于在运动中群众觉悟有了提高，土地改革后农民的生产情绪极为高涨，修塘堰，开荒地；展开了轰轰烈烈的抗美援朝爱国主义增产运动，并将大部分果实投入生产。如川西土地改革后14个县的部分地区，即将果实购买了农具1062000余件，耕牛31000余头，猪46万只，肥料2亿斤投入生产；川东兴修了11000余口塘，2900多个堰，现在估计全西南区农民兴修的水利，受益田地已不下148万余亩。①

（二）土地改革第二期自1951年6月开始，至9月底止，绝大部分地区基本完成

土改第二期于1951年6月上旬开始在人口2500万—3000万（占全人口30%左右）的共17个完整县、3个市又36个区、278个乡的地区进行。这些地区包括川东7个县、川西32个完整县（115个乡）、川南25个县、川北14个县又5个区，西康10个县又3个乡的汉人地区，贵州43个县1个市，云南3个县。估计在秋收前后结束。由于有了第一期运动的经验和中央派来的土地改革工作团的帮助，第二期的土地改革，将会进行得更加顺利和更加细致。②

这期土地改革的地区，有人口24845073人，占全区总人口数的26.07%。包括50个整县和105个县的部分乡，以及2个市的全部郊区，合计有2864个乡又半个乡，占全区总乡数的19.31%。第二期土地改革运动，在清匪、反恶霸、减租、退押、惩治违法地主等一系列斗争的基础上展开，规模比上期大，斗争也更尖锐、激烈。由于有了第一期运动的经验，干部经过整风与总结工作，思想作风有了提高，对依靠贫雇农及掌握政策上都有进一步的认识和重视，特别是反违法斗争中，各地对策略运用有很大进步。并由于中央派来的土地改革工作团的帮助，以及各民主党派、民主人士热烈参加了土地改革工作（据统计，此次参加土地改革的干部有61700余人，由社会各界及各机关团体组织参加和参观土地改革的民主党派、民主人士又有1万人）。这批力量在支援农民反封建斗争中曾起了一定的作用。故运动一般能够按照计划稳步前进，偏差不大。

---

① 参见《1951年第二季度综合报告》，全宗名：西南军政委员会，全宗号：建大1，目录号：1，案卷号：79。

② 同上。

总的来说，工作各个步骤都做得比较踏实、细致与深入。大部地区做到了深入发动贫雇农和向违法地主进行坚决斗争，粉碎了地主恶霸一切反攻和破坏阴谋。群众发动更广，西康最高达到100%，平均都在75%左右，最低也占50%。如川北巴中县47个乡，人口44万，估计就有30万人卷入了运动；全县开过188次以上的区、乡农代会和贫雇农代表会，每次到会代表平均300人，共约56000余人，占总人口数12%；开公审大会73次，每次到会群众2000人—20000人，先后参加公审斗争的群众达55万余人，连瞎子、哑巴也都拿到了手杖，比着手势参加大会控诉和诉苦。①

（三）土改第三期于1951年11月开始，至1952年5月胜利结束

土改第三期共计完成3700万人口地区的土地改革，占总人口的41%。这时四川有126个县的7902个乡完成了土地改革，西康省的17个县的汉族地区完成了土地改革。这样除少数民族地区外其他地区的土改均胜利完成。四川共没收和征收地主、富农田地5700多万亩，分给了无地少地的农民。在贵州截至1952年底，也在1300多万人口的地区进行了土地改革，有192个县、1319个乡完成了土改。贵州全省人口80%左右的1194.2万无地和少地的农民分得土地1065.3万亩。1951年9月，云南的土改工作首先在内地展开，考虑到少数民族人口比重大、族类繁多等特点，采取了随着土改经验的积累和条件日趋成熟后，土地改革运动再从内地向山区、缓冲区和边疆少数民族地区慎重稳进地推进，最终取得全省少数民族地区土地改革的胜利的伟大方针。由此，整个西南区约7430万人口（占总人口82%）的地区胜利完成了土地改革的伟大任务。②

（四）土地改革的意义

农村土改运动是一场极其深刻的社会革命。它消灭了封建剥削制度，使生产关系发生了根本变化。西南地区的土地改革彻底贯彻了中国共产党"耕者有其田"的政治主张，解放了农村生产力，极大地调动了西南地区广大农民的生产积极性，使劳苦大众翻身当家做主有了经济基础，新生的

---

① 参见《报送本会1951年第三季度综合报告》，全宗名：西南军政委员会，全宗号：建大1，目录号：1，案卷号：79。
② 参见中共重庆市委党史研究室等编《邓小平与大西南》（1949—1952），中央文献出版社2000年版，第361—373页。

人民政权获得占中国人口绝大多数的农民的支持。因而，土地改革的完成，巩固了工农联盟的基础。土地改革的完成，使得农民的购买能力有了很大的提高，农民生产积极性的提高，为西南地区经济的恢复创造了条件，进而为工业的恢复和发展，以及开展大规模社会主义建设提供了条件。邓小平在党的第八次全国代表大会上讲话，对土地改革的意义作了精辟的概括。他指出，"几千年受地主阶级压迫的几万万农民，为什么能够成为自己命运的主人，这样坚决地建设自己的新生活呢？难道不是由于我们党在土地改革期间所派的工作团，真正深入到贫苦农民中间，找出他们的积极分子，唤起他们的觉悟，动员农民自己起来，推翻地主的统治，分配地主的土地，使他们真正懂得了自己的力量，形成了自己的领导核心，而不是简单地由政府下命令把地主的土地转移给他们的结果吗？"[①]

经过土地改革地区，地主阶级的统治已基本打倒，树立了人民的统治。农村面貌完全改观，呈现了一片欣欣向荣气象，农民政治积极性和生产情绪空前高涨。

在农村中，首先是土地占有情况起了根本变化，封建的土地所有制已被摧毁，代之以农民的土地所有制。据川北潼南县统计，土地改革前各阶层占有土地情况是：地主每人有土地10.4市亩，占平均数584.2%；富农4.1市亩，占平均数230.3%；小土地出租者4.7市亩，占平均数264.6%；佃中农0.16市亩，占平均数10.2%；中农2.28市亩，占平均数128%；贫农0.53市亩，占平均数29.7%；雇农0.2市亩，占平均数11.2%。土地改革后，情况完全不同了。地主每人有土地1.15市亩，占平均数64.5%；富农2.73市亩，占平均数183.3%；小土地出租者2.1市亩，占平均数112.3%；佃中农1.8市亩，占平均数101.1%；中农2.28市亩，占平均数128%；贫农1.56市亩，占平均数87.6%；雇农2.02市亩，占平均数114%。由于正确执行了土地改革的总路线和各项政策，这一期土地分配一般是合理的，绝大多数缺地及少地的农民，均已分得了土地。贫雇农每人都分得了一份相当于每人平均数80%以上的土地。同时也坚决保护了中农利益，多数中农得到了其他经济果实，并照顾了佃

[①] 中共重庆市委党史研究室等编：《邓小平与大西南》（1949—1952），中央文献出版社2000年版，第377—378页。

中农的原耕基础和小土地出租者。①

对于富农，除征收出租部分土地外，一般均未动，保存富农经济。工商业也得到保护。一般地主同样分得一份土地，使其能从事劳动生产。此外，农民还分得房屋、农具、耕牛、家具、衣物等果实，并从惩治不法地主斗争中，追回大批赔款罚款，部分解决了贫苦农民在生活及生产资料方面的困难。如川北中江全县共没收牛、骡、马等耕畜3777头，粮食16906石，反违法斗争果实人民币220亿元，平均每户贫雇农即可分得果实18.3万元。②

农民纷纷将果实投入生产。如川北西充县各乡将果实80%以上投入生产；仅第5区，农民即新制锄头1780把，铧2200把，镰刀1150把，买猪468头，牛179头。由于农民深耕细作，积极增产，今年全区一般收成都不错；四川各地秋收估计可收7成半至8成。川北三台县稻谷、棉花、高粱可达9成半，川东大部地区比去年增产1—2万。川西每亩可产水稻420斤，较去年增加10%以上。③

四　农业政策

加强公粮税收虽然暂时保证了财政开支的需要，但要从根本上解决财经困难，还必须大力恢复和发展生产。1950年3月1日，西南军政委员会指示，"迅速医治战争创伤，积极恢复和发展工农业生产，保障人民生活和国家经济建设需要，已成为西南区党政军民一个极端重要的急迫任务"④。为此，西南军政委员会高度重视党外民主人士夏仲实等人关于农林水利事业的建议，根据各省区在土壤、气候、水利、物产等方面的具体情况，切实布置每年全区的农林水利建设任务。在《关于1950年春耕及农业生产的指示》中，西南军政委员会提出1950年农业生产的方针是，争取把1949年原来耕种之地，全部继续保持生产，不得荒废。

---

① 参见《报送本会1951年第三季度综合报告》，全宗名：西南军政委员会，全宗号：建大1，目录号：1，案卷号：79。

② 同上。

③ 同上。

④ 《西南军政委员会关于1950年春耕及农业生产的指示》（1950年3月1日），载四川省档案馆编《西南军政委员会纪事》，第27页。

为了保证上述目标的实现，西南军政委员会先后制定农田水利建设政策、农业税收政策、制定合理的生产指标，以及完成计划而出台一系列扶持和奖励政策。

首先，制定农田水利建设政策。

1950年7月31日，邓小平出席西南军政委员会财政经济委员会正式成立会议，就西南财经工作的任务及方针作报告指出，恢复和发展农村水利建设。重点在发展农田水利，增加水田面积。[①]

1950年11月16日，西南军政委员会发布《关于1950年恢复整理小型塘堰工程的指示》，要求西南区农民动员起来，趁农闲时间，将旧有被淤塞或年久荒废的小型塘堰渠道，予以恢复、整理和改善，并增筑新堰，以增大蓄水灌溉效能。规定全区修复整理灌溉面积争取达到100万市亩，其中，川东区24万市亩，川南区18万市亩，川西区8万市亩，川北区25万市亩，西康省5万市亩，云南省15万市亩，贵州省5万市亩。[②]

1951年12月26日，西南军政委员会又发布《关于1952年农田水利工作的指示》，要求各级人民政府继续兴修小型农田水利工程，1952年全西南受益面积达到453万亩，其中三分之一为增灌面积，其余为保证面积。分配川东区80万亩，川南区96万亩，川西区27万亩，川北区103万亩，西康省46万亩，云南省50万亩，贵州省41万亩，重庆市10万亩。[③]

在农田水利建设中，具有代表性的工程是都江堰水利工程的抢修。

都江堰水利工程为四川最大的水利工程，灌溉川西14县田地520余万亩，关系川西15县市人民生活，十分重大，每年于霜降后，即须在外江开始截流工作，冬至断流，各堰淘修工作大量开展，限立春前完成，始能增产粮食，免遭水灾。人民解放前进入成都的第二天，闻悉都江堰水利工程失修，即有所研讨；军管会元旦成立后，李井泉了解工程实况，成都军管会为给群众谋利益，决定紧缩其他开支，先行垫出人民币3亿元

---

① 参见中共中央文献研究室编《邓小平年谱》，中央文献出版社2004年版，第934页。
② 参见《西南军政委员会关于1950年恢复整理小型塘堰工程的指示》（1950年11月16日），载四川省档案馆编《西南军政委员会纪事》，第85页。
③ 参见《西南军政委员会关于1952年农田水利工作的指示》（1951年12月26日），载四川省档案馆编《西南军政委员会纪事》，第153页。

（300万斤大米），抢修都江堰水利工程，这是军管会成立后第一重大措施。①

1951年4月2日，李井泉《在都江堰开水典礼上的讲话》指出，由于战争在进行，都江堰岁修工程已逾预定时间3个月，成都市军管会于进入成都的第二天即拨巨款，派专人，并动员了成万的解放军战士，进行抢修，以3个月的时间，超标准地完成了5个多月的工程，保证了农民的春耕生产。同时，又于夏季普遍抢修了各地防洪工程，因而基本上消除或者减轻了各地在反动统治时期每年必有一次的水灾，保证了去年的丰收。这次的岁修工程是与清匪、反霸、减租、退押运动同时进行的。仅就淘河数量说，这次岁修共挖了44万市方；以工程标准来说，基本上做到了工坚料实。因而使长期失修、残破不堪的都江堰河道工程面貌为之一新。②

其次，制定合理的农业税率。

1950年9月12日，邓小平给中共川东区委第一书记谢富治的信指出，你对农业税不超过13%的解释是对的。政务院公布的税法，是指的不超过全国总的常年应产量的13%，刘主席在西南区工作任务的报告中也是这样说的。按中央规定的西南1950年度秋征（只是秋征）任务，不致超过西南总的应产量的13%，特别在今年收成较好的情形下，不至于超过。事实上会是有的地方合乎13%，有的富庶地方必须超过13%，有的贫瘠地方必须少于13%。只有在较富庶地方超过13%，才能达到总的应产量的13%，这是很显然的道理。有可能某些县、区、乡会超过17%—18%，甚至20%。可是这种地方负担20%，还是比贫瘠地方负担10%要轻些，这也是很显然的道理。③

再次，制定合理的生产指标。

1950年8月11—28日，西南军政委员会专门召开西南区农林生产会议，经过仔细地研究，确定1951年全区生产粮食380亿斤，棉花417029担，麻588400市担，甘蔗16906500担，蚕丝5850市担，茶叶212000市担，烟草1853000市担，桐油856857市担。着重发展棉、麻、甘蔗、茶

---

① 参见中共江西省委党史研究室编《李井泉百年诞辰纪念文集》，中共党史出版社2009年版，第66—67页。
② 同上书，第64—65页。
③ 参见《邓小平西南工作文集》，中央文献出版社、重庆出版社2006年版，第244页。

叶、白蜡等工业原料及外销产品。川西以伐木、兴修水利、种植茶叶为主；川北以棉花、蚕丝为重点；川东以推广良种、挖塘种麻为主；川南以甘蔗、棉花、青麻和伐木为重点；云南以棉、麻、茶叶为主；西康以伐木、修水利、白蜡等为重点；贵州以棉、麻、伐木为重点。① 1950年12月25日，邓小平出席西南区第二次财经会议并讲话，提出努力发展适合于本区需要的各种生产，如菜籽、棉花、烤烟、盐等。②

在领导全区完成农业生产计划的过程中，西南军政委员会还根据中央的有关指示，对生产计划进行调整。比如，1951年3月16日西南军政委员会发布《关于贯彻政务院1951年农林生产决定的指示》，将棉花生产任务提高到60万市担，烤烟降到48万市担，甘蔗降到1520万担，麻降到58万市担。③

1951年12月20日，西南军政委员会公布关于1952年农林生产工作的指示，提出西南区农林生产方针是，普增粮食，提高单产；提高工业原料作物单产，不得盲目扩大面积；开展护畜运动，改善饲养管理，加强兽疫防治；加强护林护山和采伐管理工作。农林生产具体任务是：在1951年基础上，粮食最少增产5%，棉花增产10.3%，烤烟增产18.4%，其他工业原料作物及果树等特产在不影响粮食生产条件下按计划适当发展；增殖黄牛10.2%，水牛5.4%，猪49.1%，绵羊13.3%，山羊18%；增加育苗703%，采种401%，封山育林302%，造林64%，群众植树82%。④

为胜利完成这些农林生产计划，西南军政委员会采取了一系列奖励和扶助政策。

首先，为鼓励育苗造林，西南军政委员会专门规定，公有宜林荒山荒地，除指定专门机关直接经营造林外，私人、机关、部队、学校及造林合作社，均须依法承领，定期造林；私人承领不得超过500市亩。承领人承领荒山荒地造林后，森林所有权即归其所有，未如期完成造林计划者，撤销其未完成部分承领权的全部或一部。承领者育苗造林成绩显著，给予名

---

① 参见四川省档案馆编《西南军政委员会纪事》，第64页。
② 参见中共中央文献研究室编《邓小平年谱》，中央文献出版社2004年版，第958页。
③ 参见《西南军政委员会关于贯彻政务院1951年农林生产决定的指示》（1951年3月16日），载四川省档案馆编《西南军政委员会纪事》，第111页。
④ 参见《西南军政委员会关于1952年农林生产工作的指示》（1951年12月20日），载四川省档案馆编《西南军政委员会纪事》，第152页。

誉或实物奖励,在未有收益前,减免农业税。①

其次,为了进一步调动和保护农民的生产积极性,川北行署相继颁发了《恢复农业生产,保持1949年原有生产水平》布告及《农业生产奖励暂行办法》。《办法》规定,凡因勤劳耕作,加工修整,使其收获量超过常年一般产量者,超过部分免收公粮;开垦熟荒地,免征公粮一年,开垦生荒地,免征公粮三年;凡农民中,对于粮食生产(如选择良种,防治病虫,改善栽培,改良水利等)有特殊贡献,而群众普遍应用,确有增产成效者,除呈请政府另予奖励外,其产地的收入,按常年产量的九成计征公粮;农民新修渠堰、水坑与修复旧渠堰,变旱地为水田者,三年内仍按原来旱地产量计征公粮;凡种植特用作物(如棉、麻、桑、茶、油桐、蓝靛、烟草、果木、药材等)的土地,均按一般种植谷物产量计征公粮。②

第三,为促进农业生产的发展,政府加大了对农业的投入。在两年多的时间里,全区发放贷粮8500余万斤,贷款1000余亿元,投入农业的事业费109余亿元,林业投入13余亿元,推广良种400余万斤。③

1952年6月6日,西南军政委员会发布关于开发1952年春季农业贷款的指示。贷款的用途,应以目前农民亟待解决的肥料、耕畜、农具、病虫药械及种子为主。在地区上应以粮食商品化程度较高地区及经济作物集中区域为重心。在春旱地区宜着重小型农田水利贷款,对于贫瘠山区及少数民族区域亦须给予一般的适当照顾,其他地区应以大力发动自由借贷为主,绝对避免平均分配的现象。各级农林、水利、合作、银行部门应切实掌握农作物生长情况,抓紧季节及早贷放,并经常进行自上而下的检查,严格避免贷款的停滞和积压。各级农林、水利、合作、银行部门对于贷款工作,要与当地有关农业推广、合作供销及储蓄、保险等工作相结合,并注意市场情况,避免物价波动。④

1951年5月2日,西南军政委员会发布《西南区1951年种植棉花保

---

① 参见《西南区奖励荒山荒地造林暂行办法》(1952年2月2日),载四川省档案馆编《西南军政委员会纪事》,第158页。
② 参见中共南充市委党史研究室编著《中国共产党川北区历史(1949—1952)》,中共党史出版社2007年版,第89—90页。
③ 同上书,第92页。
④ 参见《关于开放1952年春季农业贷款的指示》,全宗名:西南军政委员会,档号:J001-01-0483。

证赔偿办法》。"为贯彻奖励棉花增产政策,及加强我西南区广大农民植棉信心,为今后植棉打下更好的基础起见",特制定此办法。第二条《赔偿条件》,具有下列条件之一者,予以赔偿:第一,宜棉地区新旧棉田,接受政府指导,不间种其他作物,且努力耕作,但因秋雨过多,或其他灾害(病虫害)经尽力挽救无效而致歉收,或无收成者。第二,接受政府指导及贷发棉种,不间作其他作物,但因棉籽发芽不良,出苗不齐,致歉收者。具有下列情形之一者,不予赔偿:第一,遇普遍灾害(洪水、冰雹)当地其他作物与棉花同一时期同样遭受歉收损失者。第二,不接受政府指导,间作其他作物,不努力耕作,发生病虫灾害,不尽力防治挽救而歉收者。第三,假报歉收或无收成者经群众检举并派员调查属实者。[①]

1952年5月7日,《西南区1952年农业生产奖励办法草案》第一条规定,为响应毛主席"增加生产、厉行节约。以支持中国人民志愿军"的伟大号召,鼓励农民勤劳耕作,改进技术,增加农业生产。依据西南军政委员会关于1952年农林生产工作的指示而制定。

规定,凡劳动个体农民或互助组、生产合作社、国营及各级公私农场,具有下列条件之一者,得按本办法之规定,分别给予奖励。(一)种植水稻、小麦、玉米(苞谷)、甘薯(红苕)、棉花、甘蔗、油菜、烤烟、土烟、茶叶、麻类、果树、蔬菜或其他粮食作物与特用作物,获得单位面积产量显著超出当地一般水平者。(二)对于牲畜改良繁殖保护或草原管理,牧草种植有显著成绩者。(三)对防旱、抗旱、防涝、防治病虫或其他自然灾害有显著成绩者。(四)兴修农田水利、改进灌溉管理、创造改良灌溉工具、防止土壤冲刷,或积极宣传并推动当地小型农田水利工作有显著成绩者。(五)繁殖推广优良品种或自行选种获得显著成绩者,或在选种、留种运动中能起模范带头作用者。(六)凡积肥制肥,增加土壤肥力或积极推广化学肥料,有显著成绩者。(七)凡能用梯田梯地,带状栽培,搬土添土,深耕施肥等方法获得显著增产效果者。(八)创造新式农具或改良原有农具确有推广价值者。(九)积极发展农村副业(如养鱼、养蜂、养蚕等)组织领导农产加工(如制茶、烤烟、制榨菜等)有显著成绩者。(十)响应政府号召,组织领导生产,或带头发动组织劳动互助

---

① 参见《西南区1951年种植棉花保证赔偿办法》,全宗名:西南军政委员会,卷号:J001-01-0463。

组或生产合作社，有显著成绩者。①

第四，为保证主要经济作物增产计划的完成，并打下收购业务的基础，在化肥的供应上实行政策倾斜，重点放在工业原料作物和商品粮区，并对穷苦农民及烈军属实行赊购肥料。据西南合作事业管理局的统计，仅1952年1月至8月，共供应肥料（包括化学肥料）15500余万斤，供应农具190余万件。②这对于农业生产力的提高，起到了直接的效能。

第五，为协助农民解决春耕生产中种子、肥料、农具、耕牛、堰塘、口粮及其他困难，西南军政委员会指示各级政府抽派干部深入农村，检查春耕准备情形，并要求各级农林、水利、合作社、银行等部门，按照各地实际生产需要，派出大批干部，组成农贷小组，深入农村向农民发放春季农贷。三年里，农业贷款贷粮不断增加。农业贷款1952年到6月底止比1950年增加16.7倍，农业贷粮比1950年增加10倍。③

最后，为鼓励农民勤劳耕作，改进技术，增加农业生产，发展国民经济，西南军政委员会还规定，个体农民互助组、生产合作社、国营农场在种植粮食和经济作物、牲畜改良、防旱抗旱、防治病虫害、兴修农田水利、繁殖推广优良品种、合理用肥、改土改田、植树造林，以及发动组织劳动互助组或生产合作社等11个方面取得显著成绩者，可评各级劳动模范，并给予实物或荣誉奖。1952年5月26日，西南农林部发布关于奖励西南区1951年度农林丰产模范的命令，并公布第一批受奖名单。④

这些奖励和扶助政策的实行，以及减租退押、清匪反霸和土改等农村社会改革运动的进行，极大地调动了农民的生产积极性，使得西南区的农业生产迅速地获得恢复和发展。1950年全区农业生产总值470198亿元，1951年增加到502283亿元，为1950年的107%，1952年增加到542416亿元，为1951年的108%。⑤

---

① 参见《西南区1952年农业生产奖励办法草案》，全宗名：西南军政委员会，档号：J001-01-0482。
② 参见陈希云：《西南区三年来财政经济工作的成就》，《新华日报》1952年9月29日。
③ 同上。
④ 参见《西南区1952年农业生产奖励办法》（1952年5月），载四川省档案馆编《西南军政委员会纪事》，第172页。
⑤ 参见西南财委《西南区1950年—1953年财政、金融、商业等工作方面一些主要情况的报告》，第19页，四川省档案馆存档，全宗号：建大13，案卷号：12。

五 组织生产

土地改革完成后,农民的生产积极性大大提高,然而,不少分到土地的农民,又遇到缺乏耕牛、农具、资金等困难,这一现实问题直接影响着农业的恢复与发展。中央认为,要克服很多农民在分散经营中的困难,使广大贫困的农民迅速地增加生产而走上丰衣足食的道路,使国家得到比现在更多的商品粮食及其他工业原料,提高农民的购买力,进一步扩大国家工业产品销售市场,就必须提倡组织起来,按照自愿和互利的原则,积极发展农民劳动互助。

早在新中国成立之前,中国人民政治协商会议制定的《共同纲领》就作出了关于"组织各种形式的劳动互助和生产合作"的规定。解放后,由于在农村中进行了一系列社会改革运动,特别是随着土改的推进,改变了农村的生产关系,获得土地后的广大农民生产积极性极大提高,但长期的贫困却造成了生产资料严重不足,一些地方的农民开始自发地组织起来,互帮互助,尝试走互助合作的道路。对于农民组织起来的积极性,中央给予了充分肯定,并于1951年12月在党内发布了《关于发展农业生产互助合作的决议(草案)》。其实,西南地区的农业生产互助组织于1951年春在部分地区已开始建立。例如,川北各地农民历来具有互助习惯,他们采用互助形式:一是"换活路",农忙"抢天时",农民一个人顾不过来,需要找人帮忙。二是"耕牛换工",无牛的农民用人工去换牛工,一般是1个半或2个人工换1个牛工,也有3个人工换1个牛工的。三是"合伙喂牛",数家合伙买头牛,轮流喂养,轮流使用。四是"集体卖工"。[1]

但由于农业互助合作是个新生事物,经过一段时间的大发展后,领导骨干缺乏和劳动力不够等诸多具体问题日益突出,得不到妥善处理,有些甚至是赶潮流办起来的,影响了互助组的巩固提高,许多地方的互助运动出现了急躁冒进倾向。[2]

---

[1] 参见中共南充市委党史研究室编著《中国共产党川北区历史(1949—1952)》,中共党史出版社2007年版,第121页。

[2] 参见中共中央党史研究室编《宋任穷纪念文集》,中共党史出版社2009年版,第124页。

1952年西南局发布《关于秋收秋种工作的指示》，大量发展与整顿临时季节性互助组，调剂人工畜力，做到随收随耕。要求冬季休闲田在年内做到二犁二耙，并深耕细耙。同时准备小春种子，实行浸种、拌种，多施基肥。在秋收秋耕中，应大力推行群众选种，切实做到单收、单藏，并推动留种、换种工作，尤须注意储好牲畜越冬饲草，以及普遍发动群众处理稻桩。在冬水田必须翻入泥内；旱田必须掘毁；棉田则应拾毁残花落果，以防治稻螟及棉花红蛉虫等病虫害。同时结合清除杂草，继续加强积肥工作。收割前抓紧时间完成田间评比。丰产组、户在收割时应精确记录测产，更要切实总结丰产经验，以供推广。秋收后认真评选丰产模范与各项农业生产劳动模范并在省以下有系统地逐级召开劳动模范大会，以交流与总结经验，巩固成绩。各地农村合作、贸易等有关部门，应切实为秋收秋种服务，加强收购业务，充分供应生产资料与生活资料，协助解决农民困难。秋耕秋种完成后，应即迅速普遍开展整修与兴修小型农田水利工作，以有效地贯彻长期防旱防涝方针，为明年爱国增产打下基础。[①]

第六节　商业流通

发展城乡互助、内外物资交流是西南军政委员会与重庆市政府采取的恢复和发展经济的一项重要措施。解放初期，重庆水陆码头、市场秩序混乱、交通受阻，这些情况严重影响了城乡物资交流，市场一度呈现萧条停滞状态。西南军政委员会和重庆市政府采取有力措施，整顿市场、水陆码头、改造棚户区，为城乡物资交流畅通创造了条件，从而促进了解放初期当地经济的恢复与发展。

一　整顿水陆码头

解放前，重庆码头由"码头运输工会"把持，"运输工会"下辖各种各样的"运输支部"，进而对往来客商征收名目繁多的运费。重庆码头存在的这种恶习对来往客商物资交流造成极大障碍。

---

① 参见《关于秋收秋种工作的指示》，全宗名：西南军政委员会，档号：J001-01-0483。

在码头，99%以上的工人都加入了袍哥，掌握在流氓袍哥与特务结合控制的所谓"运输工会"的组织中。凡未能加入"运输工会"的码头工人，都被称为"野力"，处境最为艰苦。其来源主要是由于国民党在农村残酷剥削及疯狂抓丁，无法立足而大批流入城市充作苦力的农民；其次是靠土地不足以维持生活的城郊贫苦农民，以及在生意清淡时来码头充作苦力的小摊贩；解放后，这批"野力"中更是隐匿下部分匪特分子及国民党溃军；此外，还有被"运输工会"任意开除失去"会员"资格而降为"野力"者。

"运输工会"的操控者为了进一步利用和压榨码头工人，巩固自己的地位，减少统治的阻力，达到霸占码头的目的，又往往与加入"运输工会"的特殊工人结成"兰交"（交换"金兰谱"拜把兄弟）组织。例如南纪门"运输支部"干事、恶霸、袍哥大爷胡少卿的兰交兄弟，大都是狡猾凶恶好打架的工人，都在生意最好、工作轻便且多的杂货组，这批享受特殊利益的工人，供其利用，做其爪牙。

"运输工会"的理事、干事等，并不出劳动力，而所得脚力钱比一般工人要多。支部负责人除领双份或更多份额外，还利用收会费（很重）及与客商谈判时获取隐蔽部分的运费（譬如，2元报1元）的剥削。他们完全把持了码头，不经过他们，任何客商货物无法起卸。

"运输工会"下辖各式各样的"运输支部"。如根据货物种类，有匹纱、运糖、运盐等支部；根据工作性质，有上货、下货、提装、运输等支部。每个码头都划分这样的支部。各地任何货物运来重庆或由重庆运出，均须支付各种"运输支部"重重的、名目繁多的运费，如，上货费（从河边到马路上的运输费），下货费（将货物从马路上搬至河边的运费），短驳费（轮船及较大木船装卸货物都必须经驳船转驳，有时可以自己直接装卸而不需驳船的，亦必须首先付出一定的"省驳费"），上下堆费（在仓库里将货物堆起或下堆的费用），上下车费（货物自河边运至马路而需上汽车或板车时，须另外付出上车费，下车又需下车费），抬秤费（货物在码头或仓库里需要过秤时，须付出一定的"抬秤"费），提装费（货物装入船舱或出舱经一定的提装工人，商人须另外付以提装费）。其他还有过档、塞档，以及省过档、省塞档费等，货物经过这重重的剥削，使货物到市场上的价格提高了很多（见表3—6）。

表3—6　　　　解放前码头工人业务组织及其分布情况统计

码头（工作已开始的）	过去组织		现在已组织		未组织	
	组织类别	人数	组织类别	人数	组织类别	人数
黄沙溪	拉滩支部 渡船支部 小计	1 1 5	均是兼业 40 426		426		
菜园坝	上货支部 下货支部 提装支部 拉滩支部 运肉支部 驳船支部 竹木支部 小计		1140 182 293 371 1986	小组 代表会 管委会	4 1 1	1615		
临通下货		125	557	临时代表会	12	445		
总计			15,044	小组 代表会 管委会	8 95 11	12484	（已知的）	10	约4000

资料来源：中共重庆市委会政策研究室编印：《重庆概况》，第131页。

附注：1. 过去组织仅仅统计了工会工作组接触的码头。

2. 类别运输是指专运一种货物，如运盐、糖、炭等。

3. 临通下货，并非码头，乃一个独立的组织，在城内街道上运货。

4. 管理委员会：有两种不同的形式。

重庆市建筑、搬运等行业中的封建把头制度，亦是由来已久。自从重庆成为通商口岸后，市区商号林立，日渐繁荣，历来地位卑微、被人瞧不起的泥水匠、木匠、搬运工开始有了较丰厚的收入，成为把持地方的军阀势力、封建帮派、地头蛇争抢的对象，他们相互串通，设置"庄"，控制和剥削广大工人。国民党中央势力入川后，这些"庄"又发展成为行业的职业工会，形成了建筑、搬运等行业中的封建把头制度。各码头、各行业、各地区都有一批欺压群众、残害人命、无恶不作的恶霸、把头和流氓恶棍，号称"四大天王"、"八大金刚"等。重庆解放后，一贯骑在工人头上作威作福、横行不法的封建把头，见大势已去，不敢再明目张胆地压榨、剥削工人。但是，由于反动的封建势力根深蒂固，不少封建把头利用人民政府接管中的空子，混入工会等合法组织内继续为非作歹，压制工人的政治积极性和生产积极性。他们趁着国家建设的开展，包揽工程、垄断运输、漫天要价，勒索国家和客商，极大地妨碍了社会经济活动的正常进行。据1950年建筑行业的不完全统计，各级封建把头仅剥削工人应得工资一项，就等于3亿多斤粮食。工程上偷工减料、降低质量，甚至卷款潜逃等给国家造成的损失则更无法计算。封建把头势力已成为工人阶级翻身做主人、社会物资内外正常交流、工商业恢复发展的严重障碍。

解放初期，与整治水陆码头相关的一项工作是对棚户区的改造。棚户区的主要居民是码头工人、挑水工人、渔户、船户、滑竿夫、普通工匠、人力车工人等劳动阶级；其次是小摊贩及菜疏、水果、石灰、砖瓦等小贩，还有一些是封建社会及反动统治遗留下来的罪恶——卖违禁物品以及地痞流氓、赌棍、游民、小偷、乞丐等，以及一些江湖售药及星、相、卜、算、娼妓之类，亦混迹其间，他们绝大多数是文盲，少数的粗识文字。①

当时，靠重庆市区由牛角沱至黄沙溪，沿嘉陵江长江一带沙滩，以及散处市区及江北南岸各地，聚集着为数极多的棚户（见表3—7）。他们没有钱租佃房屋，为了求生，便不得不在江边码头临水集棚而居，在反动统治下，是被侮辱与损害的，即使他们生活在这样极其悲惨的地步中，还经常受到伪军警宪特的压榨与剥削。

表3—7　1950年3月重庆市公安局下辖十九个分局对棚户人数统计

固定				临时			
户数	口			户数	口		
	计	男	女		计	男	女
20803	72346	39089	33257	10439	37778	21890	15888

资料来源：中共重庆市委会政策研究室编印：《重庆概况》，第186—188页。

---

① 参见中共重庆市委会政策研究室编印《重庆概况》，第186—188页。

1950年6月26日《重庆市四个月警备工作总结》指出，"渝市人口集中，社会情况复杂，有暗娼、舞女共千人以上，有人力车夫5000余，还有为数不少的小偷、乞丐、散兵游勇、失业人员，再加上特务、流氓或冒充我军名义敲诈勒索或造谣滋扰。初期，有自称'民治军'到处接受[收]、出布告等，给社会治安影响很大。此外，本市的棚户计有110124人，沿江棚户住处多不固定，职业也很复杂，极难管理"①。

面对这种情况，刘伯承指出，"重庆原为西南交通中心，商业集散转运的城市。现在恢复生产，既然向着城乡互助、内外交流的方向去做，必须整理贸易，发展贸易，整理交通运输，整理码头秩序"②。

1950年1月25日，市军管会颁布了《关于整顿码头秩序的布告》，勒令解散伪工会，废除封建把头制度，同时成立了市码头管理处，统一管理运输业务，使工人的生计有了保障。11月，成立了码头、驳渡船、街道、人力车等4家全市性的工会，斗争了连绍华等10余名码头恶霸，废除过去剥削工人的不合理的陋规，统一并降低全市力资（较解放前降低80%），从而使商品成本得以降低，城乡货物流畅。12月5日，市军管会在大田湾广场召开有5万建筑工人参加的公审大会，公审枪决罪大恶极的封建把头，极大地震动了全市封建势力。此后，反封建势力的斗争在全市各工地、码头中普遍展开，通过宣传《中华人民共和国工会法》，推行民主改革，逐渐打垮了封建势力的嚣张气焰，为国家今后开展大规模的经济建设扫除了障碍。③

二 组织城乡物资交流

解放初，市面既乱又脏，国民党遗弃的汽车被散兵窃去了一部分，满街飞驰，公私汽车随便在大街上售票揽客，装卸货物。一般摊贩误认为解放了，一切可以随心所欲，任意占据交通要道贩卖商品，造成市内车辆行人都难以通过。为清除混乱，1949年12月5日，市公安局利用旧警察人

---

① 《重庆市四个月警备工作总结》（1950年6月26日），载中共重庆市委党史研究室、重庆市档案馆编《重庆解放：1949.11.30》，中国档案出版社2009年版，第353页。

② 刘伯承：《为建设人民的生产的重庆而斗争》（1950年1月23日），载中共重庆市委党史研究室、重庆市档案馆编《重庆解放：1949.11.30》，中国档案出版社2009年版，第338页。

③ 参见中共重庆市委政策研究室编印《重庆概况》，第186—188页。

员开始整理交通。首先恢复城区的 30 个主要交通岗,划定了 93 个停车场,经过 5 个月的大整顿,基本上清除了交通混乱的现象。

同时,调查了全市摊贩的种类、数量、分布情况,以及能够摆摊设点的空地,以不妨碍市容、交通并兼顾摊贩营业为原则。将市区摊贩编为 381 个小组,由政府发给营业执照,定点经营。此外,市政府还发动各界人民进行了有史以来的卫生大扫除,清除了历年积留下来的垃圾污垢,使全市面貌焕然一新。①

解放初,由于土匪猖獗,交通受阻,严重影响城乡物资交流,市场一度呈现萧条停滞状态。工商业要求停业、关厂的达 986 户,工人、店员面临失业的威胁。市工商管理局在"不停业、少失业"的指示下,说服教育工商业者克服暂时困难,渡过难关。结果只批准 140 户停业,占要求停业的 14%。当时,摊贩拥塞于市中心,在中华路、中山路一带到处摆摊,影响市容和社会秩序,工商局与公安局、税务部门配合,通过摊贩登记和整顿工作,把他们纳入 30 个指定的市场内经营,并成立摊贩管理委员会,以便加强管理。②

解放初,重庆市场一度呈现萧条停滞状态。造成市场萧条的原因很多,其中交通受阻,城乡物资交流受到严重影响,是一个重要因素。针对这种情况,1950 年 7 月 31 日,邓小平在西南军政委员会财政经济委员会正式成立会议上指出,组织城乡内外交流,工业方面特别是百货工业,应该注意研究农村需要,生产适合于农村水平的货物,组织工业品下乡。工业生产今后要面向农村,为农村服务,面对广大的消费者,才有发展前途。应鼓励私人资本到中小城市去,国家银行予以必要的帮助③。1950 年 12 月 25 日,邓小平在西南区第二次财经会议上指出,大量组织私商下乡,让他们获得适当的利润和发展,我们不要害怕这样会发展了私人资本主义。地方工业的经营方针,首先是要研究能在本区内解决原料与销路,然后由远及近;其次是必须有利可图、吹糠见米。各地应鼓励私人投资小

---

① 参见重庆市人民政府办公厅等编《重庆发展六十年(1949—2009)》,重庆出版社 2009 年版,第 129 页。
② 参见中国贵州省委党史研究室编《贵州城市的接管与社会改造》,贵州地图印制厂 2000 年版,第 174—175 页。
③ 参见中共中央文献研究室编《邓小平年谱》,中央文献出版社 2004 年版,第 933 页。

型资本工业，地主的资金也可以引导到这方面去。①

要解决城乡物资交流畅通，整顿水陆码头和市场秩序是必不可少的，进言之，这也是解放初期重庆经济恢复的必要前提。

为避免食盐盲目运销，供求失调，达到有计划的分配和正常流转，在保证民需与照顾运商利益原则下制定《西南区食盐运商暂行管理规则》。②

为了解决城乡物资交流工作中在物价政策的掌握和市场管理上所存在的一些问题，1951年4月14日，曹荻秋签发《重庆市人民政府财政经济委员会关于简化货运加强市管的报告》指出，"本委会于3月29日召集市属有关单位开会进行检查，会议情况已于4月6日呈报钧委，唯在市场管理中工商局与税务局工作之划分配合，及简化进出口货物购销检查手续上未作出决定，会后经一再商讨，对不必要之繁杂检查手续已作如下之改进"③。

1951年4月14日，《重庆市交易市场管理委员会试行组织通则（草案）》第一条规定，为联系产销，调剂供需，建立正常交易秩序，保障正当合法交易，防止投机操纵，稳定物价，简化纳税手续，特组织交易市场管理委员会（以下简称市管会）受工商局直接领导并受税务局之指导，执行交易市场管理之各项任务，各市管会之组织，悉按本通则之规定办理。

第四条规定，业务组的职权范围共六方面，包括办理交易（到销存货）之登记及统计事项，市场态度之分析与报道事项，市场物价政策之掌握与执行事项，市场秩序之维持及交易纠纷之调解事项，非法交易之调查与处理事项，代客服务事项。④

1952年1月8日，《重庆市人民政府取缔非法商业行为暂行办法》第一条规定，为保护一切合法经营的工商业、巩固正常交易秩序、稳定物价、促进生产、严格取缔扰乱市场的投机活动，特依据中央人民政府贸易

---

① 参见中共中央文献研究室编《邓小平年谱》，中央文献出版社2004年版，第958页。
② 《西南区食盐运商暂行管理规则》，全宗名：川东盐务管理局，全宗号：建东019，案卷号：39。
③ 《重庆市人民政府财政经济委员会关于简化货运加强市管的报告》，全宗名：西南军政委员会财政经济委员会，全宗号：建大13，案卷号：638。
④ 参见《重庆市交易市场管理委员会试行组织通则（草案）》，全宗名：西南军政委员会财政经济委员会，全宗号：建大13，案卷号：638。

部《关于取缔投机商业加强市场管理的指示》精神特制定本法。①

随着市场秩序和水陆码头情况好转,重庆市城乡物资交流走上了正轨。西南军政委员会财政经济委员会在1951年3月、4月份工作综合报告指出,在最近两三个月当中,经过各系统的配合,关系土产运销的交通、运输、银行、保险、税收、工商行政等方面的问题,均已次第得到解决,西南土产市场已显活跃。私商在我一再鼓励推动下,销售情绪提高,一扫美帝国主义对我宣布经济封锁时的沉滞局面。在价格掌握上,我们坚决批判了下层机构在收购中的低价思想与推销中的高价思想,现已基本上做到该提的提、该降的降,符合于政策的要求与客观的情况。各地工商行政机关对私商的单纯管制思想及税收机关烦琐检验手续,曾普遍而严重地阻碍了物资交流,经我一再纠正,现已有了改进。重庆市一项交易已由18道手续简化至7道手续,银行、税局、工商行政机关已在市场建立了联合办公的地方。各省、市财委对此亦已抓紧指导继续纠正,在简化税务手续上,也有很大进步。②

根据西南局指示,在军管会、市委会下指定航运、公安、工会、公用、贸易五部门,组织专门委员会,开始着手处理这一问题。工作方针是"开展内外交流、城乡互助、繁荣经济"。在此总方针下,组织工人进行反封建剥削的斗争,合理地调整力资,工作重点放在在业工人方面。主要码头召集工人大会,指明码头上过去的陋规极不利于各界人民和码头工人自己,经过十余天的工作,逐渐取得码头工人的拥护,并酝酿筹组真正属于码头工人自己的工会。明令宣布取消"运输工会",并宣布各支部负责人应受到人民政府和工人的审查,特务分子要按照"首恶必惩、胁从不问、立功受赏"的原则分别处理。最坏的流氓、恶霸、特务分子连绍华,在码头工人拥护帮助之下已逮捕起来。在伪"运输工会"解散、真正属于工人自己的码头工会尚未建立起来之前,建立一种由政府组织并吸收工人参加的码头管理处来代替。极不合理的陋规如过档及敲诈肩挑商人、强

---

① 参见《重庆市人民政府取缔非法商业行为暂行办法》,全宗名:西南军政委员会财经委员会,全宗号:建大13,案卷号:639。
② 参见西南军政委员会财政经济委员会:《1951年3、4月份工作综合报告——继续贯彻城乡交流、加强领导春耕生产》,载西南军政委员会办公厅编印《西南资料》第5期(1951年6月25日),四川省档案馆存档,全宗号:建大1,案卷号:90。全宗号:J001-01-0090。

行代运等亦宣布取缔。①

1950年7月15日，重庆市副市长曹荻秋在报告中指出，在整理之前，重庆的码头情况，一提起来大家都会感觉头痛的，当时在封建把持下，严重地存在"码头权"与"专运权"，造成无数的大大小小割据独占的局面，互争业务，互抢地盘，兼之蒋匪统治遗留下来的恶果，大批失业工人涌向码头去，要"吃均饭"，这样使码头秩序更乱，搬运费的名目和搬运的手续，又繁又多，工商业叫苦，物资交流受到一定阻碍。

经过这一时期整理后，先成立了码头工人工会筹委会，后又成立了搬运公司筹备处，基本上取消了封建把头制度，废除专权割据，使搬运事业归于工人自己来领导和管理，把原来复杂庞大的搬运组织、手续简化为上货、下货、提装、驳运四种；根据工作需要，已经没有以往的不合理限制，可以统一调配劳动力，并在搬运公司筹备处下设5个办事处、22个搬运站、1个装卸站、1个驳运站，凡须经复运的各种货物，如要经提装、驳运、上下货手续的，只要委托搬运公司，办一次手续就可运完。

在力资方面，已统一标准，除以往所谓上货一杯茶的特殊情况外，现行力资标准从数字看较解放前后降低了80%，从工人的实际力资看，平均降低了30%，较宜昌的低54.8%，较万县的低72.8%，同时还丈量了主要地区的水陆里程，据丈量以后的里程计算，货物运费平均可减低10%左右，并在绝大部分地区中废除了陋规与层次手续费，计有省驳、省过档、省拉滩、出舱、上截、抬秤、码头费、直接上下车费、差费、进出栈费、看管费、垫档费等，不下20多种，占当时厂商所应支出的搬运费的1/4—1/3。

在搬运工人中，已初步树立了新的劳动态度和纪律，曾有几次厂商多付了力资，工人们发觉后均如数退还（如朝天门南岸等），在搬运中发现不少被铁钩损坏的布匹，工人们即自动研究改进，将铁钩朝外反钩，大大减少钩坏货物的现象；此外为了减少囤积时间，冒雨突击搬运，借油布盖货不使淋湿，拾物不昧等，曾得到各厂商各机关口头、书面、登报致谢十几次之多。

---

① 参见《重庆市军管会、中共重庆市委关于重庆市一九四九年十二月下半月至一九五零年一月上半月工作给西南局并中央军委的综合报告》（1950年1月16日），载中共重庆市委党史研究室、重庆市档案馆编《重庆解放：1949.11.30》，中国档案出版社2009年版，第217页。

曹荻秋指出，目前这一工作还只做到初步整理，某些陋规在少数地区还有一点残余，非在业的搬运工人亟须适当处理，在业搬运工人的生活仍然很苦，疾病治疗应作适当解决，自货自运的规定和执行也须订定更明确的办法，这些问题都需要解决，以利于更进一步的整理。[1]

1952年7月21日至8月3日，西南区物资交流大会在重庆成功举办，成交额达到11332万元（新币），极大地促进了城乡交流、市场发展和工商业的振兴，为西南地区国民经济的恢复与发展描绘出多彩的画面。[2]

---

[1] 参见曹荻秋《重庆市四个月来的政府工作与今后工作中心任务》，载重庆市人民政府研究室编《重庆政报》一卷四期（1950年7月15日）。

[2] 参见中共重庆市委党史研究室等编《邓小平与大西南》（1949—1952），中央文献出版社2000年版，第164页。

第四章

西南局应对经济困难的经验与现实启示

当代，中国的改革开放深入进行，层出不穷的新问题、新矛盾必将给执政党和政府带来诸多严峻的挑战。然而，现实中无论多大的困难，也没有解放初期新生人民政权所面临的困难多、困难大。本书通过对中共中央西南局在解放初期为应对严重困难而采取的措施的研究，试图梳理出一些为应对现实困难而可以借鉴的成功经验。

第一节 中国西部地区发展面临的困难

相对于中东部地区而言，西部地区经济社会发展相对滞后，这已经引起全社会的广泛关注，学术界探索了中国西部地区与中东部相比存在着哪些制约经济社会发展的因素。

田秋生认为，简单地把西部地区经济发展的落后归因于科技、教育发展的落后事实上是不能成立的。西部地区的经济发展所面临的制约主要有资本形成和资金供给不足；交通不便，基础设施落后；人才外流；偏重的产业结构；相对的区位劣势；相对的政策劣势。[①] 冯立奇认为，西部地区的大发展受到政策性因素、历史和自然环境因素、市场投资因素、观念因素等方面的影响和制约。工业基础薄弱、基础设施滞后、科技文化总体上落后、贫困人口多、自然条件恶劣、土地贫瘠等因素都影响和制约着西部地区发展。[②] 据陈婷婷研究，与东部沿海三个经济区相比，西部地区的经

---

① 参见田秋生《中国西部地区经济发展的根本制约与对策——兼论西部地区大开发问题》，《改革》2000年第2期，第75—76页。

② 参见冯立奇《西部地区经济发展的困难和优势》，《新西部》1997年第2期，第68—69页。

济社会发展水平与东部发达地区存在相当差距；区位和交通处于劣势地位；对外开放程度远远低于沿海地区；国有企业、国防科技工业、中央企业比重高，改革难度大；资本积累和资本市场发育滞后；经济效益低下。[①] 应当说，这些论述从不同角度谈到了西部地区与中东部地区存在差距的症结所在。

本书认为，西部地区与中东部地区存在的差距主要还是在于以下几个方面。

首先，西部地区基础设施建设相对薄弱。早在20世纪50年代初，西南地区主要军政领导人就认识到发展交通对于西部社会经济进步的重要意义。在主政西南两年多后，邓小平深有体会地总结：要发展少数民族地区的经济，没有交通，那只是空谈。我们过去提倡"货郎担"，现在货郎担子搞小的行，搞大的还不行，要大量地搞，就需要公路，用汽车运输，没有这个基础，"货郎担"也可能没有货，挑空担子。现在少数民族地区需要发展交通，只有发展了交通，才能使那些地区的经济、文化发达起来，不然，将来我们搞社会主义，那些地方还那样落后怎么行呢？所以，西南军政委员会成立后作出的第一个重大决策，就是"以修建成渝铁路为先行，带动百业发展，帮助四川恢复经济"。1952年2月7日，邓小平在西南军政委员会第73次行政会议上讲话指出，西南的铁路是全国建设中的一个重点，恐怕今后要争取每年有一条铁路开工。铁是不成问题的，主要是技术问题。过去我们说过要修天成路，现在已经开工了，明年争取滇黔路开工。往后的任务是很多的，西南是交通第一，有了铁路就好办事。[②]

实际上，不仅仅是在20世纪50年代，就是经过60多年的发展，基础设施建设相对落后，仍然是制约西部地区经济社会发展的瓶颈。

中国西部地区幅员辽阔，地形地貌复杂，以高原、山区地貌为主，这在很大程度为铁路、公路的修建增添了难度。"要想富，先修路"几乎成为人人皆知的谚语，可是，西部地区的人们面对着交通不便只能望洋兴叹，毫无办法。交通不便进而影响着人员的流动和物资的流通，中东部地区的人们视西部为畏途，很大程度上是因为交通不便而生。宜万铁路、宜

---

① 参见陈婷婷《成渝经济区发展现状、问题及对策》，《时代经贸》2008年5月第6卷总第103期，第104页。

② 参见《邓小平西南工作文集》，中央文献出版社、重庆出版社2006年版，第522页。

万高速公路的修通、三峡大坝的修筑大大改善了陆上交通、水上交通，近年来，国际、国内各类企业乐于投资西部很大程度上与此密切相关。但是，西部地区交通运输条件的改善还是有限的。据统计，西部铁路营运里程仅占全国营业总里程的24%，铁路密度0.0024公里/平方公里，不到全国铁路密度平均值的一半；公路化运量和货运周转量占全国的12%和23%，公路密度为0.060公里/平方公里，仅为全国公路线路密度的一半。[1] 这说明，与中东部地区相比，西部地区的道路交通建设仍然需要加强。

其次，西部地区发展资金供给不足。改革开放以来，东部地区之所以获得较快的发展，与国家财政倾斜、东部地区原有的资本积累，以及对外开放过程中大量引进外资是密不可分的。与东部地区相比，资本不够，显然制约了西部地区的发展。据统计，1978年到1994年，全国共完成固定资产投资59881亿元，其中东部和西部分别为60.5%和14.8%。国家计委的研究表明，"九五"时期中西部地区的资金供给能力，不足以支撑其经济的超常规发展。国家计委国外资金利用司透露的最新数据显示，显然1996年中西部地区利用外资整体水平有所提高，但其实际利用占全国的比重也仅为10.2%。[2] 统计数字表明，1998年西部十省区（市）实际利用外商直接投资总额为13.74亿美元，仅占全国利用外商直接投资总额（452.84亿美元）的3.0%，低于广东、江苏、福建、上海、山东、北京、天津等东部一个省（市）利用外商直接投资的数额，大致相当于浙江或河北一个省的水平。[3]

同时，在国家的宏观经济政策下，西部地区丰富的自然资源、人力资源优势并没有换来西部地区发展的优势，资源优势反而在国家宏观调控政策下继续为中东部地区做贡献。西部地区可利用的矿藏、土地、水能、风能、天然气等资源都极为丰富。中西部拥有可利用水能占全国的85%；煤炭探明保有储量占90%；铜、铅、磷、铁等矿藏的探明保有储量分别占70%、80%、80%和60%。西部地区的土地资源也十分丰富，东部国

---

[1] 参见冯立奇《西部地区经济发展的困难和优势》，《新西部》1997年第2期，第68—69页。

[2] 同上。

[3] 参见田秋生《中国西部地区经济发展的根本制约与对策——兼论西部地区大开发问题》，《改革》2000年第2期，第75—76页。

土面积占全国总面积的13%，而人口占全国总人口的41%；西部占全国国土总面积的56%，人口只占全国的23%。[1] 但是，"西电东送"、"西气东输"宏观政策下，西部的水电、天然气所获税收全部上缴国家财政，同时，在相当长时间里，东部地区还享受国家财政倾斜政策。

最后，尽管研究者提出了制约中国西部的各种因素，譬如人才外流、资金不足、产业结构不合理、历史因素、自然因素、观念因素，等等，但是根本问题还是在于国家宏观经济政策对西部倾斜不够。上述西部地区基础设施落后、资金不够，很大程度上与国家宏观经济偏于中东部而对西部重视不够有关。既然西部水能、风能、矿藏、人力资源丰富，那么，西部地区为什么没有借助于资源优势而获得经济社会发展足够的优势。

改革开放以来，从四个经济特区、十四个沿海开放城市开始，东部地区已经占尽了天时地利，从国内外获得充足的发展资源。1992年10月上海浦东新区成立；1994年3月天津滨海新区成立。2011年6月浙江舟山群岛新区成立，2012年9月广州南沙新区成立，2013年3月郑州郑东新区成立。先后掀起了珠三角、长三角、环渤海三次开发开放高潮，都很成功，并且取得了很大的成就，但都在东部。直到2010年6月重庆两江新区成立，西部才有第一个国家级新区。此后，2012年8月甘肃兰州新区成立；2014年1月6日国务院正式批复设立西咸新区至此，西咸新区正式成为中国第七个国家级新区。2014年1月6日，国务院批复同意设立贵州贵安新区。[2]

因此，尽管学者们开列了中国西部发展的各种制约因素，但主要还是在基础设施落后、资金不足，而根本在于国家宏观经济政策对西部倾斜不够。沙国指出，改革开放30年来，中国的区域发展战略发生了历史性的变化。在改革开放初期，我国实施了东部优先发展战略，中央在政策上主要向东部沿海地区倾斜，促使东部沿海地区经济、社会、文化等方面都取得了长足的发展。但是，东部与中、西部地区的经济、文化等差距越来越大，不利于社会的安定、和谐。为此，中央又实施了西部大开发战略，以及振兴东北老工业基地和中部崛起战略，以此来缩小东、中、西部地区的

---

[1] 参见冯立奇《西部地区经济发展的困难和优势》，《新西部》1997年第2期，第70页。
[2] 参见《中国七个国家级新区》，人民论坛网，http://www.armlet.com.c/2013/0409/68066.shtum. 2013年4月9日。

差距，促使全国经济全面、协调和均衡发展，推进社会主义和谐社会建设。①

第二节 西南局应对困难的现实启示

西南解放初期，中共中央西南局面临着严重的困难局面。正如邓小平对形势估计的，200万人要吃饭，庞大的工业机构需要维持，若干紧迫的建设事业必须兴办，90万国民党军队需要认真改造和处理，并须在半年内做出成绩来。农村土匪、特务活动正在普遍发展，农民尚待组织与发动，春耕已届，原有生产水平必须保持。显然，农工商业普遍存在着一时难以克服的困难。但是，中共中央西南局在党中央、政务院支持下，采取切实有效的措施，渡过了难关，新生的人民政权坚守住了第一次综合全面的考验。

一 重视基础设施建设

与其他兄弟省区面对的困难相似，西南地区解放初期普遍存在着工人失业、公私企业经营困难等严重问题。在财政经济极度紧张的情况下，中共中央西南局领导举办包括交通、城市公共设施、市政等基础设施建设。这一系列工作首先从关系国家经济命脉的铁路、公路建设开始，三年之内先后修建成渝铁路、恢复和新修公路、扶持西南航运业、对在战争中遭到破坏的公路进行修补和维护、发展西南民航事业。举办了包括西南军政委员会大礼堂（今重庆市人民大礼堂）、贵州省军区礼堂、省府礼堂、省委办公楼、省保育院、劳动人民文化宫、工人医院、川北军区礼堂、南充市人民电影院、大田湾体育广场工程、重庆市劳动人民文化宫等市政设施建设。同时，对各省区中心城市的道路桥梁、轮渡、绿化、电车事业、无轨电车、公共汽车、自来水、下水道、公用澡堂等开展建设。

对基础设施建设的重视，所起的作用是多方面的，但主要有三个方面。首先，西南地区解放初期，对于大批集中在城市的乞丐、小偷、扒手、流浪儿童、妓女、窃盗等社会游民群体不仅是亟待救济安置的问题，

---

① 参见沙国《中国区域发展战略历史性转变的区域经济学分析》，《现代商贸工业》2008年第12期，第92—94页。

而且成为医治战争创伤、稳定社会秩序、恢复和平建设等一系列工作中必须解决的重大社会问题之一。通过基础设施建设、扩大就业岗位既可以安置失业工人,也可以安置包括妓女、舞女、人力车夫、小偷、乞丐、散兵游勇、失业人员、特务、流氓、沿江棚户、疯子、烟民、无固定住所的"野力"、赌民、孤儿、孤老及其他贫民的"社会游民"。其次,由于西南解放较迟,工商企业还在整顿改组中,在整个生产还没有得到很好的恢复与发展之前,要介绍大批游乞就业或转入生产企业部门工作确实很困难。基础设施建设也是恢复和发展工商业以及拉动内需的必要举措。再次,新中国成立初期西南地区道路交通不畅,市政设施落后,条件亟待改善。凡此种种,表明搞好基础设施建设实际上是抓住了问题的关键。

时至今日,加强基础设施建设仍然是缩小东西差距的关键问题。有人指出,纵观每一个经济发展较快的地区,可以得出一个结论,交通的发展是经济发展的基础和前提。没有交通通信的发展,就不会有经济的发展。"东部沿海地区,城市发达,全国近80%的城市集中在东部;交通发达便利,全国铁路营运里程、公路通车里程和内河航道里程的80%,以及货运量的近90%集中在东部"[①]。相对而言,西部地区铁路营运里程、公路通车里程、内河航运里程就显得很不足了。这就说明,中国东西部发展产生差距的一个重要因素在于西部交通运输等基础设施落后。近些年,中央宏观政策重视西部地区的道路交通建设,西部地区交通运输相对落后的状况有一定程度的改善,但是,西部地区地形崎岖、沟谷纵横,给当地铁路修筑、公路建设带来了很大的困难,即使修筑了铁路,提速也是很困难的事情。交通运输不便增加了西部地区工农业产品运输的成本。三峡大坝的建设,坝区水位的提高,很大程度改变了长江上游河段的运输条件,但长江流域水系的运输条件仍然还是比较困难。因此,想办法进一步改善西部地区基础设施建设,对于西部地区的发展仍然是十分必要的。

二 扩大与拉动内需增长

西南解放初期,中共中央西南局为应对市场萧条内需不足的困难,主

[①] 田秋生:《中国西部地区经济发展的根本制约与对策——兼论西部地区大开发问题》,《改革》2000年第2期,第75—76页。

要采取两个方面的措施。第一个即是通过上文所述加强基础设施建设拉动内需。当时,大量工人失业,社会流散人口众多,这两部分人的购买力显然是不高的。新生人民政权将旧军政人员一揽子包下来实际上加大了政府的财政困难。在这种情况下,西南局举办道路交通、市政、城市公共设施建设,通过扩大就业增加各类人群的收入拉动内需是十分高明的举措。

第二个措施是在举办重大基础设施建设过程中,政府通过加工订货、收购、贷款、合理调整工商业等办法,刺激工商业恢复与发展,从而扩大生产,增加工人收入,以拉动内需增长。解放初期,西南有较大的国营、私营企业192家,大小企业数千家。但是,由于各种原因,西南地区原有公、私厂矿企业已陷于支离破碎、奄奄一息的局面,有的厂靠卖房子维持职工伙食,有的厂卖工作母机和原料来维持日常开支。接管的国营工业只有纺织、电业继续开工,煤矿开工仅一小部分,其他大部分停工或半停工。恢复与发展工商业成为财经工作的重头戏。面对这种局面,西南军政委员会工业部和贸易部执行中央调整工商业的方针,通过调整劳资关系、公私关系、产销关系,对工商业进行了调整,这实际上从劳资两个方面调动了双方工商业开展正常生产经营的积极性。一方面,由于阶级觉悟提高,工人在克己精神下努力维持和恢复生产;另一方面,由于对政府的财经政策有了初步的认识,有的工商业者认真负责生产,有些还改变了旧日不平等对待工人的态度,部分改善了不合理的机构制度和管理,成本也稍减低了一些。

解放初期,工商企业生产开工不足主要不是因为商品积压卖不出去,而是由于社会购买力相对弱小。因此,新生的人民政权以加工、订货、收购、贷款等办法,在公私兼顾原则下扶助私营厂商克服生产中的困难,刺激工商业正常生产经营,促使生产、流通、消费形成良性循环,取得了一定成效。

通过工商业的正常生产经营,进而培育购买力,实为拉动内需增长的必要举措。这对于解决当代某些特殊情况下(比如金融危机)工商业经营困难是有启发作用的。

2008年金融危机以来,中国通过一揽子经济刺激政策,抵御危机带来的负面影响。通过"四万亿经济刺激计划"配合"家电下乡"、"汽车摩托车下乡"等财政政策来扩大内需,刺激消费,促进经济回暖。这些举措一定程度上取得积极成效，使西部地区经济趋稳向好的势头日趋明显。① 有人指出，扩大内需是金融危机后西部地区经济发展的战略重点。提高居民收入水平，保障失业人员的再就业。同时，政府通过对消费品减税和提高适当的补贴来推动刺激消费。加快城镇化建设步伐，建设完善的城镇居民社会保障体系。加快基础设施建设，不断完善社会医疗制度、公共服务设施和鼓励福利事业的发展。只有人们的物质生活充足，精神生产富裕，才能促进消费，最终达到西部地区内需的增长。同时建立完善的西部地区的交通运输网，保证西部各地甚至通往东部地区的物资运输、人才交流。②

三 产业升级与技术创新

抗日战争爆发后，中国中东部地区大量工厂一度内迁至作为抗战大后方的西南地区，据研究，迁入内地的厂矿不下448家，其中分布川境的254家，湘境的121家，陕境的27家，其他各地尚有23家。③ 这些企业成为国民政府经济基础的官僚资本。解放初期，西南局在采取措施恢复和发展私营工商业的同时，也将作为国民政府经济基础的官僚资本改造成为新民主主义性质的国营经济。

此前，官僚资本企业把头式的封建管理，致使企业弊窦丛生。如因煤矿瓦斯爆炸，工人死伤不断；兵工企业工人亦因安全设备不好，注意不够，经常发生伤亡；尤其是官僚资本企业普遍卫生条件太差，这对工人健康、对于生产都是严重的危害。人民政府接受官僚资本之后，随即在这些企业推行民主改革，废除不合理的经营机构和经营管理方式，成立了工厂管理委员会；建立合理的工资制度和生产责任制；规定生产定额，技术标准；严格核算成本，裁汰冗员，并对旧的技术人员进行思想改造，使他们自觉地为人民服务。通过民主改革、生产改革、增产节约运动等环节，西南工业面貌完全改观，不仅做到了恢复而且有了很大发展。电力、煤、生铁、钢、钢材、铜、锡、烧碱、氯酸钾、水泥、棉纱、棉布、纸、糖、

---

① 参见郭晗丽、张婉玉《浅谈金融危机后我国西部地区的经济发展》，《新西部》2012年第5期，第15页。
② 同上书，第17页。
③ 参见吴景超《六十年来的中国经济》，载《第四种国家的出路——吴景超文集》，商务印书馆2008年版，第157页。

盐、卷烟等 16 种主要产品在 1952 年的产量均已超过 1949 年的生产水平，并且除了煤、烧碱、盐三种产品外，其余亦均超过解放前最高年产量。

解放初期，西南局对西南地区国（私）营工商企业经营所采取的措施，对于当代西部工商企业管理颇有启发。

西部地区国有、中央、军工企业比重高，改革难度大，企业投资效率低、企业盈利能力差。这些问题都阻碍着西部地区经济的协调发展。因此，在政策上找到西部经济协调发展之路具有重要的意义。有人指出，西部地区应当走新型工业化道路，发展特色产业。也就是说，在新型工业化中坚持发展高新、改造传统、劳动密集三者并举的方针，坚持在第一、第二、第三次产业协调发展中推进工业化的方针。发挥本经济区"军工出身"优势，努力保障国防工业的发展。[①] 为了促进西部地区工业升级、换代更新，应加大资金投入，引进先进人才，加强技术创新。改进推广系统、便捷的生产方法，研发开拓高效的管理系统；精益求精，创新产品，研发、改进生产比传统产品性能更好、质量更优的新产品，提高产品在市场上的竞争力。

第三节 西南局采取城乡一体化措施的现实启示

党的十六届三中全会提出了以人为本、全面协调可持续的科学发展观，强调了统筹城乡发展要求。党的十六届四中全会提出，纵观一些工业化国家发展的历程，在工业化初始阶段，农业支持工业、为工业提供积累是带有普遍性的趋向；但在工业化达到相当程度以后，工业反哺农业、城市支持农村，实现工业与农业、城市与农村协调发展，也是带有普遍性的趋向。2004 年 12 月召开的中央经济工作会议提出，我国已经进入以工业反哺农业、以城市发展带动乡村发展的阶段，应当更加合理地调整财政分配，积极地促进农业、农村、农民"三农"发展。党的十六届五中全会提出了建设社会主义新农村的重大战略决策。至此，中国城乡分割的二元结构逐渐开始改变。

---

① 参见陈婷婷《成渝经济区发展现状、问题及对策》，《时代经贸》2008 年 5 月第 6 卷总第 103 期，第 105 页。

一 经济发展注重民生的现实启示

解放初期，西南地区面对着严重的经济形势，但财政开支数量浩大，入不敷出。人民解放军、各级政权机关大约200万人要吃饭，90万国民党军队需要认真改造和处理，大量游民需要收容改造，失业工人嗷嗷待哺；庞大的工业机构需要维持，若干紧迫的建设事业必须兴办；农村土匪、特务活动正在普遍发展，农民尚待组织与发动，春耕临近，农村种子、农具、肥料缺乏。西南局采取多方面措施应对严重困难局面，采取的各项措施始终将民生问题放在重要位置，民生问题"是群众最关心的基本利益，处理不当就会引起群众的怀疑与不满"[①]。西南局对于旧军政人员、对社会流民的安置，对失业工人的救济，城市公用事业的举办，无不体现新生人民政权各项工作的民生导向。

新生人民政权根据"三个人的饭五个人吃"的精神，对旧军政人员进行了妥善的安置处理。到1950年底，西南全区共资遣旧人员379248人，其中包括旧人员及眷属共31530人，蒋军残废及眷属、零星俘虏、散兵共213554人，流亡难民共4224人，川东乡保武装10783人，川南自新土匪42948人，未分类别统计者川东涪陵专区41061人、川西20249人、川北14899人。此外，尚有部分家属未及统计，特别是由各县零星资遣的，缺乏详细统计，因此，西南区实际资遣人数，估计在45万左右。[②]

社会上还有数量庞大的游民，包括妓女、舞女、人力车夫、小偷、乞丐、散兵游勇、失业人员、特务、流氓、沿江棚户、疯子、烟民、无固定住所的"野力"、赌民、孤儿、孤老及其他贫民等。人民政府将这批人"均无分析地收容起来"。据不完全统计，截至1952年底，全区即收容处理75000人[③]，对重庆市棚户110124人进行改造。[④]

[①] 车辚：《邓小平的治藏方略》，《云南行政学院学报》2011年第6期。
[②] 参见西南军政委员会民政部《一九五零年工作总结报告》，第4页，四川省档案馆存档，全宗呈：建大5，案卷号：1129。杨世宁：《西南军政委员会与建国初期西南区的政权接管》，四川大学博士论文，完成日期：2005年9月30日，第71—72页。
[③] 参见西南军政委员会民政部《西南区三年来城市救济工作报告》（1953），四川省档案馆存档，全宗号：建大9，案卷号：703。
[④] 参见《重庆市四个月警备工作总结》（1950年6月26日），载中共重庆市委党史研究室、重庆市档案馆编《重庆解放：1949.11.30》，中国档案出版社2009年版，第353页。

解放初期，西南全区共有失业工人 15 万多人。[①] 在西南军政委员会劳动部的大力组织和推动下，到当年年底，全区绝大部分失业工人都得到一定的救济和安置。据统计，全区共登记失业工人 111153 人，通过介绍就业、以工代赈、生产自救、还乡生产、发救济金、转业训练等方式进行救济、安置者共 85054 人，占登记失业总人数的 76.52%。

重庆市劳动人民文化宫与重庆市人民大礼堂、大田湾体育馆被称为重庆市三大标志性建筑。其实，这三座建筑物的修建，政府工作的民生导向也是十分明显的。在西南军政委员会的一次会议上，邓小平亲自提出了修建重庆市劳动人民文化宫的建议。邓小平指出，重庆是西南地区的首府，又是工业城市，有着广大的工人阶级，应该有一座具有一定规模和文化设施齐全、环境优美的文化宫，来满足劳动人民文化生活的需要。[②] 根据邓小平的建议，重庆市委、市政府立即制定了修建劳动人民文化宫的方案。

其实，西南地区城市公用事业建设包括住宅、旅馆、招待所、道路桥梁、轮渡、绿化、电车事业、无轨电车、公共汽车、自来水、下水道、公用澡堂、消防、瓦斯等无不是改善民生的重要措施。重庆、南充、贵阳等城市接管以后，人民政府即开始城市公用事业建设，在城市道路、桥梁建设、公共汽车建设、路灯照明建设、供水设施建设方面取得了显著成绩。特别是在城市公共卫生建设方面，在垃圾处理、疫病防治、公共厕所、污水排放方面的努力，使人民直接感受到了新生人民政权与旧政权有着本质的区别。城市公用事业建设许多措施本身兼具应对当时严重的经济困难和改善破坏的社会状况的性质，也是改善民生诸多措施的一部分。

1950 年春夏，西南部分地区出现了严重的自然灾害，灾荒肇端于巫山、城口地区，然后向川南、西康等地蔓延，出现饿死人的现象，灾荒造成农副业和手工业大量遭受破坏。西南局指示灾区政府，反复强调救灾和生产的问题。

对旧军政人员及其眷属的资遣，对数量庞大、种类复杂的游民的收容改造，对失业工人的救济安置，对灾民的救济，事关解放初期西南地区社会秩序的安定，解决好他们的生计问题，也是西南局注重民生改善的具体

[①] 参见《本会刘主席、贺、邓副主席关于救济失业员工的号召书和本会的通知》（1950 年 4 月 29 日至 9 月 20 日），四川省档案馆存档，全宗号：建人 1，案卷号：415。

[②] 参见祝彦《邓小平主政大西南》，《党史博采（纪实版）》2005 年第 3 期。

措施。道路交通建设、城市公用事业建设是拉动内需同时也是改善民生的重要举措。

二 发展交通促进城乡流通

吴景超有言,"发展都市的第二种事业,便是发展交通。每一个都市里面的领袖,都要设法认清哪一部分是内地,是他的势力范围,是他的基本市场。在这个广大的市场里,应开设铁路、公路、航路以及空路,使这些散布在各处的乡村,与都市有交通上的联络。我们都知道从芝加哥出发的铁路,共有33条,这33条铁路,把芝加哥与附近数百英里的农村与市镇,造成一种如胶似漆的关系"。"乡村中农民的货物,往都市中流去,比较的可以得到善价,这些农民的购买力加增,都市中的制造品便多一条销路。所以交通的发达,是对于都市与乡村两便的事。发展都市的第三种事业,便是扩充金融机关"[①]。针对李炳寰、刘子华等人对其中一些观点的疑义,吴景超争论道,"假如中国没有交通工具,各地的有无,如何调剂? 陕西的棉花,如何运往上海? 山西的煤,如何运往天津? 四川的桐油,如何运往汉口? 难道我们用铁路航路来运棉花,运煤,运桐油,不是事实么?"[②]

吴景超之言,表明了交通对于城乡物资流通、地区之间物资流通的重要性。解放初期,西南境内即面对着交通阻隔致使城乡物资交流不畅的困难。当时,西南地区各水陆孔道,时遭匪威胁,城市乡村被匪隔成点线,公粮不能全收,以致物资交流大受影响,如重庆、成都等处,即因交通阻梗而发生粮荒。如果任这种情况发展下去,将会严重地阻碍新生政权对西南的巩固与建设。因此,西南局首先对关系国家命脉的交通展开工作。刘伯承指出,"重庆原为西南交通中心,商业集散转运的城市。现在恢复生产,既然向着城乡互助、内外交流的方向去做,必须整理贸易,发展贸易,整理交通运输,整理码头秩序"[③]。在此精神指导下,西南局领导修

---

① 吴景超:《发展都市以救济农村》,载《第四种国家的出路——吴景超文集》,商务印书馆2008年版,第65—66页。
② 吴景超:《再论发展都市以救济农村》,《第四种国家的出路——吴景超文集》,商务印书馆2008年版,第70页。
③ 刘伯承:《为建设人民的生产的重庆而斗争》(1950年1月23日),载中共重庆市委党史研究室、重庆市档案馆编《重庆解放:1949.11.30》,中国档案出版社2009年版,第338页。

建成渝铁路、恢复和新修公路、扶持西南航运业、对在战争中遭到破坏的公路进行修补和维护、发展西南民航事业。

1950年7月31日邓小平指出,组织城乡内外交流,工业方面特别是百货工业,应该注意研究农村需要,生产适合于农村水平的货物,组织工业品下乡。工业生产今后要面向农村,为农村服务,面对广大的消费者,才有发展前途。应鼓励私人资本到中小城市去,国家银行予以必要的帮助。① 1950年12月25日邓小平再次指出,大量组织私商下乡,让他们获得适当的利润和发展,我们不要害怕这样会发展了私人资本主义。地方工业的经营方针,首先是要研究能在本区内解决原料与销路,然后由远及近;其次是必须有利可图、吹糠见米。各地应鼓励私人投资小型资本工业,地主的资金也可以引导到这方面去。②

要解决城乡物资交流畅通,整顿水陆码头和市场秩序是必不可少的,进言之,这也是解放初期经济恢复的必要前提。

随着关系土产运销的交通、运输、银行、保险、税收、工商行政等方面的问题的次第得到解决,西南土产市场逐渐走向活跃。1952年7月21日至8月3日,西南区物资交流大会在重庆成功举办,成交额达到11332万元(新币),极大地促进了城乡交流、市场发展和工商业的振兴,为西南地区国民经济的恢复与发展描绘出多彩的画面。③

三 注重城乡经济协调发展

工农商业的恢复与发展成为解放初期西南地区经济恢复与发展的突破点,还在城乡接管阶段,西南局即已开始注意此问题。张霖之指出,"重庆解放已半年之久,过去工作,主要忙于接管和恢复工商业等工作,工作重点是放在工人工作上面"④。在采取各种措施恢复农业生产的同时,各级人民政府采取有效措施,千方百计恢复工商业。

共同纲领第26条,即是"中华人民共和国经济建设的根本方针,是

---

① 参见中共中央文献研究室编《邓小平年谱》,中央文献出版社2004年版,第933页。
② 参见上书,第958页。
③ 参见中共重庆市委党史研究室等编《邓小平与大西南》(1949—1952),中央文献出版社2000年版,第164页。
④ 《张霖之同志在重庆市第一届农民代表会议上关于郊区农民工作的报告》(1950年5月25日),载中共重庆市委党史研究室、重庆市档案馆编《重庆解放:1949.11.30》,中国档案出版社2009年版,第349页。

以公私兼顾,劳资两利,城乡互助,内外交流的政策,达到发展生产,繁荣经济之目的"。为了促进工商业经营状况根本好转,西南局和各级政府从加工、订货、收购、贷款等几个方面着力促使公私企业生产的恢复。如在成渝铁路投放的加工订货中,重庆市有428家私营机器厂家由此而恢复了生产,还带动了木材、五金等工商企业生产的恢复。抗美援朝战争的发生,中国人民解放军进军西藏,大批私营工商企业也获得了大批加工订货,与橡胶、被服、毛巾针织、罐头食品生产相关的企业逐渐恢复生产。除此之外,国营公司对于私营棉纺织企业生产的布匹、棉纱等新产品进行收购。通过采取上述种种措施,重庆市私营工商企业得到恢复。在企业改革中,政府又引导私营工商企业联合经营,截至1951年年底,重庆市已有2296户工商户、1984户工厂作坊、314户商号实行私私联营。[①] 三年内国营公司投入西南全区收购农村土产及工业滞销品的资金达到5000亿元以上(旧币)。为解决私营企业的资金困难,政府还尽可能为企业提供资金援助。仅仅1950年1月到9月,银行就向私营工商业投放贷款2244.5亿元,"如贷给民生公司二十多亿"[②]。

在公私关系和供求关系上,一定要公私兼顾,共渡难关。比如军事订货就是一项很大的生意,胶鞋、马鞍、被服、药品等可向私营企业倾斜,枪支弹药主要是面向国营兵工厂。邓小平规定,"加工订货一定要经过工商局,大的要经过财经委员会"[③]。

西南局在采取措施促进工商业的恢复与发展的同时,也注意农村经济的恢复。1950年1月23日刘伯承指出,重庆市恢复生产必须面向农村与必须面向全国。面向农村就是帮助其发展农业生产,就是在生产上实行城乡互助,而首先就从帮助近郊农业发展做起,使之成为城乡互助的桥梁。[④] 1950年2月6日,邓小平在中共中央西南局委员会第一次会议上指出,农村阵地全部还在封建阶级的掌握中,而当前的征粮、剿匪、春耕三大工作尤为迫切。各级党委必须以充分的注意力,加强对于农村工作的指

---

① 参见中共重庆市委党史研究室等编《邓小平与大西南》(1949—1952),中央文献出版社2000年版,第157—159页。
② 叶菊珍:《建国初邓小平私营经济政策评析》,《毛泽东思想研究》2004年第1期。
③ 艾新全、林明远:《邓小平在西南的理论与实践》,重庆出版社2010年版,第162页。
④ 参见刘伯承《为建设人民的生产的重庆而斗争》(1950年1月23日),载中共重庆市委党史研究室、重庆市档案馆编《重庆解放:1949.11.30》,中国档案出版社2009年版,第338页。

导。在完成征粮之后，农村工作在一个阶段内，即应以剿匪反霸为中心。同时在屯粮和剿匪反霸的斗争中，组织强有力的农民协会。① 邓小平继续指出，农村中另一极端重要的任务，是立即布置春耕。应研究农业生产中的有关问题，用最大力量予以解决。减租条例需要早点公布，重庆代表会议上，农民就提出了此项要求，到今年夏秋时可能成为较普遍的要求，故应早点公布，使农民、地主均有所准备，以免被动，对生产亦有好处。准备明冬后春开始土改，如果工作做得好，是可能的。②

西南局对农村工作的重视主要集中在五个方面，包括及时总结与研究推广群众生产经验，改进生产技术；充分准备种子、肥料、农具，合理使用耕牛；做好防灾救荒的准备工作；注意发展与巩固互助组织；发动农民订立计划，掀起竞赛热潮广泛开展农村爱国增产运动。③

梁漱溟在领导著名的乡村建设运动时期，曾经论述道，"所谓中国建设（或云中国经济建设）必走乡村建设之路者，就是说必走振兴农业以引发工业的路。换言之，必从复兴农村入手，以达于新社会建设的成功"④。从农业生产、农民消费两方面来刺激工业发展起来，要先制造出工业的需要来。从农业引发工业，更从工业推动农业；农业工业叠为推引，产业乃日进无疆。同时也就是从生产力抬头而增进购买力，从购买力进而更使生产力抬头；生产力购买力辗转递增，社会富力乃日进无疆。⑤ 这些论述，表明了工商业发展与农村经济复兴的关系。梁漱溟等乡村建设运动领导人虽然正确地认识到了二者的关系，但民国时期社会状况恶劣使得这些思想只能停留在字面上。新中国成立初期，新生的人民政权真正实践了乡村建设运动提出的一些理想。

当代，实现城乡经济社会一体化是西部地区发展亟待解决的核心问题。通过各项制度改革，彻底打破城乡分割的二元经济社会结构。有人认为，打破城乡二元结构应当着眼于统筹城镇体系建设，大力打造城镇群，加速城镇化进程；建立现代农村产权制度；加快户籍制度改革和农村社会

---

① 参见《邓小平西南工作文集》，中央文献出版社、重庆出版社2006年版，第93—95页。
② 同上。
③ 参见《检关〈关于春耕生产的指示〉及〈积极动员群众加紧春耕准备〉稿由》，全宗名：西南军政委员会，档号：J001-01-0483。
④ 梁漱溟：《乡村建设理论》，上海人民出版社2011年版，第17页。
⑤ 同上书，第342—343页。

保障制度改革。① 城镇一体化是实现光荣与梦想的新途径。党的十四届三中全会全面阐释了城乡经济社会发展一体化的"新五统筹"。新五统筹的提出和落实,既是对发达地区已有实践的高度概括和总结,也是从整体上细化明确中国在解决城乡协调发展、不同区域协调发展、经济社会协调发展、人与自然和谐发展、国内发展和对外开放相协调等任务的科学性。②

第四节 应对劳资冲突的措施及经验

劳资关系是新中国成立初期和现阶段生产关系的主要内容,劳资关系和谐与否直接影响着经济社会的发展和劳动者的地位。1949年新中国成立时,全国面临着国民经济严重衰退和全面萎缩的严峻形势。国民经济能否迅速地恢复和发展,严重的经济困难能否尽快解决,成为新生政权能否维持和巩固的根本问题。为此,中国共产党在新中国成立初期实行了"公私兼顾,劳资两利"的方针,取得了很好的效果。③ 新中国成立初期,劳资双方对劳资两利政策认识不足所产生的劳资关系的不正常,若干工商业者对劳资两利、公私兼顾政策的怀疑、顾虑所产生的不愿放手投资经营,成为西南地区经济困难产生的重要原因。西南局在贯彻执行"为建设人民的生产的新重庆而奋斗"的总方针之下,本劳资两利政策,坚决调整了劳资关系。④ "劳资两利、公私兼顾"、劳资协商会议、劳动仲裁等处理劳资关系的原则,对现阶段中国劳资关系的处理具有重要现实意义。

一 协商途径解决劳资冲突

解放初期,重庆市的劳资关系一度紧张。特别是1950年3月以后,因解雇工人而引起的劳资纠纷发展到十分尖锐的程度。据西南劳动部统

---

① 参见陈婷婷《成渝经济区发展现状、问题及对策》,《时代经贸》2008年5月第6卷总第103期,第105页。
② 参见谢扬《金融危机背景下中国城乡统筹发展的战略思考》,《城市与区域规划研究》2010年第1期,第48页。
③ 参见甘黎黎、任军利《建国初期中国共产党处理劳资关系政策述评》,《求实》2007年第2期。
④ 参见曹荻秋《解放一年来的重庆》(1950年11月30日),载中共重庆市委党史研究室、重庆市档案馆编《重庆解放:1949.11.30》,中国档案出版社2009年版,第392—393页。

计，从1950年1月至6月20日，重庆、成都、贵阳三地共发生劳资纠纷1008件，其中重庆占824件，成都97件，贵阳87件。①

劳资关系好坏成为工商企业能否渡过难关的关键，而双方关系的协调赖于劳资双方本着"劳资两利"的原则协商解决。在调整劳资关系时，政府在工人中宣传"劳资两利"，说服工人取消过高的要求，坚持低工资政策，调处劳资纠纷，以团结资方合力争取生产的维持和恢复。② 1950年1月23日刘伯承指出，恢复生产必须适当解决劳资问题，在工人职员方面应积极工作，照顾到资方有利可图，以获得自己生活所必要的工资，不可过高要求；在资方，则应在正当途径上获得利润，不可过低发给或施以不合理的待遇，尤其要改变过去压迫工人的观点。现在应该双方协商，合理解决，订立合同以实现劳资两利，私营经济事业凡有益于国计民生者，人民政府应鼓励其经营的积极性，并辅助其发展。这些企业应在公私兼顾的原则之下分工合作。这就是要在重庆具体条件之下，在原料收购与制造成本和成品推销上，如何能公私兼顾的问题。私营经济事业者，应相信共同纲领的经济政策，必须认真实施，消除一切不必要的顾虑，挺身出来经营，而与国营企业共同克服困难，完成国民经济建设光荣的任务。③

西南局第一书记邓小平希望广大工人职员注意把眼前利益与长远利益结合起来，"并把它体现在劳资两利的政策中"；对资方，则要求他们"以正当途径获得利润"，必须给工人以必要的工资，"尤其是要改变过去压迫工人的观点"，"改变自己的不良作风"。刘、邓讲话体现了《共同纲领》中"公私兼顾，劳资两利"原则，成为解决重庆劳资纠纷的指导方针。在此指导方针的指引下，1950年1月29日，重庆成立了有政府和资方代表参加的劳资研究会，围绕"支援人民解放战争；进一步建立革命秩序，保卫治安；恢复生产；发展文教事业"四大任务，开始谨慎稳重地处理劳资纠纷。④

---

① 参见《西南劳动部五个月来的工作报告》（1950年7月12日）。
② 参见汤子琼《邓小平主政大西南时期的经济思想和实践》，《西华大学学报》（哲学社会科学版）2004年第3期。
③ 参见刘伯承《为建设人民的生产的重庆而斗争》（1950年1月23日），载中共重庆市委党史研究室、重庆档案馆编《重庆解放：1949.11.30》，中国档案出版社2009年版，第338页。
④ 参见重庆市人民政府办公厅等编《重庆发展六十年（1949—2009）》，重庆出版社2009年版，第135—136页。

针对已发生的劳资纠纷，西南局采取的调处原则是根据劳资两利原则与全国总工会所颁布的《关于处理劳资关系问题》三个文件。文件原则规定，"在劳资问题上，主要纠纷是工资问题"①。减低过高工资及福利（如邮政系统），必须将国家目前的困难情形向工人职员宣传教育，经过群众路线，大家讨论研究才能顺利解决，单纯的行政命令、官僚主义是行不通的。对私营企业的工资福利，应在劳资两利、公私两利、发展生产、繁荣经济的大前提下，劳资双方谈判解决。②

一般国营工厂在解放时，工人情绪很高，热烈欢迎共产党，希望也很高。可是，由于国家困难，紧接着是压低工资，发维持费。在私营企业中，工人曾希望共产党给他们做主去"斗争资本家"，提高工资，减少工作时间，而政府一见面就是"劳资两利，共同克服困难"。总之，一开始我们就坚持执行低工资政策。在干部及工人中进行低工资制的教育。对各产业部门的工资进行合理的调整，使不合理的过低的工资适当提高；而不合理的，或者合理但目前不能实行的过高工资，应适当地降低。将生产的恢复并继续维持下去作为紧迫的任务。

在纺织业改革中，政府提出之裁冗员、减高薪、减工资，曾遭到资方的反对和破坏，因为这正打在资本家不合理制度之上。

从重点突破的工作方法中，政府取得了经验，对工会工作增添了信心。

劳资关系发展可分为三个阶段。第一阶段为解放初期（1949年12月—1950年3月）劳资关系处于严重混乱状态。解放初期，关厂、解雇、欠薪、复工等纠纷，即接踵而来，形成劳资关系的严重混乱状态。③ 第二阶段为1950年三四月间，劳资关系更加混乱。此期，全国财政经济统一，物价稳定，市场虚假购买力消失，一时产销失调，工商业处于困难关头，因此，劳资关系更加混乱起来，如关厂、停伙、解雇、复工等纠纷均接踵而来。签订集体合同、集体协议，也是当时调整劳资关系继续发展生产的

---

① 张霖之：《关于中共重庆市委一月来接管工作的初步总结》，载中共重庆市委党史研究室、重庆市档案馆编《重庆解放：1949.11.30》，中国档案出版社2009年版，第217页。

② 参见张霖之：1949年11月3日《关于接管城市的报告》，载中共重庆市委党史研究室、重庆市档案馆编《重庆解放：1949.11.30》，中国档案出版社2009年版，第217页。

③ 参见《西南军政委员会劳动部关于1950年劳资关系的总结》，全宗名：西南军政委员会，西南军政委员会办公厅印编《西南资料》第3期（1951年4月30日），卷号：J001-01-0090。

有力保证。第三阶段为1950年7月以后,劳资关系由维持恢复而趋向发展。1950年7月以后,由于土匪已基本肃清,城乡物资较能正常交流,以及人民政府合理地调整了公私关系,使四五月间困难很大的工商业,已由维持恢复而趋向发展,加以工人在最困难的关头,以伟大的实际行动,教育了资本家。同时,跟着生产情况好转,某些企业既提高了工人的物质待遇,又教育了工人,使工人在生产上更加发挥了积极性,因而劳资纠纷遂逐月减少。①

二 仲裁途径解决劳资冲突

劳资纠纷始终存在于私营企业之中,具有突出性、长期性特点,因此,要建立解决劳资纠纷的长效机制,才能从法律上解决此类问题。针对已发生的劳资纠纷,全国总工会于1949年11月制定了《关于劳资关系暂行处理办法》和《劳资争议处理程序》,原则上规定,对私营企业的工资福利,应在劳资两利、公私两利、发展生产、繁荣经济的大前提下,劳资双方谈判解决。② 1950年4月21日政务院第29次政务会议批准、1950年4月29日公布《劳动部关于在私营企业中设立劳资协商会议的指示》,原则上规定工商企业要建立劳资协商会议。

最早对以仲裁的方式解决劳动争议建章立制的国家是英国。英国早在1924年即制定了有关劳动争议调解和仲裁的专门法规。我国的劳动争议仲裁,萌芽于1933年的《中华苏维埃共和国劳动法》,其相关条文规定,对于用人单位与被雇人之间,"因为各种劳动条件问题发生争执和冲突时,各级劳动部在得到当事人双方同意时,得进行调解及仲裁"③。可见,对劳动争议案件采用仲裁的方式解决早已成为中国共产党处理劳资关系的基本原则。

新生的人民政权建立之初,针对劳资纠纷频繁多发,甚至相当尖锐的现实情况,按照全国总工会发布的文件精神,西南局指示私营工商企业普

---

① 参见《西南军政委员会劳动部关于1950年劳资关系的总结》,全宗名:西南军政委员会,西南军政委员会办公厅印编《西南资料》第3期(1951年4月30日),卷号:J001-01-0090。

② 参见张霖之1949年11月3日《关于接管城市的报告》,载中共重庆市委党史研究室、重庆市档案馆编《重庆解放:1949.11.30》,中国档案出版社2009年版,第217页。

③ 1933年《中华苏维埃共和国劳动法》第120条。

遍建立劳动争议仲裁委员会、劳资协商会议等机构。

1950年3月10日，重庆市委发布《关于订立劳资集体合同的指示》，嗣后市军管会公布了全国总工会发出的《关于劳资关系暂行处理办法》等文件，市政府也成立了重庆市劳动争议仲裁委员会，专门调解劳资纠争。6月以后，在订立劳资集体合同的基础上，市委及市总工会筹委会又广泛号召各单位建立劳资协商会议。到11月底，全市建立了劳资协商会议48个。协商会作为劳资双方讨论、商议、决定企业生产、生活和其他重大问题的机构，遵循着"发展生产、繁荣经济、平等协商、劳资两利"的原则，使劳资双方经常见面，互相了解，及时协商，适当解决劳资双方发生的纠纷，消除了过去不信任的局面。到1950年10月止，全市调处劳资纠纷共1862件。在处理中，工人阶级在工会的领导下，照顾生产的实际困难，主动减低工资和待遇，以团结资方合力争取生产的维持和恢复。经过各个协商会的努力，全市劳资矛盾得以缓和，也促进了生产发展和职工生活的改善。同时，在这一过程中，促进了工人阶级的自身改造，有力地贯彻了党的统一战线政策，团结教育了资方，促使其自觉接受工人阶级的领导，初步建立起平等、民主、两利的劳资关系，使处于瘫痪的国民经济在较短的时间内恢复了元气，战争的创伤逐步得到修复。①

1950年上半年以来，各厂店行业也大都成立了劳资协商会议，并订立了集体合同或集体协议，适应新的劳资关系的要求，进一步搞好生产，使有重点地开展爱国主义生产竞赛运动。②

根据1951年4月30日西南军政委员会劳动部关于1950年劳资关系的总结，西南区的劳资关系，按重庆、成都、贵阳等几个大城市来讲，已基本走向正常，表现在主要的产业和行业，都已成立了劳资协商会议和签订了劳资集体合同或集体协议。纠纷问题，大体能经过协商、调解、仲裁等程序来解决。根据不完全的统计，一年来已成立劳资协商会议344个，包括生产单位的239个，行业的97个，区域性的8个。签订劳资集体合同47个，包括生产单位的1个，行业的13个，生产单位和行业不分的33

---

① 参见重庆市人民政府办公厅等编《重庆发展六十年（1949—2009）》，重庆出版社2009年版，第135—136页。

② 参见《西南军政委员会劳动部关于1950年劳资关系的总结》，全宗名：西南军政委员会，西南军政委员会办公厅印编：《西南资料》第3期（1951年4月30日），卷号：J001-01-0090。

个。集体协议 180 个，包括生产单位的 41 个，行业的 41 个，生产单位和行业不分的 98 个。向劳动局备案的各种契约 1332 件。以重庆市成立的生产单位和行业的 93 个劳资协商会议为例，即关系工人职员 66400 余人，这说明占全市工人职员总数（公营企业在内）1/4 以上的人，已能以平等的地位和资方协商问题，同时证明工人在政治地位上的提高。[①]

劳资协商会议和劳动仲裁委员会是新中国成立初期，我党应对严重的经济困难、妥善处理劳资关系的重要原则，与我党的建党宗旨是符合的。这项制度的建立和完善，具有重要的现实意义。

第五节 应对农工商业发展困难的措施及经验

工商业成为解放初期西南地区经济恢复和发展的关键。只有解决好了工商业问题，才能解决就业问题，庞大的军工、民用工业品需求才能得到根本解决。农工商三大产业的良性互动才能形成。

一 工商业成为经济恢复发展的关键

新中国成立初期，西南地区普遍存在着工商业生产经营困难的局面。困难产生的原因包括国民党军队在溃退时对若干重要生产部门的破坏，难以恢复，劳资双方对劳资两利政策认识不足所产生的劳资关系的不正常，若干工商业者对劳资两利、公私兼顾政策的怀疑、顾虑所产生的不愿放手投资经营，城乡阻隔、物资交流不畅，1950 年 3 月以后物价趋向稳定所产生的生产停滞、产品滞销、市场萧条。另外，旧的经济机构的臃肿，经济管理方式的不合理，需要重新改组，等等，都成为恢复生产的阻力。

针对这一情况，1950 年 1 月 23 日刘伯承号召"建设人民的生产的重庆"，从困难、方针、具体任务等方面指出了西南地区在解放初期克服经济困难的道路。西南局贯彻执行"为建设人民的生产的新重庆而奋斗"的总方针。新生的人民政权没收官僚资本的一切工厂、矿山、铁路、轮船、银行和其他事业，并把它们改造成为居于国民经济领导地位的社会主义国营企业，改造成为具有新民主主义性质的国营经济。例如重庆市共没

---

① 《西南军政委员会劳动部关于 1950 年劳资关系的总结》，全宗名：西南军政委员会，西南军政委员会办公厅印编：《西南资料》第 3 期（1951 年 4 月 30 日），卷号：J001 - 01 - 0090。

收官僚资本主义企业80家，固定资产10000.27亿元（旧币，1万元相当于现人民币1元），占全市工业总产值的79%。与此同时，将官僚资本与民族工商业资本合办的179家企业中属于官僚资本的股金5726亿元（旧币）全部没收转为国家股金，改为公私合营企业；把清理敌伪逆产和公股公产、私营企业有公股产的28家企业，全部转为公私合营企业，形成了国家资本主义经济。①

早在1947年12月中国共产党制定了新民主主义革命时期的三大经济纲领，即"没收封建阶级的土地归农民所有，没收蒋介石、宋子文、孔祥熙、陈立夫为首的垄断资本归新民主主义的国家所有，保护民族工商业"。1949年3月召开的中国共产党七届二中全会提出，在经济方面必须建立和发展社会主义性质的国营经济，并使这种国营经济成为整个国民经济的领导成分；必须对私人资本主义经济采用利用和限制的政策；对个体农业和手工业经济，要谨慎地逐步地而又积极地引导它们向着现代化和集体化方向发展，成为半社会主义性质的合作社经济；再加上个体经济、国家资本主义经济共五种经济成分，构成新民主主义的经济形态。

西南局按照上述大政方针，根据1950年6月党的七届三中全会《为争取国家财政经济状况的基本好转而斗争》的报告，对现有工商业进行合理调整。邓小平指出，我们对于私营工商企业的方针，不是挤垮资本家，而是认真地从公私关系和劳资关系上进行合理的调整，指导与帮助工商资本家渡过难关发展生产。②"调整工商业主要是城市。我们的政策是调节劳资，两利兼顾，否则对整个国民经济不利"，"我们要扶助有益于国计民生的私营工商业，鼓励私人生产的积极性。资方要改善管理，降低成本"③。根据邓小平的这个讲话精神，西南地区各级政府着手对工商业政策进行了必要的调整。对于一些不利于国计民生的私营企业，如银行业及其他销售奢侈品的商店，积极帮助其转业。对于国计民生有益的五金业、铁木厂、粮食店、煤店、交通运输业等予以大力支持。为了解决资金困难，仅1950年1月至9月，人民银行重庆分行就向私营工商

---

① 参见祝彦《邓小平主政西南二三事》，《党史文汇》2004年第8期。
② 参见汤子琼《邓小平主政大西南时期的经济思想和实践》，《西华大学学报》（哲学社会科学版）2004年第3期。
③ 祝彦：《邓小平主政西南二三事》，《党史文汇》2004年第8期。

业投放贷款 2244.5 亿元（旧币），人民银行贵州分行向企业贷款 2269.7 亿元，其中私营企业占 51.51%，国营企业占 41.88%，其他占 6.61%。①

通过调整劳资关系、公私关系、产销关系，以及加工、订货、收购、贷款等办法，西南区工商业恢复调整取得初步成效。抗美援朝和进军西藏，使橡胶、被服、毛巾针织、罐头食品等企业获得了大批加工订货任务。另外，国营公司亦大量收购私营棉纺织业的布匹、棉纱等新产品。三年内国营公司投入西南全区收购农村土产及工业滞销品的资金达到 5000 亿以上（旧币）。②

在公私企业复工复业的基础上，又经过民主改革、生产改革、增产节约运动等阶段，从而使西南工业面貌完全改观，不仅做到了恢复而且有了很大发展。在企业改革中，政府引导私营工商业在自愿、平等、民主的原则下，实行联合经营。到 1951 年底，重庆市有 2296 户工商户，其中 1984 户工厂作坊、314 户商号实行公私联营。通过联营，精简了机构，提高了技术，降低了消耗，避免了盲目竞争。③

工商企业的恢复成为失业工人安置救济问题解决的关键。解放初期全区共登记失业工人 111153 人，通过介绍就业、以工代赈、生产自救、还乡生产、发救济金、转业训练等方式进行救济、安置者共 85054 人，占登记失业总人数的 76.52%。凡是有技术的、能劳动的青壮工人及有专长的职员和知识分子，多得到某种职业位置。剩下的老弱及残疾失业工人，由社会救济机关继续救济。西南区工商业的逐步恢复，提供了较多的就业机会，而许多公私企业机关雇用职工时对于失业工人也给予了照顾。由于西南区失业工人的社会关系较多，农村关系较密，结合着"自力更生"的思想，很多人能够自行或稍加帮助即能解决职业和生活问题。

但是，救济失业工人是一项长时期的工作，不但须继续救济的尚有数万人之多，且在经济改造过程中，因调整事业和改革经营中新产生的失业

---

① 参见汤子琼《邓小平主政大西南时期的经济思想和实践》，《西华大学学报》（哲学社会科学版）2004 年第 3 期。
② 参见叶菊珍：《建国初邓小平私营经济政策评析》，《毛泽东思想研究》2004 年第 1 期。
③ 参见汤子琼：《邓小平主政大西南时期的经济思想和实践》，《西华大学学报》（哲学社会科学版）2004 年第 3 期。

工人为数也不少。如川东盐、煤、搬运等工人1万多需要安置。据调查，这些失业工人又多是技术低、年龄较大，在城市中欲谋转业就业颇不易。因此，除尽量为其争取就业机会，依据当地需要举办转业培训及鼓励生产自救外，还应进一步办理还乡生产，使缺少机会就业转业的失业工人，在土地改革中分得相当田地，转入农村生产。

成渝铁路开工后，西南局从川渝各区招收1.8万余名失业工人，全面展开路基土石方施工。从1950年10月19日首批中国人民志愿军跨过鸭绿江赴朝参战以后，修筑成渝铁路的工兵部队大都奉命北调抗美援朝。他们留下的任务，为川西、川北、川东、川南四个行政区从各城镇招募的失业工人和沿线动员的农村民工所接替。11月，在原有军工筑路队的基础上，又决定动员民工参加筑路，并抽调很多的地方负责干部进行组织领导，整个工程前后共投入了军工3万余人，施工高峰时期投入民工10万人以上，其中在重庆及施工沿线招收失业工人约1.9万人。这样，数以十万计的民工，分散在千里成渝线上，为自己修铁路。

由于各省（行署）、市正确执行了中央与西南局关于救济失业工人的方针政策，坚持"以工代赈"、"生产自救"，多渠道解决失业工人再就业问题，使得此项工作取得了一定的成绩。

二 应对农村经济困难的措施及经验

农业是国民经济的基础，在复苏西南经济的千头万绪的工作中，西南局采取了积极有效的措施，扶助农业恢复生产。从1950年至1952年，西南局紧紧围绕稳定农业生产的恢复这个中心任务采取了各种有力措施，促进了国民经济的恢复和发展。刚刚解放的大西南，百业待举，工作千头万绪，纷繁复杂，邓小平首先敏锐地抓住中心任务。他指出，"西南区今天的中心任务是什么？从全区说，一是剿匪，二是完成征粮、税收、公债任务，三是领导生产（主要是农业生产），四是调整工商业、救济失业人员"。他明确指出，我们的一切工作要"结合当时当地的中心任务"开展。[①]

1950年初，邓小平在中共中央西南局委员会第一次会议上强调征粮、

---

① 参见李蓉《善用宣传推进大局——邓小平西南时期杰出战略家风采的几个侧面》，《重庆邮电学院学报》（社会科学版）2004年第5期。

剿匪、春耕是当前农村三大要务。征粮、剿匪、春耕三大工作皆不偏废，各个阶段有所侧重。在完成征粮之后，农村工作在一个阶段内转入以剿匪反霸为中心。在屯粮和剿匪反霸的斗争中，组织强有力的农民协会。由农会开办大量的训练班，培养农民干部，挑选其中最好的当农会组织员，派他们下乡去担任乡村农会的组织工作，以扎正农村基层的根子。有计划地召开县、区、乡农民代表会议，使农民代表会议实际起到乡村政权的作用。而正规军须以足够兵力化作县、区干队，以保卫政权，奠定农村革命秩序。农村中另一极端重要的任务，是立即布置春耕。解放初期，极端严重的财政困难说到底就是吃饭问题，而这要靠农业生产的恢复与发展来解决，所以，邓小平特别强调要注意春耕领导，采取措施"保持原有生产水平"。在《关于1950年春耕及农业生产的指示》中，西南军政委员会提出1950年农业生产的方针是，争取把1949年原来耕种之地，全部继续保持生产，不得荒废。

西南局"在集中力量于城市接管的同时，农村工作即开始铺摊子和布置征粮"[①]。邓小平指出，我们的力量尚未布置妥善，90万国民党军尚未改造，而西南封建势力又甚强大，如果现在就提出反霸的口号，可能促成封建势力很快地团结起来，与我公开为敌，这对于我们是非常不利的。因此，今天农村的口号应是"剿匪生产"、"完成征粮"。我们在策略上，第一步打击的对象，只能是那些明目张胆拿起武器反对我们和坚决抵抗政府法令、破坏经济建设的首要分子。[②]

1950年发放了相当数量的各种农业贷款，组织生产互助组，对贫穷地区减免公粮，对困难户实行救济，1951年重庆市颁布了《农业税征收实施办法》，对免纳农业税作了具体规定。1952年先后实行了西南局颁布的《关于发放1952年春季农业贷款的指示》和《西南区1952年农业税减免实施办法》。如云南山区和川南彝族区就先后拨发救济粮25万斤以上；在少数民族地区有计划、有重点地举办了各种农业贷款，协助各族人民恢复生产，解决了部分地区群众的农具、种子、口粮等困难。重庆市郊

[①] 《邓小平在中共中央西南局委员会第一次会议上的报告提纲》（1950年2月6日），载中共重庆市委党史研究室、重庆市档案馆编《重庆解放：1949.11.30》，中国档案出版社2009年版，第412页。

[②] 参见张凤琦《从西南"淮海战役"看邓小平的思想与风范》，《毛泽东思想研究》2005年第4期。

区农民则普遍提出"抓紧减租、退押、土改、多产粮食支援志愿军"的口号。①

在减租、退押、反恶霸运动胜利进行,人民政治地位日益提高的同时,农民再也不能容忍剥削制度继续存在,强烈要求重新分配土地,彻底废除封建土地制度和消灭地主阶级。西南地区在完成减租退押、清匪反霸之后,及时转入土地改革。土地改革第一期清匪反霸、减租退押运动完成较好的地区开展,1951年1月、2月开始,4月、5月初结束。土地改革第二期自1951年6月开始,土改第二期于1951年6月上旬开始在人口2500万至3000万(占全人口30%左右)共17个完整县、3个市又36个区、278个乡的地区进行,至9月底止,绝大部分地区基本完成。土改第三期于1951年11月开始,至1952年5月胜利结束。土改第三期共计完成3700万人口地区的土地改革,占总人口的41%。根据农村中群众运动的骨干仍然不足、各地群众发动的程度不平衡等情况,不采取在所有地区内一下子普遍展开,而采取先进行个别试验然后推广,由点到面,点面结合,稳步推进,各省区在进行土地改革的步骤上依据各自的具体条件进行。由于政策正确,涉及面广泛的土地改革运动得以顺利完成。农村土改运动是一场极其深刻的社会革命。它消灭了封建剥削制度,使生产关系发生了根本变化。西南地区的土改大大提高了农民的政治觉悟和生产积极性,巩固了国家工农联盟的基础。随着土改的完成,农民购买力大大提高,农业生产迅速恢复反过来为工商业的恢复和建设提供了根本条件。

但是,农业生产条件的根本改善,还有许多工作要做。首先,春耕生产步入正轨的同时,西南军政委员会根据党外民主人士夏仲实等人关于农林水利事业的建议,按照各省区在土壤、气候、水利、物产等方面的具体情况,切实布置每年全区的农林水利建设任务。先后制定农田水利建设政策、农业税收政策、制定合理的生产指标,以及完成计划而出台一系列扶持和奖励政策。例如,为鼓励育苗造林,西南军政委员会专门规定,公有宜林荒山荒地,除指定专门机关直接经营造林外,私人、机关、部队、学校及造林合作社,均须依法承领,定期造林;私人承领不得超过500市亩。承领人承领荒山荒地造林后,森林所有权即归其所有,未如期完成造林计划者,撤销其未完成部分承领权的全部或一部。承领者育苗造林成绩

---

① 参见张向春、邵忠勇《邓小平与西南的抗美援朝运动》,《传承》2007年第12期。

显著，给予名誉或实物奖励，在未有收益前，减免农业税。其次，为了进一步调动和保护农民的生产积极性，川北行署相继颁发了《恢复农业生产，保持1949年原有生产水平》布告及《农业生产奖励暂行办法》。最后，为促进农业生产的发展，政府加大了对农业的投入。在两年多的时间里，全区发放贷粮8500余万斤，贷款1000余亿斤，投入农业的事业费109余亿元，林业投入13余亿元，推广良种400余万斤。

可见，单就农村工作而言，西南局的工作已是千头万绪。这些工作包括征粮、剿匪、建立农村基层政权、布置春耕生产、土地改革、农田水利建设、农业税收政策，等等。西南局依靠广大群众在解放初期迸发出来的生产热情、革命热情，统筹全局，"十根指头弹钢琴"，使千头万绪的工作得到全面顺利开展，同时，各阶段工作又突出重点、有所侧重，使得每项工作都落到实处，圆满完成。这是解放初期政府工作为今天留下的宝贵经验。

参 考 文 献

一 论文类

[1] 李敏昌等：《党在建国初期的经济政策及其影响》，《甘肃社会科学》2011年第3期。

[2] 《中央日报》1948年8月20日。

[3] 贺水金：《试论建国初期的通货膨胀及其成功治理》，《史林》2008年第4期。

[4] 樊永强：《纪念抗战胜利60周年——反思历史：抗战启示录》，《半月谈》2005年第15期，《新华网》，2005-08-08。

[5] 吴广义：《抗日战争中中国军民的伤亡及经济损失》，《当代军事文摘》2005年第11期。

[6] 西南军政委员会办公厅编印：《西南政报》第2期。

[7] 邓小平在西南服务团干部动员会上的讲话，1949年9月20日。

[8] 《邓小平与大西南》，中央文献出版社2000年版；重庆市人民政府办公厅：《重庆政报》第一卷第5期。

[9] 农绍凡：《富宁壮族稻作文化及水田稻作发展》，云南富宁县农业信息网（www.ynagri.gov.cn），2009年4月14日。

[10] 文泽宏：《贵州工商业发展之特点》，《贵州直接税通讯》1947年6月1日。

[11] 《人民政权的建立——西南大区时期的重庆》，《重庆发展六十年》。

[12] 中共重庆市委会政策研究室编印：《工作通讯》第7期，1950年5月15日出版。

[13] 《新华日报》1950年3月3日。

[14] 西南军政委员会办公厅编印：《西南政报》第15期。

[15] 肖泽宽：《邓小平在重庆的二三事》，《重庆地方志》1991年第3期。

[16] 徐达：《1951年各地发动群众战胜旱灾的几点基本经验》，载1952年2月22日《人民日报》。

[17] 《军管会、中共市委、市政府召开工商界座谈会，邓政委讲话》，载1949年12月19日《新华日报》。

[18] 谢琳：《西南民族工作开新篇》，《红岩春秋》2007年第1期。

[19] 原载中共重庆市委会政策研究室编印：《工作通讯》第1期。

[20] 艾新全：《邓小平、刘伯承、贺龙"三龙际会大西南"》，《中国共产党新闻网》2012年12月6日。

[21] 杨世宁：《西南军政委员会与建国初期西南区的政权接管》，四川大学博士论文，2005年9月30日。

[22] 西南民政部：《西南区资遣工作总结》，《新华日报》1951年2月11日。

[23] 西南军政委员会劳动部：《关于救济与登记失业工人工作的指示》，《新华日报》1950年9月1日。

[24] 《西南工作》1950年第7期，中共中央西南局编印。

[25] 陈希云：《西南区三年来财政经济工作的成就》，《新华日报》1952年9月29日。

[26] 张仲：《重庆市人民大礼堂寻踪》，《重庆与世界》2012年第2期。

[27] 中共重庆市委会政策研究室编印：《重庆概况》。

[28] 《重庆政报》第1卷第4期。

[29] 《中共重庆市委关于私营工商业的方针指示》（1950年5月13日），原载中共重庆市委会政策研究室编《工作通讯》第9期，1950年6月30日。

[30] 《企业局三四月份工作总结报告》，重庆市人民政府秘书处研究室编：《重庆政报》第1卷第3期。

[31] 曹荻秋：《重庆市四个月来的政府工作与今后工作中心任务》，重庆市人民政府研究室编：《重庆政报》第1卷第4期（1950年7月15日）。

[32] 《中共重庆市委关于郊区工作的指示》（1950年9月18日），原载中共重庆市委会政策研究室编印《工作通讯》第15期，1950年10

月 5 日出版。

[33] 陈希云：《西南区三年来财政经济工作的成就》，《新华日报》1952 年 9 月 29 日。

[34] 中共重庆市委会政策研究室编印：《重庆概况》。

[35] 田秋生：《中国西部地区经济发展的根本制约与对策——兼论西部地区大开发问题》，《改革》2000 年第 2 期。

[36] 冯立奇：《西部地区经济发展的困难和优势》，《新西部》1997 年第 2 期。

[37] 陈婷婷：《成渝经济区发展现状、问题及对策》，《时代经贸》2008 年 5 月第 6 卷总第 103 期。

[38]《中国七个国家级新区》，人民论坛网，HTTP：//www.armlet.com.c/2013/0409/68066.shtum，2013 年 4 月 9 日。

[39] 沙国：《中国区域发展战略历史性转变的区域经济学分析》，《现代商贸工业》2008 年第 12 期。

[40] 郭晗丽、张婉玉：《浅谈金融危机后我国西部地区的经济发展》，《新西部》2012 年第 5 期。

[41] 车辚：《邓小平的治藏方略》，《云南行政学院学报》2011 年第 6 期。

[42] 祝彦：《邓小平主政大西南》，《党史博采（纪实版）》2005 年第 3 期。

[43] 叶菊珍：《建国初邓小平私营经济政策评析》，《毛泽东思想研究》2004 年第 1 期。

[44] 谢扬：《金融危机背景下中国城乡统筹发展的战略思考》，《城市与区域规划研究》2010 年第 1 期。

[45] 甘黎黎、任军利：《建国初期中国共产党处理劳资关系政策述评》，《求实》2007 年第 2 期。

[46]《西南劳动部五个月来的工作报告》（1950 年 7 月 12 日）。

[47] 汤子琼：《邓小平主政大西南时期的经济思想和实践》，《西华大学学报》（哲学社会科学版）2004 年第 3 期。

[48]《西南军政委员会劳动部关于 1950 年劳资关系的总结》，全宗名：西南军政委员会，西南军政委员会办公厅印编：《西南资料》第 3 期（1951 年 4 月 30 日），卷号：J001 - 01 - 0090。

[49] 祝彦：《邓小平主政西南二三事》，《党史文汇》2004年第8期。

[50] 汤子琼：《邓小平主政大西南时期的经济思想和实践》，《西华大学学报》（哲学社会科学版）2004年第3期。

[51] 李蓉：《善用宣传推进大局——邓小平西南时期杰出战略家风采的几个侧面》，《重庆邮电学院学报》（社会科学版）2004年第5期。

[52] 张凤琦：《从西南"淮海战役"看邓小平的思想与风范》，《毛泽东思想研究》2005年第4期。

[53] 张向春、邵忠勇：《邓小平与西南的抗美援朝运动》，《传承》2007年第12期。

二 著作类

[1] 邬正洪：《中国社会主义革命和建设史》（1949—1992），华东师范大学出版社1993年版。

[2] 上海社会科学院经济研究所：《上海资本主义工商业的社会主义改造》，上海人民出版社1980年版。

[3] 《中国近代史》编写组：《中国近代史》，高等教育出版社、人民出版社2012年版。

[4] 陈真等：《中国近代工业史资料第一辑》，1961年版。

[5] 中国科学院上海经济研究所、上海社会科学院经济研究所编：《上海解放前后物价资料汇编》，上海人民出版社1958年版。

[6] 《上海解放前后物价资料汇编（1921—1957）》，上海人民出版社1958年版。

[7] 中国社会科学院、中央档案馆编：《1949—1052年中华人民共和国经济档案汇编》（商业卷），中国物资出版社1995年版。

[8] 张寿春等：《新中国经济建设评析》，东南大学出版社1996年版。

[9] 王亚南：《中国官僚资本之理论的分析》，引《中国经济原论》，广东经济出版社1998年版。

[10] 《川北统战工作史实综述》，中共四川省委统战部、中共南充地委党史办公室1986年7月31日编印，转引中共南充市委党史研究室编：《中国共产党川北区历史（1949—1952）》，中共党史出版社2007年版。

[11] 何仁仲等：《回忆贵州解放初期的经济工作》，转引中共贵州省委党

史研究室：《贵州城市的接管与社会改造》，贵州地图印刷厂2000年版。

[12] 周勇：《重庆通史》第三卷，重庆出版社2002年版。

[13] 《刘伯承传》，载《当代中国人物传记》，当代中国出版社1992年版。

[14] 严中平等编：《中国近代史经济史统计资料选辑》，科学出版社1955年版。

[15] 边裕鲲等：《把财政经济的命脉，尽快掌握在人民手中——回忆贵州解放初期的财政接管工作》，转引中共贵州省委党史研究室《贵州城市的接管与社会改造》，贵州地图印刷厂2000年版。

[16] 中共南充市委党史研究室编：《中国共产党川北区历史（1949—1952）》，中共党史出版社2007年版。

[17] 钟修文：《城市的接管与社会改造·重庆卷》，西南师范大学出版社1995年版。

[18] 毛泽东：《关于西南、西北作战部署给彭德怀的电报》（1949年10月13日），《建国以来毛泽东文稿》（1949年10月1日—1950年12月），中央文献出版社1987年版。

[19] 《邓小平文选》第一卷，人民出版社1994年版。

[20] 《川北统战工作史实综述》，中共四川省委统战部、中共南充地委党史办公室1986年7月31日编印，转引中共南充市委党史研究室编《中国共产党川北区历史（1949—1952）》，中共党史出版社2007年版。

[21] 中共重庆市委党史研究室等编：《邓小平与大西南》，中央文献出版社2000年版。

[22] 温乐群：《邓小平早期革命活动》，辽宁人民出版社1992年版。

[23] 《邓小平文选》第一卷，解放军出版社1989年版。

[24] 迟爱萍：《新中国的第一笔国家公债》，《中国经济史研究》2003年第3期。转引自高晓林《上海私营工商业与人民折实公债》，载吴景平等主编：《1950年代的中国》，复旦大学出版社2006年版。

[25] 《中国共产党川北区历史（1949—1952）》，中共党史出版社2007年版。

[26] 《邓小平与大西南》，中央文献出版社2000年版。

[27]《邓小平文选》第一卷,人民出版社1994年版。

[28]艾新全、林明远:《邓小平在西南的理论与实践》,重庆出版社2010年版。

[29]中共中央文献编辑委员会编辑:《邓小平文选》第1卷,人民出版社1993年版。

[30]《邓小平西南工作文集》,中央文献出版社2006年版。

[31]《西南局组织部关于召开组织工作会议的综合报告》(1950年10月),转引自艾新全、林明远《邓小平在西南的理论与实践》,重庆出版社2010年版。

[32]《中共中央西南局关于野战军进入新区与地下党会师的指示》(1949年12月11日),转引自艾新全、林明远《邓小平在西南的理论与实践》,重庆出版社2010年版。

[33]邓小平:《团结和依靠群众建设新西南》,中共中央文献研究室、中共重庆市委员会:《邓小平西南工作文集》,重庆出版社2007年版。

[34]中华人民共和国内务部农村福利司编:《建国以来灾情和救灾工作史料》,法律出版社1958年版。

[35]《内务府1952年2月7日向政务院的报告》,载《建国以来灾情和救灾工作史料》,法律出版社1958年版。

[36]《邓小平文选》(1938—1965),人民出版社1989年版。

[37]《邓小平与大西南》(1949—1952),中央文献出版社2000年版。

[38]《邓小平西南工作文集》,中央文献出版社2006年版。

[39]中共中央文献研究室:《邓小平与大西南(1949—1952)》,中央文献出版社2000年版。

[40]杨胜群、阎建琳:《邓小平年谱(1904—1974)》(中),中央文献出版社2009年版。

[41]中共南充市委党史研究室:《中国共产党川北区历史(1949—1952)》,中共党史出版社2007年版。

[42]刘伯承:《为建设人民的生产的重庆而斗争》(1950年1月23日),中共重庆市委党史研究室、重庆市档案馆编:《重庆解放:1949.11.30》,中国档案出版社2009年版。

[43]《邓小平在中共中央西南局委员会第一次会议上的报告提纲》(1950年2月6日),中共重庆市委党史研究室、重庆市档案馆编:《重庆

解放：1949.11.30》，中国档案出版社 2009 年版。

[44] 张霖之：《一九四九年十一月三日关于接管城市的报告》，中共重庆市委党史研究室、重庆市档案馆编：《重庆解放：1949.11.30》，中国档案出版社 2009 年版。

[45] 《重庆市军管会关于处理旧人员的通令》（1950 年 1 月 12 日），中共重庆市委党史研究室、重庆市档案馆编：《重庆解放：1949.11.30》，中国档案出版社 2009 年版。

[46] 《重庆市四个月警备工作总结》（1950 年 6 月 26 日），中共重庆市委党史研究室、重庆市档案馆编：《重庆解放：1949.11.30》，中国档案出版社 2009 年版。

[47] 曹荻秋：《解放一年来的重庆》（1950 年 11 月 30 日），中共重庆市委党史研究室、重庆市档案馆编：《重庆解放：1949.11.30》，中国档案出版社 2009 年版。

[48] 《邓小平文选》（第一卷），人民出版社 1994 年版。

[49] 《邓小平西南工作文集》，中央文献出版社、重庆出版社 2006 年版。

[50] 中国贵州省委党史研究室编：《贵州城市的接管与社会改造》，贵州地图印制厂 2000 年版。

[51] 《重庆市军管会交通接管委员会一月来交通接管工作总结》（一九五零年一月九日），中共重庆市委党史研究室、重庆市档案馆编：《重庆解放：1949.11.30》，中国档案出版社 2009 年版。

[52] 《解放军西南军区关于先肃清交通要道沿线及富裕地区匪特给各军区并云南的指示》（1950 年 2 月 21 日），中共重庆市委党史研究室、重庆市档案馆编：《重庆解放：1949.11.30》，中国档案出版社 2009 年版。

[53] 中共重庆市委党史研究室等编：《邓小平与大西南》（1949—1952），中央文献出版社 2000 年版。

[54] 中共南充市委党史研究室编著：《中国共产党川北区历史（1949—1952）》，中共党史出版社 2007 年版。

[55] 吴景超：《六十年来的中国经济》，《第四种国家的出路——吴景超文集》，商务印书馆 2008 年版。

[56] 重庆市人民政府办公厅等编：《重庆发展六十年（1949—2009）》，重庆出版社 2009 年版。

[57]《张霖之同志在重庆市第一届农民代表会议上关于郊区农民工作的报告》(1950年5月25日),中共重庆市委党史研究室、重庆市档案馆编:《重庆解放:1949.11.30》,中国档案出版社2009年版。

[58]《中共重庆市委关于重庆市十个月来的工人工作向西南局并转中央的综合报告》(1950年10月4日),中共重庆市委党史研究室、重庆市档案馆编:《重庆解放:1949.11.30》,中国档案出版社2009年版。

[59] 张霖之:《关于中共重庆市委一月来接管工作的初步总结》,中共重庆市委党史研究室、重庆市档案馆编:《重庆解放:1949.11.30》,中国档案出版社2009年版。

[60]《中共重庆市委关于重庆市今后工作方针及几个具体问题的决定》(1950年3月1日),中共重庆市委党史研究室、重庆市档案馆编:《重庆解放:1949.11.30》,中国档案出版社2009年版。

[61]《邓小平在中共中央西南局委员会第一次会议上的报告提纲》(1950年2月6日),中共重庆市委党史研究室、重庆市档案馆编:《重庆解放:1949.11.30》,中国档案出版社2009年版。

[62] 中共江西省委党史研究室编:《李井泉百年诞辰纪念文集》,中共党史出版社2009年版。

[63]《重庆市四个月警备工作总结》(1950年6月26日),中共重庆市委党史研究室、重庆市档案馆编:《重庆解放:1949.11.30》,中国档案出版社2009年版。

[64]《重庆市军管会、中共重庆市委关于重庆市一九四九年十二月下半月至一九五零年一月上半月工作给西南局并中央军委的综合报告》(一九五零年一月十六日),中共重庆市委党史研究室、重庆市档案馆编:《重庆解放:1949.11.30》,中国档案出版社2009年版。

[65] 吴景超:《发展都市以救济农村》,《第四种国家的出路——吴景超文集》,商务印书馆2008年版。

[66] 吴景超:《再论发展都市以救济农村》,《第四种国家的出路——吴景超文集》,商务印书馆2008年版。

[67] 梁漱溟:《乡村建设理论》,上海人民出版社2011年版。

[68] 曹荻秋:《解放一年来的重庆》(1950年11月30日),中共重庆市委党史研究室、重庆市档案馆编:《重庆解放:1949.11.30》,中国

档案出版社 2009 年版。

三 档案史料类

[1]《中国统计年鉴 (1983)》。

[2] 中共重庆市委办公厅、政策研究室编印:《1950 年的重庆概况》第十篇《工业》,1950 年内部资料,中共重庆市委党史研究室资料室资料,资料号: 3B1 04946。

[3] 中共重庆市委办公厅、政策研究室编印:《1950 年的重庆概况》第十篇《解放前夕重庆工业概况》,1950 年内部资料,中共重庆市委党史研究室资料室资料,资料号: 3B1 04946。

[4] 中共重庆市委办公厅、政策研究室编印:《1950 年的重庆概况》第十一篇《商业贸易》,1950 年内部资料,中共重庆市委党史研究室资料室资料,编号: 3B1 04947。

[5] 中共重庆市委办公厅、政策研究室编印:《1950 年的重庆概况》第九篇《银行保险》,第 325 页,1950 年内部资料,中共重庆市委党史研究室资料室资料,编号: 3B1 04945。

[6] 四川省档案馆编:《西南军政委员会纪事》。

[7] 西南军政委员会办公厅:《西南军政委员会第一次行政会议、集体办公联席会议记录》(1950 年 8 月 16 日),见《本会第一至五次行政会议记录及有关文件》,四川省档案馆存档,全宗号: 建大 1,案卷号: 15。

[8]《西南军政委员会纪事》(1949 年 10 月 1 日—1954 年 11 月 1 日),四川省档案馆编 B017。

[9]《邓小平在中共中央西南局委员会上的报告要点》(1951 年 6 月 11 日)。

[10]《邓小平在重庆市第一届各界人民代表大会上的总结报告》(1951 年 1 月 29 日)。

[11]《邓小平在中共中央西南局委员会第一次会议上的报告提纲》(1950 年 2 月 6 日)。

[12] 四川省档案馆编:《西南军政委员会纪事》(1949 年 10 月 1 日—1954 年 11 月 1 日)。

[13] 刘伯承:《在重庆市庆祝西南解放大会上的讲话》(1950 年 1 月 1

日），转引自四川省档案馆编《西南军政委员会纪事》附录一：文献辑录。

[14]《中国共产党组织史资料》，中华人民共和国政权组织（1949.10) 1997.9）第15册。

[15]《第二野战军前委关于贵州地方干部配备问题致杨勇、苏振华、徐运北、潘焱的电报》，《贵阳解放》。

[16] 曹荻秋：《重庆市一年来的政府工作与一九五一年的工作任务》，《重庆政报》第二卷第一期，重庆市人民政府研究室编1951年3月1日，重庆图书馆藏资料。

[17]《建国以来灾情和救灾工作史料》，法律出版社1950年版。

[18] 西南军政委员会办公厅：《西南军政委员会成立之前第一次座谈会记录》，第5页，四川省档案馆存档，全宗号：建大1，案卷号：1。

[19] 西南财经统计月刊，四川省档案馆藏档案，全宗名：西南军政委员会　档案名：西南基本情况统计。档号：J001-01-0047.

[20] 贺龙：《加强少数民族工作》，《一年来的工作概况与今后任务——一九五二年十二月十日在西南军政委员会第四次全体会议上的报告》，第10—11页，西南军政委员会办公厅印，重庆市图书馆藏资料资料号：CQL00351432 398972。

[21] 西南财经统计月刊，四川省档案馆藏档案，全宗名：西南军政委员会　档案名：西南基本情况统计　档号：J001-01-0047.

[22]《半年来金融概述》，四川省档案馆藏档案，全宗号：建大13　全宗名：西南军政委员会财政经济委员会，案卷号：466 档案号：C087。

[23] 四川省档案馆藏档案，全宗名：西南军政委员会财政经济委员会全宗号：建大13 案卷号：528。

[24] 西南军政委员会民政部：《一九五零年工作总结报告》，《西南区一九五零年工作总结报告》，四川省档案馆存档，全宗号：建大5，案卷号：1129。

[25]《关于处理溃散蒋军官兵的指示》（1950年2月25日），《本会在未正式成立前颁发的各项办法、指示、通告、决定及布告》，四川省档案馆存档，全宗号：建大1，案卷号：22。

[26]《关于本会各部门（财经系统除外）旧人员处理的指示》，《本会在

未正式成立前颁发的各项办法、指示、通告、决定及布告》，四川省档案馆存档，全宗号：建大 1，案卷号：22。

[27] 西南军政委员会民政部：《西南区 1950 年工作总结报告》，四川省档案馆存档，全宗号：建大 5，案卷号：1129。

[28] 西南军政委员会民政部：《西南区三年来城市救济工作报告》（1953 年），四川省档案馆存档，全宗号：建大 9，案卷号：703。

[29] 1952 年以后，游乞已基本肃清，在收容方式上一般已转入零星收容。西南军政委员会民政部：《西南区中小城市生产教养机构工作及贫民救济工作情况报告》（1954 年），四川省档案馆存档，全宗号：建大 9，案卷号：831。

[30] 重庆市人民政府民政局：《重庆市游民乞丐收容处理情况表》（1950 年 3 月—1951 年 7 月），《西南各省（区）市收容社会游离分子及教养院、收容所情况报告》（1951 年 8 月至 1952 年 2 月），四川省档案馆存档，全宗号：建大 9，案卷号：347。

[31] 西南局秘书处抄转《重庆市委关于目前野力影响市容治安与搬运秩序的情况及处理的意见报告请示》（1951 年 6 月 5 日），四川省档案馆存档，全宗号：建东 1，案卷号：119。

[32] 西南军政委员会办公厅：《西南军政委员会第二次行政会议、集体办公会议记录》（1950 年 8 月 23 日），《本会第一至五次行政会议记录及有关文件》，四川省档案馆存档，全宗号：建大 1，案卷号：15。

[33] 川东人民行政公署民政厅：《川东区游民乞丐收容处理情形》，重庆市人民政府民政局：《重庆市收容改造游民乞丐工作概况介绍》，川北人民行政公署民政厅：《川北区处理游民工作初步总结》，《西南各省（区）市收容社会游离分子及教养院、收容所情况报告》（1951 年 8 月至 1952 年 2 月），四川省档案馆存档，全宗号：建大 9，案卷号：347。

[34] 贵州省人民政府民政厅：《游乞处理、城市贫民救济及生产教养院的建立》，《西南各省（区）市收容社会游离分子及教养院、收容所情况报告》（1951 年 8 月至 1952 年 2 月），四川省档案馆存档，全宗号：建大 9，案卷号：347。

[35] 《本会刘主席、贺、邓副主席关于救济失业工员的号召书和本会的

通知》（1950年4月29日至9月20日），四川省档案馆存档，全宗号：建大1，案卷号：415。

[36]《西南区失业工人救济粮款收支对照》（1950），西南军政委员会办公厅编制：《一九五零年西南基本情况统计》，四川省档案馆存档，全宗号：建大1，案卷号：47。

[37] 中央人民政府政务院《救济失业工人草案和救济失业工人暂行办法草由》（1950年6月5日），全宗名：西南军政委员会，档号：J001-01-0414。

[38] 西南军政委员会劳动部：《关于西南区救济失业工人工作会议的报告》，西南军政委员会办公厅编印：《西南资料》第4期（1951年6月5日），四川省档案馆存档，全宗号：建大1，案卷号：90。

[39] 1951年5月28日《西南军政委员会财政经济委员会关于加强救济失业工人工作的指示》，西南军政委员会办公厅编印：《西南政报》第9期，全宗名：西南军政委员会，档号：J001-01-0092。

[40] 文件名：《西南军政委员会大礼堂工程决算表》，全宗名：西南军政委员会，J001-01-0544。

[41] 文件名：《大礼堂工程说明书》，全宗名：西南军政委员会，全宗号：建大1，目录号：2 案卷号：0369，档号：J001-01-0369。

[42] 1950年2月27日《重庆市公私合营概况》，全宗名：西南军政委员会工业部，全宗号：建大18，目录号：01，案卷号：051。

[43] 1950年5月30日《本部关于渝鑫钢铁厂的调查材料》，全宗名：西南军政委员会工业部，全宗号：建大8，目录号：01，案卷号：0147。

[44] 刘岱峰：《关于西南区财经工作的报告》（1950年7月在西南军政委员会第一次全体委员会议上），川西行政公署秘书处编印：《西南军政委员会第一次全体委员会会议文件汇集》（1950年8月），四川省档案馆藏《建国后资料》，案卷号：1-2/4。

[45] 西南军政委员会工业部：《一九五零年工作综合报告》，《西南区一九五零年工作总结报告》，四川省档案馆存档，全宗号：建大5，案卷号：1129。

[46]《1950年投资预算说明书》，文件名：西南军政委员会工业部，全宗号：建大18，目录号：01，案卷号：011。

[47]《西南区川东盐业分公司1951年上半年度工作总结》，全宗号：建

大 26，案卷号：493。

[48]《重庆市工商局关于七、八、九三个月来调整工商业报告》，全宗名：西南军政委员会财政经济委员会，全宗号：建大 13、案卷号：589。

[49]《关于检查自贡市、五通桥盐业生产中有关公私关系、劳资关系问题的专题报告》，全宗名：西南财经委员会，全宗号：建大 13，案卷号：589。

[50]《西南军政委员会劳动部关于1950年劳资关系的总结》，全宗名：西南军政委员会，西南军政委员会办公厅印编：《西南资料》第3期（1951年4月30日），卷号：J001 - 01 - 0090。

[51] 邓小平在西南局委员会第七次会议上的报告要点（中共中央西南局委员会第七次会议通过，1951年11月9日），《西南工作》，重庆市档案馆藏卷17号。

[52]《检关〈关于春耕生产的指示〉及〈积极动员群众加紧春耕准备〉稿由》，全宗名：西南军政委员会，档号：J001 - 01 - 0483。

[53] 西南军政委员会财政经济委员会：《1951年3、4月份工作综合报告——继续贯彻城乡交流、加强领导春耕生产》，西南军政委员会办公厅编印：《西南资料》第5期（1951年6月25日），四川省档案馆存档，全宗号：建大1，案卷号：90。全宗号：J001 - 01 - 0090。

[54] 西南军政委员会农林部：《1951年3、4月份工作综合报告》，西南军政委员会办公厅编印：《西南资料》第5期（1951年6月25日），四川省档案馆存档，全宗号：建大1，案卷号：90。全宗号：J001 - 01 - 0090。

[55]《1951年第一季综合报告》，全宗名：西南军政委员会，全宗号：建大1，目录号：1，案卷号：79。

[56]《送本会1951年第二季度综合报告》，全宗名：西南军政委员会，全宗号：建大1，目录号：1，案卷号：79。

[57]《报送本会1951年第三季度综合报告》，全宗名：西南军政委员会，全宗号：建大1，目录号：1，案卷号：79。

[58]《关于开发1952年春季农业贷款的指示》，全宗名：西南军政委员会，档号：J001 - 01 - 0483。

[59]《西南区1951年植棉花保证赔偿办法》,全宗名:西南军政委员会,案卷号:J001-01-0463。

[60]《西南区1952年农业生产奖励办法草案》,全宗名:西南军政委员会,档号:J001-01-0482。

[61]西南财委:《西南区1950年—1953年财政、金融、商业等工作方面一些主要情况的报告》,第19页,四川省档案馆存档,全宗号:建大13,案卷号:12。

[62]《关于秋收秋种工作的指示》,全宗名:西南军政委员会,档号:J001-01-0483。

[63]《西南区食盐运商暂行管理规定》,全宗名:川东盐务管理局,全宗号:建东019,案卷号:39。

[64]《重庆市人民政府财政经济委员会关于简化货运加强市管的报告》,全宗名:西南军政委员会财政经济委员会,全宗号:建大13,案卷号:638。

[65]《重庆市交易市场管理委员会试行组织通则(草案)》,全宗名:西南军政委员会财政经济委员会,全宗号:建大13,案卷号:638。

[66]《重庆市人民政府取缔非法商业行为暂行办法》,全宗名:西南军政委员会财经委员会,全宗号:建大13,案卷号:639。

[67]西南军政委员会财政经济委员会:《1951年3、4月份工作综合报告——继续贯彻城乡交流、加强领导春耕生产》,见西南军政委员会办公厅编印《西南资料》第5期(1951年6月25日),四川省档案馆存档,全宗号:建大1,案卷号:90。全宗号:J001-01-0090。

[68]西南军政委员会民政部:《一九五零年工作总结报告》,《西南区一九五零年工作总结报告》,第4页,四川省档案馆存档,全宗号:建大5,案卷号:1129。

[69]西南军政委员会民政部:《西南区三年来城市救济工作报告》(1953年),四川省档案馆存档,全宗号:建大9,案卷号:703。

[70]《本会刘主席、贺、邓副主席关于救济失业员工的号召书和本会的通知》(1950年4月29日至9月20日),四川省档案馆存档,全宗号:建大1,案卷号:415。

[71]《检关〈关于春耕生产的指示〉及〈积极动员群众加紧春耕准备〉

稿由》，全宗名：西南军政委员会，档号：J001 - 01 - 0483。

[72]《西南军政委员会劳动部关于 1950 年劳资关系的总结》，全宗名：西南军政委员会，西南军政委员会办公厅印编：《西南资料》第 3 期（1951 年 4 月 30 日），案卷号：J001 - 01 - 0090。

后　记

本书是国家哲学社会科学基金规划西部项目《中共中央西南局应对西南地区经济困难的经验研究》研究成果。

中共中央西南局，是新中国成立初期中共中央在西南地区的代表机关，对西南的重庆和四川、云南、贵州、西康四省一市的政治、经济、军事、文化等实行全面领导。研究和总结了解放初期邓小平等中共中央西南局领导人面对西南地区城乡经济交流受到阻隔、工商业萧条、工业产品积压严重、众多失业人员要"吃饭"等经济困难局面，妥善处理好城乡协调发展的关系，通过计划和市场两种手段，采取有效的措施扩大消费，促进经济快速恢复和发展的经验。对于当今金融危机影响下，如何联系实际采取有效措施扩大内需、促进经济快速发展具有十分重要的启示意义。

西南局时期时间虽然不长，但各种档案文献资料丰富，并分散在成都、昆明、北京、南京、贵阳、重庆以及部分区县等各地档案馆，收集资料工作量大，课题研究很困难。但是，课题研究过程中得到众多单位和朋友的支持、帮助，正是在他们的帮助支持下，克服困难，课题得以顺利完成，本书得以出版。

本课题研究得到重庆市中共党史学会、重庆市委党史研究室的大力支持和热情帮助。重庆市委党史研究室艾新全处长、中国重庆三峡博物馆历史学博士龚义龙研究员、重庆大学马克思主义理论教研部史学博士杜俊华教授对课题研究框架、资料收集、文字处理都给予了具体指导。重庆市档案馆张雪艳处长、四川省档案馆杨冀蓉女士不仅帮助我们在她们所在档案馆查阅资料，还帮助我们到其他档案馆介绍关系，给予我们很大方便。在此，对他们的指导、支持、帮助深表谢忱！

另外我的研究生任超、左成卓、赵双冰、孙先芝、武伟亚参与了课题资料收集和整理，对他们的工作表示感谢！

  课题研究过程中参考与借鉴了学术界已有的研究成果，在书稿注释中有明确反映，对他们的大量卓有成效的研究深表敬意！

  由于我们学识的局限，水平有限，错误与不足之处在所难免，敬请各位专家学者及广大读者批评指正。